Stephan Borchers

625 DINGE, DIE EIN JUNGE WISSEN MUSS UND GETAN HABEN SOLLTE, BEVOR ER ZUM MANN WIRD

Mit Illustrationen von Jana Moskito

SCHWARZKOPF & SCHWARZKOPF

INHALT

25 DINGE, DIE DU UNBEDINGT ÜBER MÄDCHEN WISSEN SOLLTEST · 10

25 Dinge, die man als Junge zu einem Mädchen besser nicht sagen sollte · 32

25 SAGENHAFT FUNDIERTE TIPPS FÜRS ERSTE DATE · 42

25 typische Mädchensätze und was sie bedeuten · 72

25 KNALLHARTE FAKTEN ÜBERS KÜSSEN · 80

25 GANZ SIMPLE DINGE, DIE DU ÜBER SEX WISSEN SOLLTEST · 102

25 Dinge, die du über dein bestes Stück wissen solltest, aber nie zu fragen wagtest · 112

25 DINGE, DIE DU IRGENDWANN MAL GETAN HABEN SOLLTEST · 132

25 DINGE, DIE EIN JUNGE EINFACH KÖNNEN MUSS · 152

25 Buchstaben, die du fehlerfrei beherrschen solltest · 180

25 Dinge, die theoretisch unmöglich sind, die du aber trotzdem mal probieren solltest · 184

25 Dinge, die ein Junge niemals in den Mund nehmen sollte · 192

625 DINGE, DIE EIN JUNGE WISSEN MUSS
UND GETAN HABEN SOLLTE, BEVOR ER ZUM MANN WIRD

25 Dinge, die ein Junge besitzen muss   **206**

25 Bücher, die du unbedingt gelesen haben musst   224

25 bekloppte Zungenbrecher, die du mal üben könntest   **246**

25 VOLLKOMMEN ABSURDE MUTPROBEN   **252**

25 VORURTEILE ÜBER LEHRER, DIE EINFACH NUR GEMEIN UND FALSCH SIND   258

25 simple Tipps, um auch als Junge in der Schule erfolgreich zu sein   278

25 MÄNNER, DIE DIE WELT VERÄNDERTEN   **290**

25 GANZ SIMPLE DO-REGELN FÜR EIN STILVOLLES BENEHMEN   **326**

25 DINGE, DIE DU IM FALLE EINER ZOMBIEAPOKALYPSE BEACHTEN SOLLTEST   **338**

25 total beknackte Rekorde zum Nachmachen oder Brechen   360

25 TOTAL ALKOHOLISCHE FAKTEN, DIE DU KENNEN SOLLTEST   374

25 lässige Sprüche für alle Lebenslagen   **386**

25 IN JEDER HINSICHT KLUGE UND MIT MORAL AUFGEBLASENE HINWEISE FÜR DEINE BALDIGE ODER DOCH ERST SPÄTERE ZUKUNFT   394

HERZLICHEN GLÜCKWUNSCH!

Du bist ein Junge! Und damit ein Mann! Mit diesen Aussagen könnte dieses Buch aufhören, denn allein die Tatsache deines Geschlechts sagt ja nichts anderes, als dass du perfekt bist. Du hast absolut alles richtig gemacht in der Wahl deiner Zugehörigkeit. Studien belegen, dass mehr als 50 Prozent der Weltbevölkerung die falsche Wahl treffen – man spricht in diesem Zusammenhang dann von sogenannten Mädchen. Mädchen? Hä? Keine Sorge, klären wir später.

Also nochmals: Herzlichen Glückwunsch! Du hast einen tollen Körper, astreine Haut, bist in jeder Lage absolut cool und lässig, kannst in zwei Minuten wenigstens fünf sarkastische Bemerkungen machen und hast außerdem noch Unmengen an Hirn – und einige Teile davon kannst du sogar benutzen! Bei deiner Geburt hat die ganze Krankenhausbelegschaft inklusive des Hausmeisters applaudiert und sich wochenlang betrunken. Ganz anders als bei der Geburt eines Mädchens. Da fällt die Bude in ein kollektives Trauerkoma. Mal im Ernst: Stell dir nur mal vor, du wärst ein Mädchen geworden! Unmöglich vorstellbar? Streng dich an, auch wenn es schwierig ist. Hast du ein Bild vor Augen? Siehst du dich gerade mit langen Haaren, Brüsten und ganz ohne ordentliche Geschlechtsteile? Wäre auch nicht übel, oder? Trotzdem – sei happy mit dem, was du hast und was du bist.

Du bist ein Typ. Ein Kerl. Ein Boy. Baldiger Mann. Hast überall Haare. Zumindest theoretisch. Oder sie wachsen noch. Du bist Weltklasse … oder hältst dich zumindest dafür. Jeder andere hält dich auch für Weltklasse, und wenn nicht, ist er oder sie ein Trottel. Könnte also alles absolut perfekt sein – *könnte*. Blöderweise ist so ein Männerleben manchmal alles andere als chillig und relaxed. So ein bisschen Orientierung kann dann nicht schaden. Daher dieses Buch. Der Verfasser ist ebenfalls ein Mann (meistens jedenfalls) und weiß, wovon er redet. Meistens jedenfalls.

Du bekommst hier Tipps. Keine Befehle. Nur Tipps. Ob du dich daran hältst, bleibt dir überlassen. 625 Hinweise, Fakten, Fragestellungen und Antworten ganz speziell nur für dich (und die anderen Millionen Leser weltweit). 25 mal 25 beeindruckende Listen, mit Wundersamem und Absonderlichem gespickt, vollgestopft mit komplett unnützem Wissen und Zeug, das dich ohnehin nicht interessiert – immerhin aber Zeug für alle Lebenslagen.

Natürlich hätten wir uns auch für eine Gruppierung 20 mal 20 oder 10 mal 10 entscheiden können. Mit Hilfe unmöglich zu berechnender mathematischer Berechnungen haben unsere hier im Verlag zum untersten Mindestlohn schuftenden und knüppelnden Biomathematiker mit Zweitfach Hirnwissenschaften (Kellerkammer 1c, neben Besenkammer und Heizungsraum) jedoch herausgefunden, dass für jugendliche männliche Wesen eine 25-mal-25-Anordnung ideal ist, weil diese ihre Aufmerksamkeit weder über- noch unterfordert. 30 mal 30 wäre viel zu anstrengend für dich, du würdest das Buch weinend in die Ecke feuern. Bei 5 mal 5 wiederum würdest du dir mehrfach in den Schritt lachen. Daher also 25 mal 25 beziehungsweise 625. Klingt einfach gut.

Außerdem fand im Jahr 625, wie du selbstverständlich weißt, die Schlacht am Berg Uhud statt, zwischen den Anhängern Mohammeds und denen seines Gegners aus Mekka, Chālid ibn al-Walīd. Chālid ibn al-Walīd gewinnt, wird aber später trotzdem zum Anhänger Mohammeds, weil er ihn irgendwie toll findet. – Diese Info ist zwar banal und in jeder Hinsicht völlig uninteressant, trotzdem gibt sie dir ein Gefühl dafür, mit was für langwierigen Recherchen sich der Autor dieses Buches aufhalten musste, bevor er es endlich schreiben konnte.

Stephan Borchers

Let's get also jetzt started: Und wir fangen an mit dem wichtigsten Thema überhaupt: Mädchen! Dass du nicht wie eines aussehen willst, ist bekannt. Aber du möchtest trotzdem mit einem Mädchen zusammen sein und vielleicht so etwas wie eine Beziehung haben? Dann braucht es unbedingt Faktenwissen, welches der Autor dieses Wunderwerkes unter Einsatz seines Lebens zusammengetragen hat. Im Zuge seiner immensen, risikoreichen Recherchen hat er sich getraut, mehrere Stunden mit mehreren Mädchen in einem einzigen, schalldichten Raum zu verbringen, und danach einen Trip ins Irrenhaus gebucht.

Vorab nun eine Definition zum besseren Verständnis: Mädchen haben, anders als du selbst, keinen Penis. Sie sehen insgesamt deutlich besser aus als du und klatschen sich Paste ins Gesicht, die sie als »Make-up« bezeichnen. Meist haben sie längeres Haar, das, wenn lockig, unbedingt mit einem Glätteisen geglättet werden muss. Warum, ist nicht bekannt. Mädchen sind, was Forschungen belegen, total sensibel und wollen am liebsten kuscheln. Ihre Lieblingsfarbe ist Pink. Andere Farben kennen sie nicht. Außer vielleicht Weiß. Weil Weiß und Pink supergut harmonieren. Oder so.

Mädchen haben Buckel an der Vorderseite. Die Wissenschaft bezeichnete diese früher als »Höcker«. Da dies Assoziationen mit dem Kamel hervorrief, besann man sich eines Besseren und erfand das Wort »Brüste«. Traditionell haben Mädchen davon zwei. Diese können im Fall einer Schwangerschaft als Milchkammern genutzt werden. Mädchen stecken ihre Körper gerne in sehr, sehr enge Klamotten, damit Jungs sich besser vorstellen können, wie sie *ohne* Klamotten aussehen. Manchmal tragen sie auch Röcke und zeigen nackte Haut. Wiederum tun sie dies vor allem, um Jungs geil zu machen, was auch in 99,9 Prozent aller Fälle funktioniert. »Mädchen« ist eine Art Oberbegriff für verschiedene Untergattungen. Wir haben beispielsweise das niedliche, süße Mädchen. Oder die dumme Tussi. Und natürlich die verwöhnte Prinzessin. Dann gibt es noch dicke Mädchen und dünne Mädchen, große und kleine Mädchen, blonde und nichtblonde Mädchen. Kurzum: Eine klare Unterscheidung zu treffen ist nicht gerade einfach.

Alle (ALLE!) Mädchen mögen nervige Sänger wie Justin Bieber und würden es am liebsten sofort mit ihnen treiben. Diese Charakterschwäche verleitet Jungs leicht zu der Annahme, Mädchen seien hohl und oberflächlich, was aber, so die neuesten wissenschaftlichen Erkenntnisse, falsch ist. Das Gegenteil ist nämlich richtig: DU bist hohl und oberflächlich – zumindest aus Sicht der Mädchen. Und zwar aller.

Mädchen sind, wenn du sie abholen oder dich mit ihnen treffen willst, aus Prinzip niemals pünktlich, was mit der Prozedur des »Sich-fertig-Machens« zu tun hat. Mädchen mögen Schuhe. Und überhaupt jeden Laden, wo es Klamotten gibt. Mädchen kennen die Bedeutung von Geruch. Deshalb riechen sie anders als du selbst auch nicht nach Schweiß, sondern nach Vanille oder Seife oder ganzen Blumenwiesen. Mädchen sind – knapp zusammengefasst – großes Kino. Mal Komödie, mal Tragödie, immer aber verdammt spannend.

DASS MÄDCHEN ANDERS SIND ALS DU SELBST, sollte inzwischen klar sein. Ihr Uhrwerk funktioniert zwar, aber irgendwie nicht so wie deines. Was damit zu tun hat, dass Mädchen strange sind. Und weird. Und mysterious. Und sometimes very, very beautiful. Gerade deshalb ist es so wichtig, dass du lernst, was ein Mädchen ausmacht und wie so eine weibliche Gestalt tickt. Wenn sie denn tickt. Deshalb hier nun einige Grundlagen ohne Anspruch auf Vollständigkeit oder Korrektheit. Im Zweifelsfall gilt: Wenn du etwas über Mädchen generell oder ein Mädchen ganz speziell wissen willst – einfach fragen. Die meisten Jungs, die so was tun, kommen ganz ohne ein Schädel-Hirn-Trauma aus der Sache heraus und werden noch ihren Enkelkindern davon berichten, wie es war, als sie vor langer, langer Zeit erstmals mit einem Mädchen kommuniziert haben. Anstatt sie wie bis dahin üblich mit rohen Eiern zu bewerfen.

1. KAPITEL

25 Dinge,

DIE DU UNBEDINGT

ÜBER

Mädchen

WISSEN SOLLTEST

MÄDCHEN UND MELONEN

MÄDCHEN HABEN BRÜSTE! Häufig auch Melonen genannt. Oder Äpfel, Orangen, Pfirsiche, in kleinen Fällen auch Kirschen, seltener aber Bananen oder Ananas. Damit erzählen wir dir hoffentlich nichts Neues. Vielleicht hast du auch bereits erkannt, dass Mädchen im Regelfall zwei (Melonen, Äpfel etc.) besitzen und dass es Brüste in verschiedenen Größen und Formen gibt. Rein biologisch betrachtet wurden Brüste erfunden, um Säuglinge mit Milch zu versorgen – dieser Faktor ist für dich aber nicht besonders relevant, zumindest noch nicht. Interessanter ist vielmehr, was du mit einer weiblichen Brust anfangen kannst. Nämlich zuerst einmal: sie ansehen, was bereits beträchtlichen Spaß macht. Zweitens, allerdings erst, wenn du das Mädchen (und ihre Brüste) schon länger kennst: sie anfassen und dabei insbesondere die Brustwarzen berühren. Stichwort: erogene Zone ... Wichtig dabei: sehr zärtlich vorgehen; wenn du selbst masturbierst, benutzt du deinen Penis schließlich auch nicht als Sandsack.

1

MÄDCHEN IM LACKIERWAHN

SCHON KLAR, in deiner ganz persönlichen Welt sind Fingernägel genauso überflüssig wie Hodenpickel. Mädchen hingegen stehen total auf ihre Nägel – vor allem total auf lange Nägel. Diese werden dann in allen Farben des Regenbogens angemalt und gehen, wenn das Mädel Ahnung von Mode hat, optisch eine Symbiose mit anderen Kleidungsstücken ein. Besonders modisch begabte Mädchen wechseln übrigens die Fingernagelfarbe mindestens zweimal täglich, manchmal sogar im Verlauf eines einzigen Schulvormittages. Nach einer solchen Lackieraktion können Mädchen weder Buch noch Stift noch sonst was anfassen; vielmehr ist es zwingend erforderlich, dass die Hände, von den Ellenbogen abgestützt, in der Luft hängen, um friedvoll trocknen zu können.

Nun stellt sich dir natürlich die berechtigte Frage: Was soll der ganze Murks? Es ist ja nicht so, dass da lediglich etwas Farbe draufgeschmiert wird: Oberfläche glätten, Nägel mit Hilfe von Feilen in Form bringen, Unterlack auftragen, erst dann beginnt das eigentliche Manöver. Dauert also alles bis übermorgen. Und wofür? Für dich natürlich, du Trottel! Mädchen wollen schön sein aus nur einem einzigen Grund: um an Jungs ranzukommen.

Soll jetzt aber nicht heißen, dass du dir im Umkehrschluss die Nägel ebenfalls lackieren musst. Allerdings bietet es sich an, die Dinger hin und wieder zu schneiden und zu säubern. Und auch der Gang zur Maniküre sollte für moderne Jungs mit Stil kein Problem mehr sein.

2

MÄDCHEN UND DEIN TOD

3

»VERTRAUEN!« Das ist so ziemlich das Erste, was ein Mädchen sagt, wenn es auf die Welt kommt. Gleich nach »Schminke« und dem Satz »Mit diesen Haaren will ich nicht fotografiert werden!« Vertrauen ist das A und O, eine Krankheit ohne Chance auf Heilung. Ohne Vertrauen ist alles nur nichts. Mädchen leben für dieses Wort; sie verlangen, dass andere, insbesondere Jungen, ihnen absolut vertrauen. Im Gegenzug soll auch der Junge ihrer Wahl zu jeder Tages- und Nachtzeit, auch noch sturzbesoffen oder tot, stets vertrauenswürdig sein. Lügen werden abgelehnt. Falsche Wahrheiten ebenfalls. Ein Mädchen ist bereit, für dich zu sterben, wenn sie dir voll und ganz vertraut. Und sie erwartet, dass auch du dich ohne Zögern vor einen Güterzug auf Vollspeed wirfst oder dich in eine motorisierte Kettensäge wuchtest, um ihr endlich den noch fehlenden Vertrauensbeweis für eine ewiglich glückliche Beziehung zu liefern!

4 MÄDCHEN UND DAS STILLE ÖRTCHEN

DIE TOILETTE (Klo, Donnerbalken, Urinierlandschaft) ist bekanntlich ein Ort, wo man in aller Ruhe verschiedene notwendige Dinge erledigt. Kacken oder Pissen also, oder im Falle eines Mädchens: noch etwas Eyeliner auftragen. Wobei ... In Ruhe? Nun ja, Mädchen favorisieren eine gemeinschaftliche Veranstaltung und verpissen sich (Wortspiel!) zu zweit, manchmal auch zu dritt aufs vormals stille Örtchen. Gründe für dieses Do-It-Together sind der Wissenschaft nicht bekannt. Manche behaupten, dass die Mädels während des Geschäfts über Jungs lästern wollen, was jedoch Unfug ist, denn das würde ja voraussetzen, dass es da überhaupt etwas zu lästern gäbe. Es ist wohl einfach eine dumme Angewohnheit, die es von männlicher Seite aber unbedingt zu respektieren gilt.

UNANGEBRACHT!

MÄDCHEN IM STIMMUNGSTIEF

ANDERS ALS NORMALE MENSCHEN (also Jungs) neigen Mädchen dazu, ihre Stimmungen zu wechseln. Und zwar dauernd. Diese bemerkenswerte und in jeder Hinsicht bekloppte Fähigkeit ist für nichts gut, trotzdem aber aufgrund eines biologischen Programmierfehlers in der weiblichen DNA vorhanden (so eine Art schlechter Scherz). Dumm gelaufen. Zumindest für dich. Guckt dich ein Mädel an und lächelt dabei, solltest du dir darauf nichts einbilden. Bereits lausige zehn Sekunden später mag in ihrem ohnehin durchgeknallten Emotionsapparat ein erneuter Kurzschluss einsetzen mit dem Resultat, dass sie dich am liebsten mit ihrer Haarspange erwürgen würde. Wie das gehen soll? Keinen blassen Dunst! Wieder so ein weibliches Geheimnis. Tatsache ist: Es geht!

Genau wie Stimmungsschwankungen – die verdächtig an Drehtüren erinnern. Aus Liebe wird Hass und aus Hass wieder Liebe und aus Lächeln werden Abscheu und Ekel und aus Ekel wird gar nichts oder andersrum und aus einer romantischen Geste mit einladendem Augenzwinkern wird ein aufgespannter Regenschirm, der sich liebevoll in eine männliche Darmöffnung wälzt wie ein Presslufthammer im Dauerbetrieb.

Vor allem, wenn Mädchen sich ohnehin schon im Stimmungstief bewegen, ist ein gewisser Sicherheitsabstand absolute Notwendigkeit. Ihre Tiefs, im Durchschnitt sind es ungefähr 200 pro Stunde (Minimalwert!), könnten etwas mit Hormonen zu tun haben. Davon hast du eh keine Ahnung. Also: Finger weg. Du packst mit deinen Greifern schließlich auch nicht in eine Steckdose. Andererseits: Wenn du sie dann wirklich in Ruhe lässt, ist es bestimmt auch wieder falsch. Was auch immer du tust – achte stets darauf, ob das besagte Mädel eventuell einen Regenschirm bei sich trägt ...

5

MÄDCHEN AM MORGEN

6

DU gehst morgens ins Bad, haust dir etwas Deo unter die Achseln, an guten Tagen duschst du vorher, und schon ist der ganze Hygieneterror erledigt. Ein Mädchen macht es ähnlich, nur dass der ganze Spaß im Minimalfall eine Stunde dauert. Allein beim Duschen cremt sie sich nämlich mit verschiedenen (!) Sachen ein. Irgendwas, was der Haut Feuchtigkeit gibt. Irgendwas, was dem Austrocknen der Haut vorbeugt, irgendwas gegen Pickel, etwas anderes gegen Mitesser in Problemzonen und am Ende natürlich noch irgendwas, was besonders gut riecht oder die Haut straff macht.

Wichtigster Punkt ist dabei natürlich die Haarpflege und das anschließende Styling. Hierzu muss das Mädchen sich verschiedene Fragen stellen: Wie trug ich meine Haare gestern? Wer hat es gut gefunden? Wie will ich meine Haare morgen und am Wochenende tragen? Was sagt der Wetterbericht? Wenn ich sie zusammenbinde, dann mit welchem Haarband und welcher Spange? Und wie passen welcher Stil und welches Haarband und welche Spange zu meinen Klamotten? Welches Spray? Oder doch Wachs? Oder vielleicht Gel oder lieber Schaumfestiger? Was mit Glanzeffekt oder doch eher für mehr Volumen mit Vitamin B5 und UV-Filter? Und wo zum Teufel ist schon wieder das verdämmte Glätteisen? Und wenn die Haare erledigt sind, braucht es natürlich noch Gesichtspflege ...

MÄDCHEN UND MASKEN

90 PROZENT ALLER MÄDCHEN sehen nur direkt nach dem Aufstehen normal aus. Selbst wenn du einmal das Glück haben solltest und neben ihr aufwachst – du musst schon sehr schnell sein, wenn du einen Blick erhaschen willst, bevor sie sich ins Bad verpieselt. Ohne Make-up geht schließlich gar nichts für die moderne Frau.

Wer wissen will, wie ein Mädchen funktioniert, sollte auch wissen, was sie morgens (oder mittags und abends) mit ihrem Gesicht anstellt. Es geht dabei nicht darum, sich einfach ohne Plan irgendwelche Paste in die Fresse zu schmieren. Allein schon die Frage, ob flüssig, kompakt, auf Mineralbasis oder mit Glitzereffekt, bedarf genauester Überlegungen. Kajalstrich innen oder außen? Wo soll der Lidschatten enden? Welches Rouge? Bin ich heute blasser als gestern? Vielleicht den rötlichen Ton? Oder eher Terrakotta? Wo habe ich unreine Haut und wie kann ich was am besten unsichtbar machen? Dann noch das Rougezeugs »absoften« und die Übergänge so verwischen, dass keine Ränder mehr erkennbar sind – soll ja schließlich natürlich aussehen. Und um all das kümmern sich Mädchen, während du morgens zärtlich deinen Pillermann streichelst.

Ach ja ... abends muss der Kram natürlich wieder runter vom Gesicht. Also: abschminken. Mädchen sein ist wahrlich kein Kindertheater. Mathematiker haben errechnet, dass ein normales Mädchen bis zu seinem 18. Geburtstag ungefähr vier Monate Lebenszeit vor dem Spiegel verbracht hat. – Und über Lippenstift haben wir noch nicht einmal gesprochen bisher ...

7

MÄDCHEN IM LIPPENDICKICHT

8

ALLEIN DAS AUSSUCHEN des richtigen Lippenstifts kann bisweilen Monate dauern. Mädchen, die Ahnung haben, wissen bereits, was sie brauchen, gerade jüngere Mädchen aber müssen noch sehr viel ausprobieren, um herauszufinden, welche Farbe am besten zu Teint und Pullover passt. Red Passion, Intense Red, Soft Pink, Peach Parfait, Light Berry Red, Dusky Pink … um nur einige Farbvariationen zu nennen, von denen noch nie ein Junge je gehört hat. Vielleicht ist aber heute gar nicht Lippenstifttag? Sondern Zeit für Lipgloss? Der Unterschied ist für Jungs sowieso nicht erkennbar, es sei denn beim Küssen. Aber das wirst du dann schon noch selbst herausfinden. Egal, was für einen Lippenstift das Mädchen wählt – es geht immer um die Situation. Schule? Disco? Strand? Oder einfach nur zu Hause? O ja – auch wer nur zu Hause herumgammelt, sollte dabei gut aussehen. Mädchendenke; musst und wirst du nicht verstehen.

Dennoch solltest du dir mal Gedanken machen. *Sie* gibt sich unsagbare Mühe, um tageslichttauglich auszusehen. Und was machst *du*? Nicht dass du dir Lippenstift auf die Mundbalken schmieren sollst – aber auch *du* darfst über ein gepflegtes Äußeres nachdenken. Einmal die Woche duschen und dabei sogar noch die Haare waschen ist natürlich ein prima Start, aber durchaus noch ausbaufähig …

MÄDCHEN UND FÜSSE

ALS JUNGE hast du wahrscheinlich drei Paar Schuhe: Hausschuhe, die nach Jahren des Tragens nur noch von Luft zusammengehalten werden, Turnschuhe, die erbärmlich stinken, und sogenannte »Kirchenschuhe«, die du bei besonderen Gelegenheiten anziehst. Ganz anders Mädchen: Mit modernsten Methoden ist errechnet worden, dass, je älter Mädchen werden, ihr Interesse an Fußbekleidung zunimmt, so

sehr, dass sie irgendwann nicht mehr an einem Schuhladen vorbeigehen können, ohne laut zu jauchzen.

Mädchen besitzen im Regelfall, um zumindest einen kleinen Überblick zu geben, Sandalen, Trekkingsandalen, Sandaletten, Schaftsandaletten, Turnschuhe, Sneakers, Ballerinas, Riemchen-Ballerinas, Hiking-Schuhe und Sportschuhe, die natürlich völlig anders sind als Turnschuhe, Zehentrenner, Stiefeletten, Biker-Stiefeletten, Schnürstiefeletten und Cowboy-

MÄDCHEN IM KUSCHELTRAUM

FALLS DU bereits eine Freundin hast, spätestens aber, wenn du irgendwann eine haben wirst, musst du dich sehr intensiv mit der Bedeutung des sehr komplexen Fremdwortes »Kuscheln« auseinandersetzen. Natürlich handelt es sich dabei um einen dieser crazy weiblichen Fachausdrücke, die in deinem männlichen Vokabular bislang keine Verwendung gefunden haben.

Hier zum besseren Verständnis eine kurze Gegenüberstellung: Jungs wollen rummachen. Mädchen wollen kuscheln. Der Begriff »Kuscheln« wiederum wird von Mädchen zu Mädchen unterschiedlich verwendet. Sehen die einen Kuscheln als Vorstufe zum Sex, so ist es bei anderen eher verbunden mit Umarmungen, Streicheleinheiten und sanften Massagen – und dem Einschlafen in deinen mächtigen Armen. Ein Junge, der ernsthaft behauptet, dass er Lust auf Kuscheln hat, ist bislang noch nicht gefunden worden; was wohl vor allem damit zu tun hat, dass er mit dem Wort nichts anzufangen weiß. Denn was bitte ist schwer daran, ein Mädchen, das man gern hat, einfach in den Arm zu nehmen und ihr zärtlich den Nacken zu massieren? Eben. Nichts. Einfach machen und abwarten, was passiert.

Übrigens: Auch eine »beste Freundin« hat manchmal Lust auf Kuscheln – in diesem Fall ist es dann ganz bestimmt keine Vorstufe für weitere sexuelle Abenteuer. Halte sie einfach im Arm, streichle ihren Kopf und sei der gute Freund, den sie verdient hat.

9

Stiefeletten, Slipper, Tennisschuhe, Winterstiefel, Gummistiefel, High Heel Pumps, High Heel Sandaletten oder Stiefeletten, High Heel Peeptoes und natürlich Low High Heel Peeptoes – und noch viele andere. Falls ein Mädchen nicht all diese Schuhe bei sich zu Hause in einem Extrazimmer stehen hat, kannst du deinen Arsch darauf verwetten, dass sie über Leichen gehen wird, um früher oder später all diese Tretersorten – und noch Tausende mehr – ihr Eigen nennen zu können.

Merke: Nur weil dir selbst Schuhe relativ scheißegal sind, heißt das noch lange nicht, dass es Mädchen genauso geht. Deshalb solltest du hin und wieder mal schauen, was sie gerade trägt, und einen Spruch bringen, den du normalerweise niemals, und wenn doch, dann höchstens kotzend, über die Lippen bringen würdest: »Tolle Schuhe!« Du wirst es nicht bereuen.

10

MÄDCHEN UND SONSTIGE FREUNDINNEN

11

BEST FRIENDS FOREVER. So gut wie jedes Mädchen hat eine BFF – eine allerbeste Girlfriendbitch. So, what's the big deal? Du hast doch auch einen besten Kumpel. Falsch – wieder einmal versuchst du Idiot, Parallelen zwischen Jungs und Mädchen herzustellen! Einen besten Kumpel zu haben ist sicherlich eine feine Sache, aber von einer BFF meilenweit entfernt. Oder teilst du alles mit deinem Kumpel? Also wirklich alles? Jedes noch so kleine und intime Geheimnis? Vertraust du ihm an, dass deine Schamlippen sich komisch anfühlen? Dass du unbedingt einen neuen Eyeliner ausprobieren willst? Dass du in Stresssituationen Pickel auf den Brüsten bekommst? – Wohl kaum. Eine BFF zu haben ist für ein Mädchen wie in den Spiegel zu gucken und sich selbst zu sehen. Es ist mehr als nur Freundschaft. Und das mit dem »Forever« ist auch keine hohle Phrase, sondern ein Schwur. Freundschaft ist zwischen Jungs und Mädchen und Jungs und Jungs. Zwischen Mädchen und Mädchen herrscht Liebe. Und manchmal sogar erotische Zuneigung. (Na? Haben wir gerade Bilder im Kopf?) Falls du hundertprozentig nicht an einem Mädchen interessiert bist, sag ihr einfach, dass ihre BFF scheiße ist. Und schon wird aus einer sich möglicherweise anbahnenden stürmischen Romanze wirklich nichts – hundertprozentig. BFFs sind wie Zwillinge, siamesische sogar, untrennbar. Und komm niemals auf die Idee, ein Mädchen zwischen ihrer BFF und dir entscheiden zu lassen. Du hast nicht den Hauch einer Chance!

MÄDCHEN UND DAS PERIODENSYSTEM DER ELEMENTE

12

EINMAL IM MONAT, in einer schaurig-nebligen Vollmondnacht, müssen Mädchen in das elterliche Verlies geführt werden. Dort werden sie an Armen und Beinen angekettet in der Hoffnung, dieses Mal würde die Welt verschont bleiben. Doch meist vergeblich: Sobald der Mond seine volle Blüte erreicht hat, wachsen dem Mädchen meterlange Krallen; ihr Gesicht wird zu einer Felllandschaft, ihre Zähne werden zu messerscharfen Waffen, ihr Rücken verwandelt sich in etwas merkwürdig Buckeliges und das daraufhin eintretende Geheule lässt sogar Vampire (noch mehr) erblassen, denn selbst Dracula weiß, was hier vor sich geht: weibliche Menstruation, die Regel oder auch: Periode. Natürlich wird das Mädchen dabei nicht zum Werwolf; zuweilen können die Schmerzen bei der Periode aber ähnlich groß sein wie bei der Verwandlung in ein Monster.

Rein wissenschaftliche betrachtet ist eine Periode keine große Sache: Hat was mit der Gebärmutterschleimhaut zu tun, die (was voll logisch ist) irgendwann im Verlauf eines Monats abgestoßen und wieder aufgebaut wird (warum, weiß keiner) und irgendeinem Ei, das im Eierstock zur Befruchtung bereitgestellt wird, dabei aber weder gebraten noch gekocht noch gegrillt wird, sondern chillig in der Gegend abhängt, bis es befruchtet wird, sodass es sich dann selbst versorgen kann. (Soweit alles nachvollziehbar, richtig?)

Heißt im Klartext: Solange die Monatsblutung ordnungsgemäß stattfindet, ist das Mädchen nicht schwanger. Bleibt sie aus – bist du der Vater! Herzlichen Glückwunsch! Wenn es aber nicht zu einer Schwangerschaft kommt, wird irgendwas abgestoßen (Gebärmutterschleimhaut wahrscheinlich – aber so genau musst du das nun wirklich nicht wissen) und es fängt an zu bluten. Dabei verlieren Mädchen im Regelfall bis zu 7 Liter ihres Eigenblutanteils, was insofern interessant ist, als dass der menschliche Körper an sich höchstens 6 Liter davon besitzt.

Eigentlich ist das alles wirklich nicht sonderlich schlimm, wenn Regelblutungen nicht dummerweise auch zum Teil enorme Schmerzen mit sich brächten, inklusive brachialer Magenkrämpfe. Häufig wirkt sich die Periode auch negativ auf die Psyche eines Mädchens aus. Es ist dann bei jeder Gelegenheit gleichzeitig genervt und depressiv und zickt sich durch die Gegend. Eigentlich alles wie immer also. Erfahrungsgemäß solltest du, wenn du merkst, dass ein Mädchen ihre Regel hat, ausnahmsweise auf dumme Sprüche verzichten. Falls du mit der obigen knackigen biologischen Erklärung nichts anfangen kannst, hier nun die religiöse: Nachdem Eva im Paradies den verbotenen Apfel gegessen hatte, sagte Gott: »Dafür sollst du bluten!« Woraufhin Eva die selten dusselige Frage stellte, ob sie das Ganze auch in Raten bezahlen könne ...

Falls du als Junge einem Mädchen helfen willst, mit den Schmerzen einer Periode/ Menstruation/Monatsblutung klarzukommen, bleibt dir nur eine einzige Möglichkeit: ungeschützter Sex – dann hat sich die Sache mit etwas Glück ein für alle Mal (beziehungsweise neun Monate lang) erledigt. Dennoch ist ungeschützter Sex aufgrund verschiedener nutzloser Nebenwirkungen (HIV, sonstige Geschlechtskrankheiten, Kopfweh) nicht zu empfehlen.

Und falls du ihr ohnehin nicht ganz so nahe stehst: Einfach für sie da sein und lieb sein und zuhören und vielleicht ein wenig kuscheln – wenn es ihr gefällt (einige Mädchen haben in Menstruationszeiten absolut null Bock auf jede Art von Berührung, was du unbedingt respektieren musst). Reicht völlig aus.

Unter Umständen fragst du dich nun, natürlich völlig zu Recht, wo denn das ganze Blut bleibt. Gerade im Sommer, wenn Mädels gerne mal eine Nummer kürzer tragen, würde es doch früher oder später auffallen, wenn Blut an ihren Beinen herunterläuft. Sehr richtig gedacht! Deshalb haben weitaus klügere Leute als du selbst schon vor Jahrhunderten Möglichkeiten entwickelt, den Blutfluss aufzufangen, sodass eben kein blutender Brunnen in deinem Klassenraum sitzt. Hierbei handelt es sich um Tampons oder Binden. Tampons halten sich ohnehin gerne in dunklen, feuchten Räumen auf und sind daher für das Auffangen des Blutes vor Ort hervorragend geeignet. Sie werden »eingeführt«, saugen sich voll und werden dann wieder »ausgeführt«. Sicherlich wird dir deine Mutter genauer erklären können, wie die Dinge funktionieren. Eine Binde wiederum ist oberflächlicher und wird in den Slip gelegt, saugt sich dort voll und wird irgendwann fachgerecht in der Tonne für Gefahrenstoffe entsorgt.

Wenn du deiner Freundin ein guter Freund bist, hast du vielleicht irgendwann das Glück, Tampons oder Binden für sie einkaufen zu dürfen. Wird eine witzige Veranstaltung, sofern sie dir nicht haargenau gesagt hat, was sie will. Allein schon Tampons gibt es in allen Sorten und Farben – Gleiches gilt für Binden: mit Doppelflügel oder extra-dünn? Solltest du vorher abchecken – bevor du noch auf die geniale Idee kommst, einfach eine Rolle Küchenpapier zu kaufen ...

MÄDCHEN UND DIE GRUNDLAGEN VON FREUDE

DA WIR UNS, siehe Punkt 12, ohnehin gerade in den unteren Regionen aufhalten, fahren wir in unserer Reihe »Sorgen, die Jungs nicht haben« einfach fort mit der Vagina – kannst sie auch Scheide nennen. Da du sowieso gerade fragen wolltest: Ja. Das ist der Ort, der deinem Penis ein Zuhause bieten kann. Praktischerweise hat jedes Mädchen diese Scheide und glücklicherweise ist sie auch noch leicht zu finden, sogar im Dunkeln.

Wenn du dich vorab informierst, kannst du genau wie ein Archäologe sehr interessante Dinge entdecken: zum Beispiel die Klitoris, das weibliche Lustzentrum. Nicht umsonst wird das Teil auch freundschaftlich als »Kitzler« bezeichnet. Nein – selbiger ist nicht dazu gedacht, den Jungen zu kitzeln, vielmehr das Mädchen selbst. Wenn du ihn berührst, führt dies normalerweise zu großer Freude. Bei dir selbst, weil du

ihn endlich gefunden hast, und bei ihr, weil du ihn endlich gefunden hast ... Wenn du die Klitoris ordentlich stimulierst, durch wie auch immer geartete Bewegungen mit Penis oder Finger, kommt es normalerweise zum Orgasmus.

Viele Jungs haben gerade beim ersten Mal den Wunsch, alles möglichst schnell hinter sich zu bringen, und arbeiten nach der effektiven Rein-raus-rein-raus-fertig-Methode. Ökonomisches Arbeiten ist zwar generell gut, hier aber nicht geeignet, da lockere 80 Prozent aller Mädchen mit solcher Brutaltechnik kaum etwas anzufangen wissen. Wenn du dir also schon die Mühe gemacht hast, in die weibliche Lustgrotte vorzudringen, dann solltest du auch einige Zeit dort verweilen – so habt ihr beide Spaß.

13

MÄDCHEN UND DIE WELTHERRSCHAFT

15

ES IST WIRKLICH SO: Prozentual gesehen sind Mädchen besser in der Schule. Das hat nichts mit einem größeren Gehirn oder der Größe der Brüste zu tun, sondern schlichtweg mit Ausdauer, Fleiß und Sorgfalt. Fähigkeiten, die für Jungs eher ungewöhnlich sind. Klar gibt es jede Menge Ausnahmen von der Regel, aber die Abiturquoten bei

Mädchen steigen drastisch, und zwar seit Jahren, während immer mehr Jungs einen früheren Schulabschluss wählen. Sogar in naturwissenschaftlichen Fächern, früher absolute Jungsdomäne, werden Mädels immer besser. Sollte dir zu denken geben. 62 Prozent aller Sitzenbleiber sind momentan Jungs. Lediglich in Mathe sind Jungs noch besser. Falls dies bei dir selbst nicht der Fall sein sollte, bist du eine Lusche und eine

MÄDCHEN UND DUSCHKÖPFE

WIE DU NUN schon gelernt hast, können Mädchen durch Berührungen sexuell stimuliert werden. Was sicherlich eine komplett neue und überraschende Info für dich war. Aber es wird sogar noch krasser! Oder wusstest du, dass Mädchen allen Ernstes ebenfalls masturbieren können? Klar wusstest du das nicht! Woher auch? Völlig zu Recht warst du bislang immer davon ausgegangen, dass nur Jungs ein Anrecht auf Spaß hätten, richtig?

Und außerdem: Wie zur Hölle stellen die das ohne Penis an? Nun, zum Beispiel spielen sie an ihren Brüsten herum oder eben an Vagina und Klitoris, oder hast du wirklich gedacht, nur ein Mann könnte einer Frau sexuelle Befriedigung verschaffen? Also ehrlich! Schon mit zwölf sind Mädchen heutzutage dermaßen emanzipiert, dass sie *deine* Hilfe nun wirklich nicht brauchen, um »zu kommen«. Woran Mädchen bei der Selbstbefriedigung denken? Natürlich an Pferde, weil die so große Hoden haben. Wenn du dich geschickt genug anstellst, vielleicht sogar irgendwann an dich. Was Mädchen übrigens alles mit einem Duschkopf anstellen können, soll an dieser Stelle nicht verraten werden und bleibt ganz deiner Fantasie überlassen.

14

Schande für die Männlichkeit! Nimm also verdammt noch mal Nachhilfe, am besten natürlich bei einem Mädchen! Und am allerbesten bei einem Mädchen, das du sowieso schon seit Ewigkeiten anhimmelst.

Interessanterweise ist Schulerfolg für viele Mädchen durchaus wichtig: Absolute Versklavung des männlichen Teils der Menschheit ist schließlich nur durch Bildung möglich! Andere jedoch sehen Schule eher bedingt als Lernanstalt und vielmehr als einen Ort, an dem man Freundinnen trifft, sozusagen als Sozialtreff. Dass Gespräche dabei durch diese lästige Sache namens Unterricht unterbrochen werden, ist in Zeiten von immer smarter werdenden Smartphones und Facebook und WhatsApp und YouNow nicht weiter von Bedeutung. Quatschen kann man schließlich immer.

MÄDCHEN IM KERZENSCHEIN

DIE ROMANTIK wurde vor ungefähr sieben Milliarden Jahren erfunden, als ein einsames Mädchen alleine in einer Höhle saß und sich langweilte. Daraufhin lud sie sich jede Menge Kuschelrock-Songs aus der Höhlenwand und zündete mindestens tausend Kerzen an, was insofern interessant ist, als dass es noch gar keine Kerzen gab, von Duftkerzen mal abgesehen. Alsdann zwang sie ihren Mitbewohner, nennen wir ihn Neandertalus, ihr jede Menge roter Rosen zu besorgen, die Blütenblätter im Höhleneingang zu verteilen und ein Gedicht vorzutragen. Neandertalus, von Beruf Jäger und Sammler, hatte nicht den Hauch einer Ahnung, was Rosen eigentlich sind, geschweige denn Gedichte, und erlegte ihr stattdessen ein Mammut.

Und hier haben wir auch schon das zentrale Problem: Wenn Mädchen Romantik wollen, wollen Jungs meistens etwas anderes. Im Regelfall poppen. Sie verstehen einfach nicht, was mit Romantik überhaupt gemeint ist. In der Tat ist hier viel Einfühlungsvermögen gefragt, aber wenn du es schaffst, dich auf die romantische Seele eines Mädchens einzulassen, wirst du auch an dir selbst ganz neue Seiten entdecken. Ja, verdammt, schreib ihr ein Liebesgedicht. Ja, versprich ihr, die Sterne vom Himmel zu holen und dass du für sie sterben würdest. Ja, schau mit ihr den Sonnenaufgang an, und den Sonnenuntergang, und die Sternschnuppen, und ja, sage ihr, dass die Sterne in ihren Augen glitzern. Kommt dir wahrscheinlich alles total dämlich vor, ist es vielleicht auch, aber wenn es ihr gefällt? Mach es einfach und stell keine Fragen!

16

MÄDCHEN IM STOFFTIERLAND

17

KANNST DU DICH noch an deinen Kuschelbären erinnern? Vielleicht sogar an den Namen von dem albernen Plüschheini? Oder an dein Kuschelbeziehungsweise Schmusekissen?

Richtig: Natürlich nicht! Weil so was volle Axt kindisch ist und dein männliches Gehirn derlei Babyerinnerungen längst verdrängt hat. Mädchen hingegen legen ihr Kuschelirgendwas frühestens dann aus der Hand, wenn sie heiraten. Noch in Abiturjahrgängen findest du Mädchen, die *nur* mit *einem* ganz speziellen Kissen schlafen können – normalerweise ist es das Riesendings, das sie in einem Extra-Koffer verstaut haben. Schlaf mit normalen Kissen ist nicht möglich – ohne *das* Kissen geht gar nichts. Es hängen nämlich, Zitat, »voll die superschönen Erinnerungen« daran. Ach, echt? Welche denn bloß? Als sie das erste Mal ihre Periode hatte? Als sie sich nach zehn Flaschen Sekt mit Fanta das erste Mal auf genau dieses Kissen übergeben hat? Als sie das erste Mal von ihrer BFF geträumt hat?

Lächerlich. Tatsache ist, in den meisten Fällen hängen objektiv betrachtet null Erinnerungen an so einem Teddy oder Kissen – Mädchen *glauben* aber daran, beziehungsweise *wollen* daran glauben, was auch damit zu tun hat, dass sie merken, dass sie sich langsam, aber sicher zur alten Frau (also über 16) entwickeln. So gesehen sind Teddy und Kissen Sicherheitsanker, Möglichkeiten, an der Kindheit festzuhalten.

Tipp: Wenn du dich geschickt genug anstellst, wird sie vielleicht irgendwann ihren Bären oder ihr Kissen zum Fenster rauswerfen und stattdessen dich in den Armen halten ...

MÄDCHEN UND GLITZERGOCKEL

SEIT VOR EINIGEN JAHREN eine Heulsuse namens Edward Cullen in einem absurden Schundroman namens Twilight (von Stephenie Meyer, die sich bis heute noch nicht für diesen Biss-zur-Mittagssonne-und-zum-Abendbrot-Rotz entschuldigt hat) das Licht der literarischen Welt erblickte (und später leider auch noch der filmischen) und allen Jungs den Würgereiz in die Augen trieb, sind Mädchen der Ansicht, dass es a) Vampire gibt, sie b) im Sonnenlicht glitzern, c) wunderschöne Augen mit den tollsten Augenbrauen überhaupt und einen hammermäßigen Körper inklusive Sixpack-Bauch haben und d) sowieso die geilsten Typen überhaupt sind.

Geilste Typen? Mag ja vielleicht auf Dracula noch zutreffen, Bram Stokers Ur-Vampir aus dem tiefsten 19. Jahrhundert. *Der* hatte wenigstens Charme und war angenehm abgrundtief böse. Und ganz bestimmt hätte er sich niemals in eine blasse Dorfschnalle namens Bella verliebt. Hätte sie höchstens gebissen und sie dann zum Putzen in sein Schloss beordert. In der Filmversion haben wir die Bella-Nase, gespielt von irgendeiner schauspielerischen Topfpflanze, die den ganzen Film über nichts anderes tut als verliebt zu sein – und zwar in Edward. Edward ist der härteste Vampir von allen: Er zupft sich anders als die Nichtchecker aus Transsilvanien nämlich mehrfach täglich die Augenbrauen und ist dermaßen brutal pervers, dass er sogar Tierblut trinkt. Beziehungsweise *nur* Tierblut, weil er es moralisch irgendwie jetzt nicht so toll findet, nä, wenn man Menschen trinkt, dann doch lieber einen schönen Früchtetee mit ganz besonders viel Hagebutten ... und so.

Wissenschaftler haben alles versucht, können sich aber beim besten Willen nicht erklären, wie Mädchen auf Glitzerwichte wie Eddy »The Dark« Cullen hereinfallen können, was aber auch damit zu tun haben mag, dass besagte Wissenschaftler mit Logik an die Sache herangegangen sind. Tatsache ist: Bei Edward Cullen hört jede Logik auf. Mädchen schlafen auf mit seinem Furz von Gesicht verzierten Kissen, tragen Schlafanzüge, die genauso schäbig aussehen wie er, und lassen nachts das Fenster auf in der Hoffnung, er würde endlich mal vorbeigeflattert kommen und sie durchnageln, äh, beißen.

Egal, wie sehr du dich auch anstrengst, mit Darky Dark wirst du niemals auch nur annähernd mithalten können. Oder könntest du jemals so coole Sachen sagen wie diese hier: »Ich bin das gefährlichste Raubtier, das es gibt. Alles an mir wirkt einladend auf dich: meine Stimme, mein Gesicht, selbst mein Geruch. Als ob ich das nötig hätte. Als ob du mir davonlaufen könntest. Als ob du dich wehren könntest. Ich wurde geschaffen, um zu töten.« – Und so eine Scheiße meint er auch noch ernst. Und was tut Bella? Beziehungsweise jedes x-beliebige Mädchen? Weglaufen? Volle Kanne Angst bekommen? Nicht doch! Sie bekommt einen Orgasmus und stöhnt sich fröhlich grinsend durch die Nacht. Außerdem kann Eddy natürlich Gedanken lesen, und wenn er wirklich mal tötet – ja, er soll Gerüchten zufolge mal eine rebellische Phase gehabt haben –, dann ausschließlich schlechte Menschen. Wie reagiert Bella auf diese Info? Natürlich mit Schluchzen und Mitleid. Ursprung dieser Gefühlsdudelei ist eine tiefe Sehnsucht nach Romantik, die du mit deinem normalen Schrottleben nicht liefern kannst. Und selbst wenn du tatsächlich Edward in die Müllpresse kippen könntest, dann wäre da immer noch Jacob. Selber Roman, selber Film, wird nicht besser. Jacob »Jake« Black ist übrigens ein Werwolf – und ähnlich wie Edward von der gaaaanz harten Sorte! Er haart zwar überallhin, aber niemals auf den Wohnzimmerteppich. Bella – die Topfpflanze – steht natürlich zwischen beiden Jungs, aber es versteht sich, dass Edward gegenüber Jacob den Längeren hat. Selbst Jacob würde niemals einen dermaßen irren Kacckübel von sich geben: »Bevor du da warst, Bella, war mein Leben eine mondlose Nacht. Sehr dunkel, aber mit Sternen, Punkten aus Licht und Weisheit.« – Wir wiederholen: Der meint das wirklich ernst und kann so eine Grütze von sich geben, ohne dabei zu kotzen. Muss man auch erst mal schaffen!

Geschmäcker sind verschieden und Jungs haben zuweilen deutlich andere Vorlieben als Mädchen – aber irgendwann ist's auch mal gut gewesen. Niemand, der bei klarem Verstand ist, kann einen Jungen dazu bringen, freiwillig und im Vollbesitz seiner geistigen und männlichen Kräfte, einen *Twilight*-Film auch nur fünf Minuten lang anzuschauen beziehungsweise einen der Romane weiter als über das Cover hinaus zu lesen. Lediglich das Edward-Cullen-Klopapier sei dir an dieser Stelle sehr ans Herz gelegt. Durchaus auch eine gelungene Geschenkidee für ein Mädchen deiner Wahl!

MÄDCHEN UND DAS HEFT DES HANDELNS

GENAU WIE DU haben auch Mädchen ihre Helden – entweder sind es die bereits angesprochenen Vampir-Dödel oder eben ... andere Mädchen. Diese anderen Mädchen, mit denen sich die einen Mädchen »total gut« identifizieren können, leben meist in Büchern und Filmen und hausen in ziemlich abgefuckten Gesellschaften, regiert von irgendwem, der meint, er wäre Diktator. In dieser Welt, die ein Resultat des letzten Krieges ist, von dem aber mit ziemlicher Sicherheit nie gesprochen wird, sind entweder total viele Dinge nicht erlaubt (zum Beispiel von Ort A nach B zu laufen) oder verboten (zum Beispiel eigene Meinungen zu haben, zu zweit aufs Klo zu gehen oder einfach nur mal scheiße drauf zu sein). Beispiele hierfür sind die Panem-Romane von Suzanne Collins oder auch Die Bestimmung von Veronica Roth und deren Verfilmungen.

Protagonist*innen* sind, wie gesagt, Mädchen, die sich gegen das ach so böse System auflehnen und am Ende, was ziemlich überraschend ist, auch noch gewinnen. Diese Mädchen sind stets atemberaubend hübsch und sehen in ihren Kampfanzügen (sehr eng!) einfach nur geil aus – durchaus also auch für

MÄDCHEN UND IHRE MAMAS

DIE VIELLEICHT GRÖSSTE HELDIN für ein Mädchen überhaupt. *Du* magst deine Mutter natürlich auch; kein Thema und noch lange kein Grund, ihr das dauernd zu sagen oder besonders viel Zeit mit ihr zu verbringen. Mädchen hingegen betrachten ihre Mütter nicht selten sogar als Freundinnen, mit denen sie über jeden Scheiß reden können, sogar über Jungs. Falls du irgendwann also eine Freundin hast und bei ihr zu Hause bist, kannst du dich drauf verlassen, dass ihre Mutter wahrscheinlich mehr über dich weiß als du selbst – inklusive Krümmungswinkel deines Penis. Schön ist das nicht. Töchter gehen sogar mit ihren Müttern shoppen – freiwillig! Erinnerst du dich noch an deinen letzten Einkaufstrip mit Mama? Es gibt doch nichts Schöneres, als wenn sie für dich die Unterwäsche aussucht, richtig? Mädchen haben damit offenbar keinerlei Probleme.

Jungs ein Grund, sich die Filme anzusehen. Selbstverständlich verlieben sich die Schnallen auch ordnungsgemäß in irgendjemanden. Die *Panem*-Maus (Katniss) steht sogar (siehe Bella) zwischen zwei Typen. Toll an diesen Mädels ist, dass sie es schaffen, Liebe *und* Umsturz der gesellschaftlichen Ordnung gleichzeitig zu managen. Unter Umständen sind sie sogar gezwungen, einen der beiden Typen (einer ist immer nur Freund, einer hat einen Penis) zu retten, was die Sache natürlich nur noch weiter verkompliziert.

Warum Mädchen so was lesen, ist eigentlich klar: Die Heldinnen sind hübsch, dabei aber nicht billig oder schlampig; sie können kämpfen *und* küssen und außerdem haben sie was in der Birne. Wichtig ist vor allem, dass die Mädchen in solchen Büchern und Filmen selbst das Heft des Handelns in die Hand nehmen und sich von nichts und niemandem vorschreiben lassen, was sie zu tun haben. Für Jungs ein Albtraum, für Mädchen schon längst Realität. Die Zeiten, in den Frauen am Herd standen und die Bude putzten, sind lange vorbei. Damit musst du dich dummerweise abfinden.

19

MÄDCHEN AUF DEM PONYHOF

21

NOCH WICHTIGER als Mütter sind für viele Mädchen natürlich Pferde. Um die Hierarchie zu beachten: Pferd, Mutter, BFF. Dann lange Zeit gar nichts. Irgendwann ganz unten findet sich dann der Vater. Und dann, noch ganz viel weiter ganz unten, sind, ganz versteckt in einer Güllegrube, Jungs. Dabei waren mit der Erfindung des Autos Pferde eigentlich schon ausgestorben, und es würde sie eigentlich gar nicht mehr geben, wenn die Pferdeherstellungsindustrie nicht schon vor Jahren klugerweise erkannt hätte, dass Pferde früher oder später von Mädchen geradezu angebetet werden würden. Viel zu dicke Mädchen zwängen sich tag-ein, tagaus in viel zu enge Reithosen und setzen sich auf viel zu schwache Tiere, nur um nicht selbstständig ihre Beinchen bewegen zu müssen. Dünne Mädchen tun dasselbe, jammern die ganze Woche über Rückenschmerzen und träumen trotzdem statt von Jungs von anderen Hengsten. Die Liebe ist sogar gegenseitig: Mädchen mögen Pferde, Pferde mögen Mädchen.

Als Junge solltest du froh sein, wenn sie Bilder von Viechern mit Mähnen an den Wänden hängen hat. Immer noch besser als Bilder von Popstar-Arschlöchern, die mal wieder vergessen haben, sich ein Hemd anzuziehen, und deren Haare aussehen wie angefahrene Igel.

27

MÄDCHEN UND DAS WESEN DER SCHÖNHEIT

MÄDCHEN BENUTZEN so ungefähr drei Milliarden verschiedene Salben, Cremes, Deos, Duschgels, Labellos, Lippenstifte, Abdeckstifte, Badewasserzusätze, Peelingprodukte und manchmal sogar feuchtes Toilettenpapier. Insgesamt sind Mädchen deutlich experimentierfreudiger als Jungs – oder was steht so im Badezimmer rum, was *dir* gehört? *Ein* Deo? *Ein* Duschgel, das der Rest der Familie auch benutzt und das somit nicht deins ist? *Eine* Dose Rasierschaum, die aber eigentlich Papa gehört und die du einfach illegal mitbenutzt? Vielleicht noch *eine* Flasche Aftershave? Natürlich auch von Daddy.

Mädchen, nicht alle, aber viele, besitzen ganze Wagenladungen von Hygieneartikeln. Alleine fürs Gesicht sprechen wir bereits von einem halben Container Beauty-Cremes in allen Geruchsrichtungen und Farbschattierungen (matt, weniger matt, volle Kanne matt, mit Glanz, ohne Glanz, ohne ganz viel Glanz, matt glänzend, glänzend matt, matt mit Kontrast, Glanz ohne Kontrast – um nur einige zu nennen). Und dann brauchen wir natürlich auch noch für den restlichen Körper irgendwelche Mittelchen, zum Beispiel um Orangenhaut vorzubeugen. Ist für Mädchen nämlich die Hölle auf Erden. Orangenhaut ist der nette Name für Cellulite – was nichts anderes ist als ein Verwesungsprozess der weiblichen Haut, welcher bereits in sehr jungen Jahren, praktisch direkt nach der Geburt, einsetzt und sich vor allem an den Oberschenkeln und am Hintern bemerkbar macht, also für das Tragen kurzer Röcke oder Bikinis ziemlich uncool ist. Gegen Cellulite kann man zwei Dinge tun: entweder direkt sterben oder Cremes draufschmieren, bis der Arzt kommt. Hierfür gibt es speziell entwickelte hautstraffende Körperlotionen mit und ohne Glitzer- beziehungsweise Pearleffekt, welche ungefähr 24-mal täglich schön fett auf die »Problemzonen« aufgetragen werden müssen. Deshalb sehen Mädchen morgens manchmal so unausgeschlafen aus …

Mädchen tun sich Körperpflege übrigens nicht an, weil sie eitel sind – sie machen den ganzen Terror lediglich mit, um auf Jungs attraktiv zu wirken. Hin und wieder darfst du dich also durchaus mal bei einem Mädchen dafür bedanken.

22

MÄDCHEN UND GRAUE RÜSSELTIERE

23

JEDES (!) MÄDCHEN, inklusive deiner Mutter, Oma oder Deutschlehrerin, denkt, es wäre entweder zu fett, zu dünn, zu groß oder zu klein, hätte zu kleine oder zu große Titten, zu dicke oder zu dünne Oberschenkel, einen dicklichen Melonenarsch oder aber einen mageren Rosinenhintern. Jedes (!) Mädchen findet außerdem selbst in der absoluten Einöde irgendein anderes Mädchen, das viel, viel hübscher ist.

Mädchen sind immer zu dick! Egal wie hübsch ein Mädchen auch sein mag – sie ist zu dick. Sieht aus wie ein Panzer. Wie ein Elefant. Wie ein Elefant auf einem Panzer, der auf einem zweiten Panzer steht. Mädchen sind fette Schweine und gehören eigentlich den ganzen Tag eingesperrt! – Viele Mädchen denken leider wirklich so, was darauf zurückzuführen ist, dass sie sich zu viele Topmodel-Casting-Shows im Fernsehen ansehen, wo abgemagerte Girlies sich verzweifelt an Tischkanten festhalten, weil sie sonst vom Deckenventilator weggeweht würden. In Zeitschriften und Magazinen wird immer wieder vorgeführt, dass man als Mädchen nicht nur dünn, sondern superdünn sein muss, quasi nicht mehr als Streichholzbreite haben darf. Außerdem suchen sich Mädchen natürlich in ihrem Bekanntenkreis optische Vorbilder – und orientieren sich dabei am hübschesten und schlanksten Mädchen überhaupt, um sie dann in puncto Schlankheit noch übertreffen zu wollen. Würde dir selbst natürlich nie einfallen – du findest Essen geil und hast auch beim fünften Cheeseburger noch keine Sorge, wie sich die Dinger auf dein Gewicht auswirken, korrekt?

Mädchen ticken anders, und auch wenn nicht jedes schlanke Mädchen automatisch magersüchtig ist oder Bulimie hat, sind doch viel zu viele Mädels mit ihrer Figur unzufrieden. Grund genug für dich, häufiger mal wieder Komplimente abzulassen – auch gegenüber Mädchen, die wirklich eine Nummer zu elefantig geraten sind. Sofern du ein Mädchen magst und/oder etwas von ihr willst, schadet es gar nichts, ihr Ego zu pushen und wenigstens hin und wieder mal zu betonen, wie atemberaubend sie mal wieder aussieht und dass alle anderen nur billige Schlampen sind. Vertrauensvoll in die Welt zu rufen, was für tolle Beine sie hat. Was für eine fantastische Figur. Was für anbetungswürdige Rundungen. Und dass du am liebsten ihren Po als Kopfkissen benutzen möchtest.

MÄDCHEN UND MELONENHALTERUNGEN

PENISSE WOHNEN IN UNTERHOSEN und Brüste in Brusthosen. Nur werden sie nicht so genannt. »Büstenhalter« dienen dazu, die weibliche Brust zu stützen und, wo man schon dabei ist, zu formen. Sogar Urzeitfrauen sollen sich schon die Brüste bedeckt haben – untenherum allerdings nicht. Außerdem halten BHs, deren Erfinder im Himmel eine eigene Wolke hat, im Winter schön warm, vor allem, wenn man noch etwas Wolle, eventuell auch Topflappen, hineinsteckt. Unnötig zu erwähnen, dass BHs in vielen verschiedenen Formen existieren: mit Trägern, ohne, selbstklebend, mit Vorderverschluss, aus Wolle oder irgendeinem synthetischen Plastik. Falls du ein Mädchen siehst, das morgens in der Schule noch kleine Brüste hat und abends auf einer Party irgendwie größere: Ihr Busen ist nicht aufgrund eines Bienenstiches angeschwollen, vielmehr hat sich das Mädel offenbar für einen Push-up-BH entschieden. Aus klein wird groß. Das Gegenteil soll es auch geben, sogenannte Minimizer, für Mädchen, die sich ihrer Rieseneuter schämen, was für Männer aber unverständlich ist. Nicht umsonst gibt es jedes Jahr in jeder etwas größeren Stadt gigantische Demonstrationszüge für ein sofortiges Verbot von Minimizer-BHs. Teilnehmer sind zu 99,9 Prozent Jungs oder Männer und zu 0,1 Prozent Milchkühe. Aus männlicher Sicht sind BHs in *jeder* Form allerdings überflüssig!

24

30

MÄDCHEN IM EMOTIONALEN NIRWANA

ES IST DEFINITIV KEIN KLISCHEE: Mädchen fühlen anders. Und dauernd. Und reden auch noch dauernd davon, dass sie sich fühlen und, noch schlimmer, wie sie sich fühlen. Damit wollen sie sich einerseits wichtigmachen. Andererseits können sie gar nicht anders, da das ewige Blubbern über Gefühle irgendwie im weiblichen genetischen Code festgelegt ist, und bis heute haben auch die besten Ärzte und Wissenschaftlicher diese Schwachstelle noch nicht beseitigen können.

25

Mädchen können geniale Sätze sagen, die nie ein Mensch verstehen wird, wie »Ich brauche Zeit, mir meiner Gefühle klar zu werden« oder »Ich habe Schmerzen in meiner Seele«. Scheinbar sind Mädchen sehr interessiert daran, ihre emotionale Lage in Hieroglyphen zu beschreiben. Mädchen neigen außerdem dazu, Dinge viel ernster zu nehmen, als du sie vielleicht gemeint hast. Daher kannst du mit einem Mädchen nicht einfach »normal« sprechen wie mit einem Kumpel. Mit einem Kumpel sprichst du auch mal eine Woche lang gar nicht – für ein Mädchen wäre so was eine eiskalte Beleidigung. Sie wird dich entweder ab sofort links liegen lassen oder, wenn sie dich einigermaßen mag, zu einem »Problemgespräch« beordern – hierzu wird traditionell Früchtetee gereicht –, welches sie mit folgenden Worten beginnt: »Weißt du eigentlich, was du mir angetan hast?«

Vor allem, wenn es um Liebe geht, sind Mädchen überaus sensibel. Alle Sinne laufen dann auf weit über 100 Prozent Leistung, die Hormonausschüttung findet kein Ende mehr und jedes Wort, jedes Satzzeichen, jeder Fliegenschiss wird auf die Goldwaage gelegt. Leider funktioniert die Waage dann meistens nicht richtig. Niemals, absolut niemals, wird es dir gelingen, die Gefühle einer Frau auch nur ansatzweise richtig zu identifizieren. Folgerichtig gilt: Lass es sein, halt die Klappe und warte ab, was passiert.

2. KAPITEL

25 Dinge,

DIE MAN ALS JUNGE ZU EINEM

Mädchen

BESSER NICHT SAGEN SOLLTE,

unabhängig davon,
ob Freundin, geplante Freundin,
Exfreundin oder einfach nur Bekannte,
und auch nicht gut bei Mama, Oma, Uroma,
Urtante oder Katze

1. EH, FICKEN?

Weil einige Fragen doch sehr auf den intellektuellen Horizont des Fragestellers hindeuten, der hier irgendwo zwischen dem einer Mikrobe und eines Bakteriums liegt, wobei Biologen inzwischen die Meinung vertreten, dass Bakterien durchaus über Grundlagen von Verstand verfügen – der Eh-ficken-Frager wohl eher nicht.

2. DU BIST VOLL HÄSSLICH!

Weil zum einen die Grammatik scheiße ist – »hässlich« lässt sich nicht mit »voll« steigern. Es gibt ja auch nicht »leer schön« oder »halb voll besoffen«. Davon abgesehen, auch wenn es komisch klingt, stehen Mädchen doch eher auf Komplimente. Unglaublich? Mag ja sein, aber ist inzwischen ziemlich felsenfest bewiesen. Vielleicht wäre ein Spruch wie »Ich finde dich superhübsch« eher angebracht. Hat auch den Vorteil, dass du kein Knie in die Eier bekommst.

3. ICH WILL DIR EIN KIND MACHEN.

Weil Mädchen unter 18 gemeinhin nicht am Kindermachen, Kinderkriegen, Kinderklatschen oder Kinderkochen interessiert sind. Der Junge zeigt hier zwar absolute Einsatzbereitschaft und ist offenbar bereit, einige Anstrengungen auf sich zu nehmen, um das Mädchen von seiner enormen Männlichkeit (Schwanz!) zu überzeugen, doch muss man wohl feststellen, dass Mädchen Besseres mit ihrer Zeit anzufangen haben, als Babywindeln zu wechseln.

4. GEILE TITTEN.

Weil erstens das »eh« am Ende fehlt. Auf derartige sprachliche Finessen legen Mädchen neuerdings großen Wert. Durchaus wird das eine oder andere Mädchen die Bemerkung »Geile Titten« als Kompliment auffassen. Was aber noch lange kein Grund ist, so etwas wie eine Beziehung einzugehen. Vielleicht ließe sich die inhaltliche Botschaft auch anders kommunizieren? Unter Umständen im Stile von »Ich finde deine Bombenberge absolut majestätisch«?

5. ISCH GEH FUSSBALL. WILLST MIT?

Weil Mädchen allerhöchstens zu 0,00023 Prozent auf Ballsportarten stehen, die mit dem Fuß ausgetragen werden. Würde man das eher schlicht gefasste, dafür aber präzise »Willst mit?« durch ein »Ich würde mich sehr freuen, wenn du mir beim Ballsport auf der romantischen grünen Wiese Gesellschaft leisten würdest und wir vielleicht danach noch kurz den Sonnenuntergang anschauen könnten« ersetzen, ließe sich eventuell noch mal drüber reden.

6. WILLST DU MIT MIR GEHEN?

Weil einige Sprüche inzwischen einfach völlig daneben sind. Am besten noch mit Antwortzettelchen à la »Kreuze an: Ja, Nein, Vielleicht«. Nur Minimalchance für zukünftige Beziehung. Besser weglassen und so was sagen wie »Willste ficken?«. Klappt zwar auch nicht besser, aber die folgende Ohrfeige gibt zumindest mehr her, als wenn das Mädel »Vielleicht« ankreuzt.

7. DEIN VATER IST EIN DIEB – HAT ALLE STERNE VOM HIMMEL GEKLAUT UND IN DEINE AUGEN GESETZT.

Weil das Bemühen um zumindest eine romantische Basiseinstellung in diesem Fall von Kitsch nur so trieft und tröpfelt. Du wirst sofort als durchgeknallter Nerd bloßgestellt, der nach jahrelanger Einzelhaft im Keller des elterlichen Einfamilienhauses das erste Mal überhaupt mit einem Mädchen Kontakt hat.

8. HAB VOLL BOCK, MAL DEINE MUSCHI ZU KNETEN.

Weil Mädchen generell – genetisch bedingt – sehr tierliebe Wesen sind und weil sie die hier geplante Misshandlung ihrer Katze – normalerweise jedenfalls – nicht dulden. Davon abgesehen ist nicht bekannt, ob Muschis an Knetübungen überhaupt Freude haben oder nicht. Entsprechende Stellungnahmen sind bislang nicht eingegangen. Wer solche Kommentare abgibt, schafft es auch zu fragen »Haste Bock auf Fesselsex?«. Man beachte die Abwandlung des alten Mottos, demnach es keine dummen Fragen gibt. – Doch. Gibt es.

9. WILLST MAL MEINE LATTE SEHEN?

Weil hier wie selbstverständlich davon ausgegangen wird, dass besagte Latte es wert ist, angesehen zu werden. Das spricht eindeutig von Arroganz – und so was mögen Mädchen mal gar nicht. Noch schlimmer: Latte entpuppt sich bei genauerem Hinsehen als Lättchen.

10. DU STINKST AUS DEM MAUL.

Weil »Maul« wohl eher für Tiere verwendet wird, du Sackratte! Und außerdem sollte man nicht mit Steinen werfen, wenn man im Glashaus sitzt. Das Mädchen mag ja vielleicht wirklich einen leichten Mundgeruch aufweisen, kann ja passieren, vor allem, wenn man viel Körnerzeugs und Grünfutter in sich reinstopft, aber wenn du dein Geschlechtsteil nicht täglich wäschst, dann riecht das auch ziemlich fix wie eine mittelgroße Fischfabrik bei intensiver Sonneneinstrahlung.

11. DU HAST EIN PIZZAGESICHT.

Weil Pickel kacke sind und man nicht auch noch daran erinnert werden muss von jemandem, der wahrscheinlich ganze Mitesserplantagen auf den Hoden mit sich herumträgt. Außerdem gibt es absolut keinen Grund, eine italienische Spezialität wie Pizza zu beleidigen. Was bitte kann denn die Pizza dafür, wenn das Mädel aussieht wie ein Streuselkuchen auf Drogen?

12. DEINE MUTTER IST VIEL GEILER ALS DU.

Weil der Redner damit zu verstehen gibt, dass er auf alte und gebrauchte Gegenstände steht. Moderne Mädchen hingegen mögen neue und ungeöffnete Dinge. Zusätzlich hat es niemand besonders gern, mit anderen Leuten verglichen zu werden, schon gar nicht mit solchen, die noch vor wenigen Jahren mit einer Badewanne als Bauchersatz herumgelaufen sind.

13. ICH KANN JEDE HABEN.

Weil Jungs, die so was sagen, a) Arschlöcher und b) Lügner sind und c) wahrscheinlich nur ihren winzigen Penis zu kompensieren versuchen. Jungs mit solchen Sprüchen scheitern im normalen Leben bereits am Kaufen einer Tragetasche bei Aldi. Wäre natürlich schön, wenn du jede haben könntest, aber mal ehrlich: wozu denn bloß?

14. WOLLTE DICH ANRUFEN, ABER MEIN AKKU WAR LEER.

Weil ein Mädchen nicht verstehen kann, wie ein Akku überhaupt leer sein kann und wieso man nicht jederzeit ein mobiles Ladegerät dabeihat und warum man sowieso überhaupt nur *ein* Handy hat und nicht wenigstens drei davon, und weil sie davon ausgeht, dass du sie nicht magst, nicht liebst, noch nie geliebt hast und einfach mal ein Vollpfosten bist.

15. DEINE FREUNDIN SIEHT VIEL SCHÄRFER AUS ALS DU.

Weil jedes Mädchen (ja – jedes!) sowieso schon der Meinung ist, dass jede andere Schnitte besser aussieht als sie selbst. Man muss es also nicht mehr extra erwähnen, es sei denn, man will, dass sich das Mädel von der nächsten Brücke stürzt. Nimm sie einfach, wie sie ist. Klingt wie ein Moralsatz? Stimmt – ist auch einer! Was ihn aber nicht schlecht macht.

16. BEIM FRISEUR GEWESEN? ACH ECHT? SIEHT MAN JA GAR NICHT.

Weil jede noch so kleine Veränderung am Look eines Mädchens hunderttausendprozentig supersichtbar ist! Alles klar? Auch wenn sie sich nur die Spitzen hat schneiden lassen – sie ist ein komplett neuer Typ! Darauf besteht sie! Also stell dich nicht so an und hau sicherheitshalber ein Kompliment nach dem anderen heraus – und zwar pro Minute.

17. DU SOLLTEST BESSER
KEINE LEGGINS TRAGEN!

Weil *du* schließlich auch nicht willst, dass *sie* dir sagt, wie kacke *du* wieder mal aussiehst, und weil außerdem jedes Mädchen absolut perfekte Oberschenkel hat. Und ihr Po passt in jede Hose, egal wie eng das Ding auch ist! Sag lieber irgendwas wie »Ganz schön knackiger Arsch«, auch wenn das auf den ersten Blick machohaft wirkt – es gefällt ihr!

18. LASS MAL FREUNDE BLEIBEN!

Weil Beziehungen mit solchen Sprüchen zuletzt bei den Höhlenmenschen in der tiefsten Steinzeit beendet wurden. Heutzutage macht man einen klaren Schnitt. Besser für beide. Ach ja – und schreibe beim Beenden einer Beziehung keine SMS. Die Worte »Es ist aus« brauchen keine zwei Sekunden. Also reiß dich zusammen, zieh die Sache, wenn sie eben zu Ende ist, face to face durch und vermeide hohle Phrasen – so würdest du es auch wollen.

19. DU KRIEGST 100 EURO,
WENN DU MIT MIR SCHLÄFST.

Weil man mit Geld zwar vieles, aber irgendwie doch nicht alles kaufen kann. Außerdem sind lumpige 100 Euro viel zu wenig! Entweder du lässt richtig was springen oder du lässt es gleich ganz sein. Meistens springt aber nur für dich was. Und zwar was raus. Nämlich ein Tritt in die Glocken. Dein Gesichtsausdruck? Unbezahlbar!

20. IST BEI DIR SCHON WIEDER ERDBEERWOCHE?

Weil die weibliche Periode generell als ziemlich ätzend empfunden wird. Außerdem ist nicht bewiesen, dass weibliche Stimmungsschwankungen irgendetwas mit Früchten zu tun haben. Wobei wiederum nicht klar ist, ob Erdbeeren nun Obst oder Gemüse sind – was aber auch egal ist. Niemals über ihre Periode sprechen! Wenn *sie* darüber sprechen will, okay – ansonsten gilt: Klappe zu!

21. DEINE BESTE FREUNDIN IST SCHEISSE!

Weil ein Mädchen immer eine BFF hat und diese alles ist, aber ganz bestimmt nicht scheiße. Sie wurde mit viel Geduld und Sorgfalt ausgewählt, und ein dahergelaufener Köter wie du sollte mal besser nicht so ein großes Mundwerk haben. Bedenke: Ohne ihre beste Freundin wirst du bei ihr niemals eine Chance haben!

22. MÄDCHEN HABEN NULL AHNUNG VON SPORT.

Weil du damit offene Diskriminierung betreibst und der Hälfte der Weltbevölkerung unterstellst, den Unterschied zwischen Ball und Schläger oder Torwart und Tor nicht zu erkennen. – Natürlich hast du recht mit deiner Aussage, aber politisch korrekt solltest du eher faseln: »Viele Frauen haben echt keine Ahnung von Sport, aber *du*, du bist der Wahnsinn, und es gibt nichts, was du nicht draufhast.«

23. ICH STEH JA EHER AUF GROSSE TITTEN.

Weil diese Aussage das Mädchen lediglich auf die Qualität ihres Busens reduziert und du ihr damit zu verstehen gibst, dass du mit den Proportionen ihrer Ballons nicht happy bist. Lass mal lieber! Würde ein Mädel dir sagen, dass sie ja eher auf größere Penisse steht, würde sich deine Begeisterung wohl auch in Grenzen halten. Merke: Es kommt nicht auf die Größe an, sondern auf die Technik. Und davon abgesehen ist die Größe von Titten nun wirklich genauso interessant wie eine aufgeplatzte Currywurst in der Wüste.

24. ICH DACHTE, DU WOLLTEST 'NE OFFENE BEZIEHUNG.

Weil sie das vielleicht tatsächlich mal gesagt hat, es aber bestimmt niemals nimmer nicht auch so gemeint hat. Glaubst du ernsthaft, dass sie es dir erlauben würde, mit anderen Girlies rumzumachen? Das würde sie noch nicht einmal, wenn sie selbst mit anderen Jungs abhängen würde. Was ein Mädchen sagt und was es wirklich meint, sind manchmal ganz unterschiedliche Dinge.

25. KLAR KÖNNEN WIR UNS TREFFEN. MUSS ABER MAL GUCKEN, WAS ICH FÜR TERMINE HABE.

Weil ein Mädchen, wenn es dich tatsächlich um ein Date bittet, davon ausgeht, dass du sofort Himmel und Hölle in Bewegung setzt für sie. Nicht gleich, nicht morgen, nicht übermorgen, sondern pronto! Du müsstest eigentlich noch am Heilmittel gegen Krebs arbeiten? Den Klimawandel aufhalten und deine Oma beerdigen? Drauf geschissen – erst mal gehst du mit ihr Eis essen. Setze also Prioritäten. *Sie* geht immer vor.

3. KAPITEL

25

SAGENHAFT

FUNDIERTE TIPPS

FÜRS ERSTE

Date

Früher oder später wirst du dich mit einem Mädchen verabreden wollen. Ich weiß, ich weiß, da du in einer modernen und hippen Zeit lebst, sagst du nicht »verabreden«, sondern »daten«. Was, sicherheitshalber sei es hier angemerkt, keine Verwandtschaft zu »darten« aufweist. Ein Mädchen »darten« würde mit hoher Wahrscheinlichkeit strafrechtliche Konsequenzen nach sich ziehen und ist außerdem nicht besonders höflich … Das erste Date – klingt mysteriös und faszinierend zugleich? Du hast atemlosen Schiss davor und freust dich trotzdem einen Elefanten? Kennst dich aber mal wieder überhaupt nicht aus? So weit, so gut. Alles im normalen Bereich. Jeder hat Schiss. Jeder freut sich. Und auskennen tut sich eh keiner. Befolge einfach die folgenden, wie gehabt hochgradig informativen und kompetenten Hinweise, erweitere dein Wissen, ziehe daraus deine ganz eigenen Schlüsse. Wobei »Schlüsse« wiederum keine Verwandtschaft zu »Schüsse« aufweist, was logisch ist, denn »Schüsse ziehen« ergibt auch bei tollster Fantasie keinen Sinn.

1) ThE FiRsT MOMenT thinG

Du sitzt. Sie kommt. Was tun? Ihr direkt zur Begrüßung die Zunge in den Hals stecken zeugt zwar von enormem Selbstbewusstsein (typisch Mann eben), gleichzeitig aber von unterirdischer Bekloppheit. Erstens: nicht sitzen bleiben, sondern aufstehen. Zweitens: ihr entweder die Hand geben, was ein wenig spießig ist, aber immer noch besser als nichts. Besser: leichte, freundschaftliche Umarmung. Noch besser, aber nicht immer ungefährlich: sanfter Schmatzer auf die Wange. Drittens: ihr aus der Jacke helfen. Weil es einfach Stil hat. Viertens: ihr den Stuhl zurechtrücken. Fünftens: ihr zu verstehen geben, dass sie sich mit ihrem Make-up und ihren Klamotten durchaus ein wenig mehr Mühe hätte geben können. Kommt immer gut. Zeugt von Selbstbewusstsein. Und Bekloppheit. Wenigstens musst du dir danach keine Gedanken mehr machen über das weitere Gespräch, genauso wenig über deinen lange gehegten Wunsch nach einer feminineren Stimme, die sich nach einem maskulinen Kniekick in die Klöten nämlich von selbst ergibt.

2) THE STYLE thinG

Das Mädel ist eine Hip-Hop-Maus? Folglich solltest du vielleicht nicht gerade einen spießigen Anzug tragen. Sie steht auf Gothic? Vielleicht wäre es angebracht, den pinken Pullover doch lieber im Schrank zu lassen (was du im Übrigen auch dann tun solltest, wenn sie *nicht* auf Friedhöfe steht). In Kurzform: Pass dich ihr an. Das heißt noch lange nicht, dass du ihren Kleidungsstil kopieren sollst. Nur komplette Trottel versuchen sich auf diese Weise anzuschleimen. Sie wird sofort merken, ob du dich modetechnisch wohlfühlst oder nicht. Nur weil sie vielleicht Ballett mag, musst du noch lange nicht wie ein bekloppter Irrer in rosa Strumpfhosen und einem mit Rüschen benähten Tutu-Röckchen-Dingens durch die Stadt hüpfen.

Trage Zeug, das du magst, das du gerne trägst. Ein Date allein ist schließlich schon stressig genug – kein Grund also, sich auch noch Ewigkeiten wegen Klamotten den Kopf zu zerbrechen. Normale, lässige Kleidung reicht völlig aus. Falls du jedoch eher schmutzigen Hobbys nachgehst oder dir dein Taschengeld als Reinigungskraft in der Bananenschalen- und Babywindelabteilung der örtlichen Mülldeponie verdienst, ist es durchaus angezeigt, dass du dich noch mal umziehst und die Klamotten verbrennst, wobei diese Umzieh- und Verbrennaktion bitte – und dieser Hinweis ist nicht unbedeutend – *vor* dem Date geschehen sollte.

3) ThE Nail thinG

Man beachte, dass hier wirklich nur die Nägel an den Fingern gemeint sind, nicht jene an den unteren Fingern. Was auch daran liegt, dass die Finger unten keine Finger sind, sondern Zehen. Fingernägel, diejenigen also an den Fingern, sind an sich für gar nichts gut, in jeder Hinsicht absolut nutzlos und spielen in derselben Liga wie Füße, schmerzende Klöten oder Pickel. Wenn man sie aber schon nicht braucht, sollte man sie wenigstens pflegen. Für Pickel kannst du nichts – für einen Kubikmeter Dreck unter den Nägeln allerdings schon. Mädchen sind zwar generell nicht besonders helle, achten aber auf alles, und wenn sie etwas abgrundtief abstoßend finden, dann sind es dreckige Nägel. Was im Umkehrschluss genauso richtig ist: Nägel sind Visitenkarten.

Stell dir nur mal vor, dass du beim Date ihre Hand nimmst! Willst du dieses wunderbare Wesen vor dir wirklich mit Speiseresten und Ackerspuren unter den Nägeln beleidigen? Das ist stillos – und du bist dein Date los. Sollten deine Nägel außerdem noch brüchig sein, so ist dies ein klares Zeichen von Vitaminmangel. Mädchen bekanntlich finden Vitamine voll gesund und supergut und so, und folglich verachten sie dich bereits von Anfang an. Oder beten dich an, denn wie die medizinische Forschung hinlänglich bewiesen hat, sind Vitamine für Jungs nicht zwingend notwendig: Zum Überleben reichen normalerweise Pommes Schranke, Cheeseburger und Döner – freilich ohne den ganzen Salatballast.

4) THE SMELL thinG

Punkt 1: Stinken wie ein überfahrener Iltis nach zwei Wochen in brütender Mittagssonne = nicht gut. Punkt 2: Versuchen, den Iltisgestank mit einer Wagenladung Deo zu übertünchen = auch nicht besser. Da die meisten Mädchen heutzutage über Nasen verfügen, wäre es wünschenswert, dass du frisch duftest, wobei dieser Duft eben nicht dröhnend sein darf. Weniger ist bekanntlich mehr und in puncto Duft sogar noch bedeutsamer. Übrigens sind frisch gewaschene Haare immer von Vorteil, da der belebende Geruch des Shampoos sofort ins Riechorgan geht.

Sollte *sie* übrigens stinken nach zu viel Iltis oder zu viel Parfüm, muss zumindest Letzteres nicht unbedingt schlecht sein, vielmehr ist es ein Zeichen dafür, dass sie dich gern und es vor lauter Nervosität ein wenig zu gut gemeint hat. Ja – du magst es nicht glauben, aber auch Mädchen sind vor Dates nervös. Liegt einem Mädchen wirklich etwas an einem Jungen, so steht sie spätestens drei Tage vor dem Moment X in ihrem Schlafzimmer vor dem Spiegel und probiert alle Klamotten an, die sie jemals besessen hat, sowie sämtliche Make-up-Strategien und Haarstylingideen, die jemals erfunden wurden. Und manchmal sprüht sie sich eben leider Parfüm mit der Spritzpistole in die Voransicht.

5) THE RESEARCH thinG

Nur komplette Vollidioten gehen »blind« in ein Date. Normalerweise kennst du das Mädel bereits, mit dem du ausgehst. Sonst hättest du sie wohl kaum gefragt. Aber *kennst* du sie wirklich? Es kostet keinen großen Aufwand, wenigstens kurz ihr Online-Profil anzuschauen. Wen mag sie? (Hoffentlich dich.) Was mag sie? (Hoffentlich dich bald küssen.) Worauf steht sie? (Sei mal kreativ ...) Nicht gänzlich dämlich ist es außerdem, sich vorher ein klein wenig durchzufragen bei eigenen Freunden oder vielleicht gemeinsamen Bekannten, immer schön beiläufig natürlich. Klar, auch nach Infosammlung und Internetrecherche *kennst* du sie immer noch nicht, weißt aber vielleicht ein klein bisschen mehr über sie, als dass sie Brüste hat und verdammt niedlich aussieht. Davon abgesehen: Niemand geht miteinander aus, weil man sich kennt. Mit solchen Leuten *trifft* man sich. Das ist ja das Ziel des ganzen Dating-Terrors: Man will sich erst *kennenlernen*!

6) ThE PLaCE thinG

Kino? Geniale Idee. Aber natürlich nur für absolute Dating-Beginner: Klingt eigentlich total easy – du lädst das Mädel zu einem netten Film ein, am besten irgendeiner Love-Schnulze mit irgendeinem Vampirtypen, der in der Sonne glitzert, und freust dich, dass du zwei Stunden lang neben ihr sitzen kannst. Wenigstens muss man sich dabei nicht unterhalten, richtig? Also kann auch nichts schiefgehen. Stimmt. Schiefgehen kann gar nichts – es sei denn, du schüttest ihr die Nacho-Soße über die Bluse –, passieren wird aber auch nichts. Dein Ziel ist es nicht, zwei Stunden neben einer süßen Maus zu sitzen. Dein Ziel ist es, der süßen Maus näherzukommen, was dir wiederum nur mit Hilfe sogenannter *Gespräche* gelingen wird. Selbige wurden bereits vor sehr, sehr langer Zeit erfunden, sogar noch vor der Entstehung Roms, um herauszufinden, wozu Stimmbänder eigentlich gut sind – außer zum kriegerischen Schreien bei der Mammutjagd.

7) ThE RigHT pLⒶCE thinG

Kino ist also kacke. Genauso kacke sind Museen, Friedhöfe, Baumärkte oder Urologiepraxen. Noch kacker ist höchstens ein Date bei dir oder ihr zu Hause, am besten noch zur gemeinsamen Kaffeeschlacht mit Mama und Papa. Gesucht wird ein neutraler Ort. Ein Ort, der nichts mit Schule oder Zuhause zu tun hat. Ein Ort, an dem man sich unterhalten kann. Folglich auch kein Heavy-Metal-Konzert. Man nehme stattdessen zum Beispiel ein Eiscafé. Oder ein nettes Restaurant, falls du richtig Kohle lockermachen willst. Verzichte aber auf Fast-Food-Butzen! Mädchen haben Stil und hätten gerne etwas Besonderes. Durchaus kannst du sie auch zu einem Spaziergang einladen. Vielleicht gibt es in der Nähe einen See? (Steigert bei Sonnenuntergang den Romantik-Faktor locker um 100.) Notfalls tut es auch ein gemütlicher Gang zum örtlichen Klärwerk oder Schweinemastbetrieb. Vor allem mit Letzterem zeigst du deinen Hang zur Kreativität, was Mädchen schon immer zu schätzen gewusst haben.

8) The thing about time

Warten ist so ziemlich die dümmste Sache seit Erfindung der Zeit. Selbige wurde übrigens entweder von einem gewissen Gott oder einem gewissen Herrn Einstein erfunden. Genaueres darüber ist nicht bekannt. Und weil Warten so nutzlos ist, solltest du a) weder selbst warten noch b) jemanden warten lassen. Im Fall von a: Ein Mädchen, das es nicht nötig hat, sich zu einer festgelegten Zeit X an einem Ort Y einzufinden, weiß offenbar weder deinen erotischen Körper noch deinen überlegenen Intellekt zu schätzen. Das Mädchen ist diesbezüglich dem Irrtum aufgesessen, dass *sie* wichtiger ist als *du*. Falsch! Nur weil Prinzessin sich noch mal eben mit irgendeiner Freundin verquatscht hat, gibt es keinen Grund, zu spät zu kommen. Du darfst also gehen! Fünf Minuten sind die absolute Warte-Obergrenze. Alles darüber ist eine Beleidigung.

Andersrum genauso: Mädchen erwarten (immer diese Ansprüche!) von Jungs, dass sie sich mit neumodischen Techniken wie Uhren auskennen. Stelle also deine Kompetenzen unter Beweis und beeindrucke sie mit deinen bereits im Kindergarten (Krabbelgruppe Anakonda) erworbenen Kenntnissen von »großer Zeiger« und »kleiner Zeiger«. Bedenke: Männer kommen vieles! Aber nie zu spät! Würden sie zu spät kommen, wären sie Mädchen! (Aus der Reihe: *Grundlagen der philosophischen Männlichkeit.*)

9) The bring thing

Da erklärst du dich, *du*, der du harte Tage hast und immer mit total wichtigen Dingen beschäftigt bist, schon bereit, mit irgend so einer dusseligen Schnitte mit unter Umständen geringfügigem Sex-Appeal Zeit zu verbringen, und dann sollst du ihr auch noch was mitbringen? Echt jetzt? Absurd eigentlich – trotzdem eine gute Idee. Hier braucht es noch nicht einmal besonders viel Kreativität: Ein billiges Anti-Pickel-Peeling ist überall genauso problemlos zu bekommen wie ein Ratgeberbuch zum Thema »So werde ich sexy«. Schön einpacken und fertig. Kommt mit Sicherheit gut an.

Falls dir das aber irgendwie zu heavy ist, kannst du es auch mit Blumen versuchen. Wobei – bitte nicht gleich einen ganzen Garten und schon gar keinen Kaktus. Es bietet sich natürlich der Klassiker an: Rosen. Und hier der Singular: Rose. Eine einzige. Und zwar am liebsten eine rote. Weil wegen klassischer geht eigentlich nicht. Klares Statement: Ich mag dich! Hab dich gern! Steh auf dich! Kein Grünzeug. Nix mit Vase oder Topf. Nur Blume. Du Blume ihr geben. Sie sich freuen. Sie lächeln. Mit Glück sie dich küssen. Du happy wie Floh auf Hund. – Wenn's gut läuft.

Es soll auf dieser Welt übrigens besonders anstrengende Mädchen geben, die sich mit Blumen und Farben auskennen – und damit auch mit den Bedeutungen der Farben. Schenkst du ihr zum Beispiel eine rosafarbene Rose, könnte sie das als erotisch-sexuelle Anspielung verstehen. Was ja prinzipiell nicht übel ist. Besonders krass sind lila Rosen mit ihrer Liebe-auf-den-ersten Blick-Symbolik. Niemals verschenken: kackbraune oder graue Rosen. Kann aber eh nicht passieren. Sind noch nicht erfunden.

10) ThE SmARTphoNE thinG

So ein Smartphone (Euphemismus für Verdummungselement) kann total vieles: lustige Geräusche machen, dauernd irgendwelche Musik dudeln, beknackte Klingeltöne ertönen lassen und natürlich immer – also wirklich immer – mit jedem noch so lachhaften Arsch auf irgendeine Weise in Kontakt stehen. Besonders moderne Smartphones können sogar telefonieren! Für all diese Dinge braucht es nur einen Sklaven, der das Ding den ganzen Tag lang bedient, bewischt, befummelt, bewichst und mit einem Sabbern in den Augen gierig anstarrt. Schon längst sind Menschen, die ein sogenanntes »Gespräch« führen, kaum noch in der Öffentlichkeit anzutreffen, eventuell hat man Glück und findet sie im Zoo im Eigentlich-ausgestorben-weil-volle-Axt-unmodern-Gehege. Vielmehr müssen selbst Leute, die ein »Gespräch« versuchen, sich damit abfinden, dass ihr Gegenüber alle drei Sekunden mit einer lässigen Wischbewegung über den Wischbildschirm wischt.

Falls also deine Datingmaus so drauf ist, darfst du ihr höflich mitteilen, dass du ihr Verhalten eher nicht so toll und eigentlich auch eher abgrundtief scheiße und asozial findest. Was natürlich auch für dich gilt: Dein Telefon, so schön und toll und rattenscharf es auch aussieht, bleibt bitte während des *gesamten* Meetings in der Tasche. Sicherheitshalber gleich ganz zu Hause. Oder, zur hundertprozentigen Sicherheit: Wirf es ins Klo. Nichts soll dich ablenken. Das Einzige, woran du interessiert bist ist --- Na? Genau! SIE! Wie, verdammt, willst du ihr in die Augen sehen, wenn du ohne Ende mit deinem Telefon flirtest? Eben.

11) The Listening thing

Ohren – die knorpeligen Dinger links und rechts vom Gehirnaufbewahrungsbehälter – sind auf den ersten Blick genauso belanglos wie zum Beispiel Nasen, mit dem einzigen Unterschied, dass man in Ohren manchmal gelbes Zeug, in Nasen hingegen manchmal grünes Zeug findet. Ohren dienen, so die übereinstimmende Meinung aller Hals-Nasen-Ohren-Ärzte der Welt, der Aktivität des Zuhörens, welche mit einiger Übung und viel Geduld relativ leicht erlernbar ist. Man nehme also beliebiges sprachliches Wirrwarr mit Hilfe der Ohren auf, irgendwelche Gehörgänge leiten das Gesabbel dann ins Gehirn, welches sich wiederum zwischen den Ohren befindet (in einigen Fällen allerdings sehr klein ist). Hier nun werden die Infos in langwierigen und unverständlichen Prozessen verarbeitet.

Ohne die Aktivität des Zuhörens allerdings ist auch die Verarbeitung nicht möglich. Soll heißen: Eure Beziehung wird scheitern! Mädchen reden gern. Sie lieben es sogar! A) Weil sie viel zu erzählen haben. B) Weil sie nichts zu erzählen haben, es aber trotzdem tun. C) Weil sie hoffen, dass sich jemand für ihr Geschwurbel interessiert. Mädchen hoffen also auf *deine* Mithilfe. Hör zu. Nimm wahr, was sie sagt, egal, wie belanglos es dir erscheint. Nur so kannst du feststellen, ob sie »was taugt«, die »Richtige« ist für dich. Wenn du dich bei ihren Ausführungen zu Tode langweilst, hat die ganze Sache keinen Sinn, egal, wie knackig ihr Hintern oder wie reif ihre Melonen sind.

Wichtig: Lass sie ausreden. Immer. Geh nicht dazwischen. Nie. Frag hin und wieder nach. Aber nur, wenn sie eine Pause macht. Guck ihr dabei nicht auf die Titten. Halte Blickkontakt. Nicke hin und wieder mit dem Kopf. Gucke ihr nicht auf die Titten. Lächle. Lass sie erzählen. Genieße den Klang ihrer Stimme. Und noch einmal: Nicht auf die verdammten Brüste starren! Sie ist ein Mensch – und nicht dein Sexspielzeug! Zumindest jetzt noch nicht.

12) The thing about body language

Körper können sprechen — ohne Stimme, also nonverbal. Jede Bewegung verrät etwas über dich, auch wenn du es gar nicht geplant hast. Wenn du dich bei einem Date mit einem Mädel also einfach mal, wie sonst auch, am Arsch kratzt, weil die Unterhose nach einer Woche ununterbrochenem Tragen nun doch allmählich mal zwickt, kommt das irgendwie eher ungeil und stillos rüber. Das Mädchen könnte und würde und wird sich angewidert abwenden. Sicherlich, wenn ein Mädchen zu einem ihrer ewigen Monologe ansetzt, reizt der Gedanke, spaßeshalber mit den eigenen Genitalien zu spielen, sehr — solltest du trotzdem nicht tun. Gleiches gilt für ein gepflegtes Bohren in der Nase, auch wenn gerade Nasebohren nun wirklich die perfekte Beschäftigung ist, um Langeweilephasen zu überbrücken. Auch verboten: Ohrenschmalz entfernen. Oder mit einem Zahnstocher ein halbes Schnitzel aus der Kauleiste herausstochern. Oder Pickel ausdrücken. Weder deine noch die des Mädels. Auch nicht die Arme wie ein Arroganzwicht hinter dem Kopf verschränken — Hände auf den Tisch. So steigen auch die Chancen, dass sich eine gegenseitige Berührung anbahnt. Und natürlich Blickkontakt. (Siehe Punkt 11: Augen! Nicht Titten!)

13) ThE sAY thE NaME thinG

Wir gehen an dieser Stelle einfach mal davon aus, dass du den Namen deines Schwarms irgendwo im Hirn abgespeichert hast. Jetzt gilt es nur noch, ihn auch abzurufen und zu verwenden. Die Verwendung ihres Namens zeugt von Nähe und Aufmerksamkeit. Ärgerlich wird es nur, wenn sie einen Doppelnamen hat wie Madison-Heaven, Sienna-Tyra, Sydney-Chantalle oder Chantalle-Nicolette oder Katinka-Katharina-Pumuckl und darauf besteht, dass du sie nicht liebevoll Medi, Sienna, Chanti, Nicky oder Puckl nennst, sondern immer brav den Doppelnamen benutzt. »Sag mal, Madison-Heaven, möchtest du noch einen Kaffee?« – »Ja, gerne, Kevin-Quentin-Tyrone.« Egal, wie sie heißt, sage ihren Namen so oft wie möglich und betone, dass es sich um einen besonders schönen Namen handelt – auch wenn das bei Namen wie Klothilde oder Walpurga ziemlich schwerfallen dürfte.

14) THE MONEY thinG

Vor allem beim ersten Date gilt: Sie zahlt nichts. Auch keine getrennten Rechnungen. Du zahlst. Das ist zwar eine blöde Regel, aber es ist eine, an die Männer mit Klasse sich seit Jahrtausenden halten. Normalerweise wirst du ja nicht mit ihr zum Sieben-Sterne-Franzosen gehen und dort Tintenfisch in Weißweinsoße mit einem hundert Jahre alten Champagner bestellen. Für Kaffee, Cola, Bier, Eis oder Pizza sollte dein Budget ausreichen. Falls mal wieder Ebbe herrscht, beklaue entweder deine Eltern oder ziehe dich nackt aus und stelle dich mit einem Schild mit der Aufschrift »Öl mich ein, Bitch« sowie einer angemessenen Preisangabe an die Straße und hoffe darauf, dass nicht gleich die Leute mit den blauen Lampen auf dem Dach um die Ecke kommen. Überaus lässig ist es übrigens, wenn das Mädel gegen Ende eures Dates in ihrer Handtasche nach Geld sucht und du dann lässig sagen kannst: »Ist schon bezahlt.« (So was macht man als Mann eben, vor oder nach dem Aufs-Klo-Gehen, und zwar so, dass sie nichts davon bemerkt.)

15) THE SCHLEIMING THING

Komplimente sind zuerst einmal nichts anderes als Einschleimsprüche mit dem Ziel, etwas zu gewinnen. Was ja durchaus dein Anspruch ist: Du willst schließlich eine Freundin. Und ein zweites Date. Und knutschen. Und rummachen. Vielleicht auch mehr. Mädchen finden Komplimente klasse. Ganz simple Sprüche wie »Du hast echt ein schönes Lächeln« oder »Ich mag deine Augen« sind und bleiben absolut großes Kino und kommen immer gut an. Nur sollte man es nicht übertreiben: »Ich mag es, wie das Sonnenlicht in deinen Augen reflektiert und dabei wie ein Mondsee aussieht« geht ebenso wenig wie »Der Glanz deiner Haare erinnert mich an ein Sternenzelt in einer Polarnacht am Mittelmeer«. Jedes noch so blöde Mädchen wird spätestens hier merken, dass du eigentlich nur mit ihr in die Kiste willst. Wirklich kompetente Jungs kommentieren sogar die Schuhe eines Mädchens. Ein Kompliment im Sinne von »Die Farbe deiner Fingernägel passt super zu deinem Haarband« sagt dem Mädchen, dass du auch auf Kleinigkeiten achtest und Ahnung von Accessoires hast. Immerhin hat sie ganz bewusst die Kombination von Nagellack und Haarbandfarbe gewählt – mit dem Ziel, etwas zu gewinnen. Vielleicht einen Freund. Und ein zweites Date. Und Knutschen. Und so weiter ...

16) The Show off thing

Dass du dich bei deinem Dategirl ins rechte Licht rücken willst, ist verständlich, heißt aber noch lange nicht, dass du pro Minute fünfmal erwähnen solltest, was für ein geiler Typ du bist. Auch wenn es so ist! Dass du 100 Meter in unter zehn Sekunden laufen kannst, dass du ganze Tanklastzugladungen Alkohol verträgst und dabei mehr Gehirnzellen verbrennst als jeder andere, oder dass du jeden Tag zehnmal masturbierst, alleine oder in der Öffentlichkeit – all das mag so sein, ist wahrscheinlich absolut zutreffend, muss aber nicht erwähnt werden. Übe dich also in der Kunst der Bescheidenheit, ohne dich allerdings als komplette Nullnummer oder Nichtskönner darzustellen. Nichts ist ätzender als jemand, der ohne zu pausieren grottige Ich-Botschaften sendet à la »Ich kann, ich bin, ich habe«. Kein Mensch mag Angeber. Mädchen schon mal gar nicht. Das Einzige, was du ihr wirklich angeben solltest, ist deine Telefonnummer.

17) THE INTEREST THING

Dein Interesse liegt im Wesentlichen darin, sie zu küssen, ihr die Kleider vom Leib zu reißen, sie mit der Zunge von oben bis unten abzuschlecken? Schön und gut, ist aber vielleicht ein klein bisschen too much fürs erste Date. Dein Interesse sollte zuerst mal darin liegen, sie kennenzulernen – und gerade hier ist es wichtig, Interesse zu zeigen. Oder notfalls: Interesse zu heucheln. Stelle ihr möglichst viele Fragen, lass sie von sich erzählen. Sinnig wäre es, auf die Qualität der Fragen zu achten. So solltest du dich auf keinen Fall nach ihren sexuellen Vorlieben erkundigen, auch nicht danach, ob sie Freundinnen hat, die noch hübscher sind als sie selbst, und schon gar nicht, ob du ihre Brüste sehen oder unter Umständen auch mal anfassen darfst. Dass du an den letzten drei Dingen ehrliches Interesse hast – völlig logisch, aber eben im Moment nicht korrekt platziert. Wenn auch sie dir Fragen stellt und dir die Chance gibt, aus deinem spannenden Leben zu erzählen, handelt es sich um ein gutes Zeichen. Wobei auch sie wahrscheinlich nichts lieber täte, als dir die Kleider vom Leib zu reißen ...

18) THE QUESTION THING

»Wie war dein Tag?«, »In welcher Serie würdest du gerne einmal mitspielen?«, »Was war das Verrückteste, was du jemals getan hast?«, »Was war dein peinlichster Moment ever?«, »Gibt es irgendeinen Menschen, den du total faszinierend findest?« Solche oder ähnliche Fragen bringen ein Gespräch voran und verraten dir, wie Prinzessin tickt und ob sie überhaupt tickt. Ja/Nein-Fragen sind dabei zu vermeiden, da sie irgendwo im Niemandsland der Langeweile enden.

Eine der schönsten Fragen, wenngleich auf Ja oder Nein ausgerichtet, ist übrigens »Weißt du eigentlich, wie hübsch du bist?«. Hiermit kann theoretisch absolut gar nichts schiefgehen. Praktisch auch nicht. Wenn sie nicht komplett dahinschmilzt, stimmt etwas nicht mit ihr. Sollte sie allerdings tatsächlich »Ja« antworten, handelt es sich um eine arrogante Kuh, mit der ein weiteres Ausgehen nicht notwendig ist. Wenn sie wiederum fragt: »Echt? *Was* findest du denn hübsch an mir?«, solltest du angemessen fundierte Antworten parat haben, die mit Augen, Haaren, Gesicht oder Lächeln zu tun haben, nicht aber mit dem Obstangebot unter dem Hals oder dem saftigen Pfirsich über ihren Beinen. Auf diese Dinge wäre dann bei einem zweiten Date zu verweisen.

19) The what the fuck can we talk about thing

Niemals über Politik sprechen. Niemals Sport. Niemals Wetter. Es sei denn, sie ist Mitglied bei den Jungsozialisten (was immer noch besser ist als Mitglied beim Bund Deutscher Mädel) oder macht rhythmische Sportgymnastik (was bestimmt supersexy aussieht), oder findet Wetter spannend (was komisch wäre). Klingt vielleicht blöd, aber es ist ziemlich clever, sich *vorher* zu überlegen, worüber man reden könnte, falls sich doch mal unangenehme Schweigephasen aufbauen. Immer ein ideales Thema: Bücher. Mit etwas Glück weiß sie, das es sich dabei um die Dinger mit den Seiten handelt. Falls nicht: Geh direkt nach Hause! Oder Musik. Oder Filme. Lieblingsfilme. Was sie gerne im Kino guckt. Bietet die perfekte Chance, sich schon mal für ein weiteres Date zu verabreden. (»Hättest du Lust, dir den vielleicht anzusehen? Mit mir?«)

Auch über Hobbys darf und sollte gesprochen werden. Wiederum ist es wichtig, dass du dir vorher überlegst, was du sagst. Auch wenn »Mit dem Penis spielen« sicherlich eine großartige Freizeitbeschäftigung ist und »Ich knall mir gern mit Kumpels mehrere Flaschen Wodka rein« ebenfalls ehrfürchtige Reaktionen verursachen dürfte – vielleicht versuchst du es eine Nummer kleiner? »Ich steh total auf Badminton«, »Ich lese gerne Bücher von Stephen King«, »Am liebsten spiele ich mit meiner Katze«, »Manchmal backe ich Plätzchen« – ist doch gar nicht mal so schlecht, wenngleich zugegebenermaßen etwas weniger spektakulär.

Ein absolutes No-Go hingegen sind Gespräche über Exfreunde oder Exfreundinnen. Nichts ist beknackter, als die Vergangenheit auferstehen zu lassen, wenn doch eigentlich die Zukunft Thema sein sollte. Gerade Gespräche über Hobbys, Bücher, Filme, Musik, vielleicht auch Lieblingsreiseziele, bieten prima Möglichkeiten, nach Gemeinsamkeiten für genau diese gemeinsame Zukunft zu suchen – und falls euer Date eher Unterschiede zutage fördert, solltest du dich beim Abschied vielleicht doch noch mal erkundigen, ob sie nicht eine ähnlich hübsche Freundin hat.

20) ThE MYSтERY thinG

Es gibt exakt null Gründe, warum du beim ersten Date bereits alles über dich erzählen solltest. Klar bist du wichtig und klar möchtest du ihr mitteilen, wie großartig du bist und was du alles so machst. Klar möchtest du ihr mit jeder Geste, jedem Wort imponieren. Aber: Immer schön locker bleiben. Kein Mensch will ein Buch lesen, wenn er vorher schon die gesamte Story kennt. Jeder hasst Leute, die im Kino neben einem sitzen und mal eben ganz nebenbei schon den Plot verraten.

Es schadet absolut nichts, ein klein wenig geheimnisvoll rüberzukommen. Macht dich interessant. Der schweigende Fremde war immer schon die populärere Filmfigur als der dauerquatschende Trottel. Auch musst du nicht auf jede Frage antworten, die dir gestellt wird. Sei ehrlich – dabei aber durchaus auch ausweichend, immer getreu dem Motto »Ich würde es dir ja erzählen, aber erst, wenn wir uns besser kennen«. Mädchen lieben Geheimnisse und finden es mördermäßig spannend, ihnen – und damit dir – langsam, aber sicher auf die Schliche zu kommen. Dazu lassen sie sich vielleicht sogar auf eine Beziehung ein ...

21) THE TOUCH THE GIRL thinG

Ja, du darfst ein Mädchen berühren. Keine Sorge – Mädchen sind nicht ansteckend und übertragen auch keine todbringenden Krankheiten. Zumindest die meisten Mädchen nicht. Nur solltest du die Anfasserei eher dezent angehen. Also nicht gleich ihr Gesicht in deine Hände nehmen und nach Hautunreinheiten abtasten. Abwarten. Ihre Hände liegen die ganze Zeit auf dem Tisch? Super! Genau dort sollten deine Hände sich ebenfalls befinden. Vielleicht ergibt sich eine Gelegenheit. Nicht gleich nach zwei Minuten zugreifen. Geduld haben. Sie eher beiläufig berühren. Wenn sie ihre Hand nicht wegzieht, gefällt es ihr wahrscheinlich. Wieder warten. Bei nächster Gelegenheit, vielleicht in einem witzigen oder ernsteren Moment, wieder anfassen. Dieses Mal aber nicht loslassen. Streicheln. Zärtlich. Lässt sie es geschehen? Streichelt sie sogar zurück? Läuft! Sie hat die Reste ihres Erdbeereisbechers auf ihrer Nase verteilt? Geniale Gelegenheit. Ruhig zu ihr rüberbeugen. Dabei lächeln und »Darf ich?« flüstern. Beobachte ihre Augen dabei.

Nichts spricht auch gegen die Berührung für Fortgeschrittene: Ihr mit dem Spruch »Du hast ein Strähnchen im Gesicht« selbiges gekonnt hinters Ohr legen. Klingt zwar nicht erotisch, ist es aber! Und macht einen verdammt guten Eindruck! Falls dein Dategirl allerdings auf Berührung null Wert legt und bei jeder noch so kleinen Annäherung deinerseits fluchtartig einen Toilettengang unternimmt, ist sie entweder extrem schüchtern oder aber extrem dämlich! Sollte mal froh sein, dass du sie überhaupt anfassen willst! Ein schüchternes Mädel kann dabei manchmal angenehmer sein als eines, das dir schon zur Begrüßung mit freudiger Begeisterung in die Eier greift, was aber ohnehin eher selten vorkommt.

22) THE SPEEDY THING

Falls du ein Junge bist, der in puncto Beziehung auf Nummer sicher gehen, dabei aber nicht allzu viel Zeit investieren möchte, reservierst du in deinem übervollen Terminkalender einen Nachmittag – und füllst ihn nicht mit *einem* Girlie, sondern am besten gleich mit zweien oder dreien oder dreißig. Dieses Verhalten ist effizient und in jeder Hinsicht logisch. So hast du am Ende des Tages eine größere Auswahl. Um deine Entscheidung, welches der Girls denn nun das richtige für dich ist, auf eine empirisch sichere Basis zu stellen, solltest du während der »Bewerbungsgespräche« Listen führen, in welche du für bestimmte Aspekte (Gesicht, Nase, Augen, Brüste, Beine, Po, Humorfaktor etc.) Punkte von 1 bis 10 notierst. So musst du, nachdem du dich von der letzten Maus verabschiedet hast, nur noch addieren, nimmst diejenige mit dem höchsten Gesamtwert und hast damit eine neue Freundin gefunden. Klar ist das ein ziemlich arschlöchriges Machoverhalten, aber damit musst du leben, schließlich bist du ein Junge und nicht Jesus.

23) The thing about Jokes

»Herr Doktor ... kann ich mit Durchfall baden?« – »Aber klar. Möchte nur mal wissen, wie Sie damit die Wanne voll kriegen ...« Humor ist gut. Witzig sein auch. Witze mit Fäkalhumor sind die coolsten überhaupt – bloß nicht während eines Dates mit einem Mädchen. Vielleicht erzählt sie dir in einem Anfall von Emotionalität und Vertrauen von einem kranken Verwandten: Der humoristische Brüller »Wer früher stirbt, ist schneller tot« kommt in diesem Kontext nur bei besonders zynisch angehauchten Mädchen an. Witze über tote Goldhamster, männliche und weibliche Geschlechtsteile, tierische ebenfalls, über Nazis und Blondinen – alles tabu!

Am besten versuchst du erst gar nicht, einen Witz zu erzählen oder überhaupt witzig zu sein, denn jeder Versuch beinhaltet die Möglichkeit des Versagens. Entweder du bist witzig oder du bist es nicht. Oder, um es mit Al Bundy zu sagen: »Mit jedem Tag, den ich lebe, steigt die Anzahl derer, die mich am Arsch lecken können.« Es besteht zwar kein Zusammenhang zwischen Versagen und Arschlecken, aber der Spruch ist witzig – jedoch wiederum nicht so witzig, dass du ihn beim ersten Date rauslassen solltest.

Sobald du das Mädchen besser kennst, kannst du mehr Gas geben. Vorerst aber heißt es: dezent bleiben. Leichte Ironie und leichter Zynismus sind in Ordnung, aber bloß keinen Brutal-Polter-Humor mit Witzen aus der Dunkelkammer.

24) The Final thing

Wenn »Hallo« so eine Art Begrüßungsformel ist, dann handelt es sich bei »Tschüss« (ebenso wie bei verwandten Redewendungen wie »Verpiss dich« oder »Stirb doch, du Wichser«) um das genaue Gegenteil. Wird besagtes Wort gesagt, gehen Menschen normalerweise auseinander. Fragt sich bloß, ob sie sich danach wiedersehen wollen. Nehmen wir spaßeshalber mal an, dein Date hat erste Sahne funktioniert. Sie steht auf dich (nachvollziehbar) und du auf sie. Sehr sogar. Wie aber geht's weiter? Der Abschied ist hierbei ganz entscheidend: Ein simples »Tschüss« reicht nämlich nur für Nullchecker aus. Geschickter ist es, darauf hinzuweisen, wie viel Spaß dir euer Treffen gemacht hat. Wie sehr du ihre Anwesenheit genossen hast. Wie gern du dich mit ihr unterhältst. Wie unglaublich gut du dich jetzt fühlst. Noch lange kein Grund, gleich jetzt nach dem nächsten Date zu fragen. Auch kein »Können wir uns wiedersehen?« – alles viel zu schnell. Das kann man auch morgen noch fragen. Oder übermorgen. Es ist absolut in Ordnung, sie ein bisschen zappeln zu lassen. Allerdings nicht zu lange, schließlich willst du nicht, dass sie von einem anderen Fisch gefangen wird. Eine Umarmung zum Abschied ist absolut in Ordnung – aber nur, wenn du auf ein zweites Date hoffst. Umarmung heißt übrigens nicht, deine Hände auf ihren Pobacken zu parken! Ein Kuss (Wange!) ist ebenfalls angemessen – aber nur, wenn sie nicht vorher weggerannt ist. Sag »Danke« für die schöne Zeit mir ihr; mit etwas Glück haucht sie ein »Gerne wieder« zurück.

25) The NEXT thing

Date war geil? Schnitte war geil? Alles war geil? – Erfreulich! Du gehst also nach Hause und schickst ihr sicherheitshalber direkt mal tausend Nachrichten? Am nächsten Tag, nach dem Senden weiterer tausend Nachrichten, bringst du ihr einen Blumenstrauß mit in die Schule und am übernächsten übergibst du ihr in der großen Pause einen Katalog mit Babymode, inklusive eines Katalogs mit spannenden Abbildungen von kunterbuntem Sexspielzeug? – Kannst du gerne machen! Wirst schon sehen, was du davon hast.

Sofern du keine ärztliche Info hast, der zufolge du nur noch eine Woche zu leben hast, darfst du es, auch wenn es schwerfällt, durchaus ruhig angehen lassen. Sie wird schon nicht weglaufen. Und wenn doch, dann war sie es nicht wert. Alles ganz simpel. Schreibe ihr am Abend nach dem Date exakt *eine* Nachricht und wünsche ihr schlicht und einfach eine gute Nacht. Keine dämlichen Herzchen. Keine dämlichen Smileys. Nur Text. Fehlerfrei. Dann heißt es abwarten. Sollte innerhalb der nächsten Monate oder gegebenenfalls auch Jahre keine Reaktion erfolgen, ist dies ein untrügliches Zeichen dafür, dass sie an einer Fortführung eurer Geschäftsbeziehung kein Interesse hat. In solchen Fällen darfst du dich ohne schlechtes Gewissen an ihre BFF ranmachen.

4. KAPITEL

25 TYPISCHE MÄDCHENSÄTZE

und was sie bedeuten

1. SAG MAL, WIE WAR DENN DIE PARTY?

Erstens: Warum hast du mich nicht mitgenommen? Zweitens: Hast du es mit diesem Flittchen aus der Parallelklasse getrieben? War Simone auch da? Was hatte sie an? Das gelbe Oberteil, das so überhaupt nicht zu ihrem Make-up passt? Mit wem hast du getrunken? Warst du wieder besoffen? Wen hast du besoffen angebaggert? Sag schon, war es die kleine Fotze von nebenan? Oder hast du die ganze Zeit nur an mich gedacht??? (Was ich ja wohl hoffen will!)

2. WAS HAST DU DENN GESTERN ABEND SO GEMACHT?

Du warst ja stundenlang online, genau wie ich auch, also frage ich mich, warum du kleiner Pimmel mich nicht angeschrieben hast. Mit welcher verlogenen Schlampe hast du also getextet?

3. ICH KANN DIESES PRINZESSINNENGEHABE NICHT AUSSTEHEN.

Klar kann ich das, will ja am liebsten auch eine Prinzessin sein und bin ja auch eine, und gehe total gerne shoppen und stehe stundenlang vor dem Spiegel und bewundere mich und trage am liebsten kurze Sachen ... Aber ich will nicht, dass du mich für eine eingebildete Tussi hältst.

Suse? Dieses erbärmliche Bückstück? Der würde ich am liebsten die Augen auskratzen und sie gegen die Wand klatschen. Allein was sie heute mal wieder anhat! Die Leggins stehen ihr sowieso nicht bei dem Rhinozerosarsch. Aber natürlich will ich, dass du denkst, dass ich anderen Mädchen gegenüber total offen bin und dass ich auch andere hübsche Mädels in meiner beziehungsweise deiner Umgebung respektiere.

4. NA KLAR MAG ICH SUSE, IST EINE MEINER BESTEN FREUNDINNEN.

5. LOGISCH KENN ICH DEN FILM.

Hab null Ahnung, was für ein Zombie-Splatter-Müll das wieder ist; werde ich später mal googeln, um dann mit dir intensiver drüber zu reden. Ne romantische Lovestory wäre auch mal schön ...

6. MIR GEHT'S NICHT SO GUT.

Ich habe meine Regel und alles tut weh, und ich will, dass du mich in Ruhe lässt und mich trotzdem in den Arm nimmst und eventuell später meine Pobacken oder wenigstens meinen Nacken massierst.

7. ICH ESSE TOTAL GERNE MAL EINEN SALAT.

Sicher doch, und der Papst steht auf Lippenstift. Am liebsten würde ich den ganzen Tag nur richtig deftiges Zeug futtern und jede Menge Schokolade noch dazu, aber du sollst mich ja für ein richtiges Mädchen halten, das Wert auf gesunde Ernährung legt und ganz bestimmt niemals mit dir in eine Pommesbude gehen würde – du Geizhals! Ein Restaurant ist dir wohl zu teuer!

8. DU HAST VOLL DIE SCHÖNEN HAARE!

Zu einem anderen Mädchen: Ich hasse dich! Deine Haare sind hässlich. Du musst dringend deinen Friseur wechseln, falls du überhaupt einen hast und dir die Dinger nicht vom örtlichen Vorsitzenden des Blindenvereins geschnitten wurden. Kann allerdings auch bedeuten: Deine Haare sind viel zu schön für dein ansonsten potthässliches Gesicht! Diese Haare hast du nicht verdient! Zu einem Jungen: Du hast voll die schönen Haare, könntest sie aber häufiger mal waschen. Außerdem hab ich da noch ein paar Stylingtipps. Sooo können wir jedenfalls nicht ausgehen!

9. GEILER WITZ!

Hab ihn zwar nicht verstanden, aber ich lache sicherheitshalber mal trotzdem. Du sollst mich ja nicht für blöd halten.

Hoffentlich sagst du Nein, damit du dich auch nicht mit anderen Mädchen treffen kannst, und wenn du das doch tust, habe ich endlich einen moralisch tragfähigen Grund, dich in die Wüste zu schicken!

10. KLAR INTER-ESSIER ICH MICH FÜR POLITIK.

Poli-was?

11. NIMM MICH IN DEN ARM.

Nimm mich in den Arm.

12. DU BIST EINER DER SÜSSESTEN UND LIEBENS-WÜRDIGSTEN JUNGS, DIE ICH KENNE.

Aber ich will trotzdem nichts von dir.

13. HAST DU EIGENTLICH WAS DAGEGEN, WENN ICH MICH AUCH MIT ANDEREN JUNGS MAL TREFFE?

14. DU MAGST MICH ALSO, JA? NUR MÖGEN? AHA!

Sag mir endlich, dass du mich liebst!

15. KUSCHELN IST SO GAR NICHT MEINE SACHE.

Ich will, dass du mich zärtlich streichelst, meine Ohrläppchen massierst, sanft mit der Hand über meine Oberschenkel gleitest ... Aber das sag ich mal besser nicht, weil du mich sonst für eine Tussi hältst.

Zu anderen Mädchen: Nur weil ihr alle Schlampen seid und euch durch die Betten poppt, muss ich bei diesem dämlichen Spiel nicht auch noch mitmachen! Ich habe schließlich Anspruch und warte auf Mr Right. Zu dir: Ich habe kein Interesse an einer Beziehung. Soll heißen: An einer Beziehung mit *dir*.

Am liebsten möchte ich mich für alle Zeiten in den dunkelsten Keller der Welt verkriechen. Dass die Leute nicht vor lauter Abscheu schreiend wegrennen, wenn sie mich sehen, ist mir ein Rätsel. Vermutlich wollen sie nur nett sein, oder, noch schlimmer, sie beachten mich gar nicht. Wenn mein Po doch bloß genauso knackig wäre wie der von Chantalle-Eluisa ...

16. ACH, ICH BIN MIT MEINEM KÖRPER GANZ ZUFRIEDEN.

17. ICH HAB KEIN INTERESSE AN EINER BEZIEHUNG.

18. SCHÖNHEITS-OPERATION? KÄME FÜR MICH NIEMALS INFRAGE!

Mama, Papa, gebt mir Geld! Schämt ihr euch nicht auch dafür, dass eure Tochter so kleine Brüste hat? Und meine Nase hat so einen komischen Buckel ... Sieht aus wie eine Bratpfanne mit fehlenden Griffen! Habt ihr außerdem mal meine Wangenknochen angesehen? Viel zu ausgeprägt! So, wie ich aussehe, wird mich nie ein Junge hübsch finden!

19. MIR MACHEN DEINE PICKEL NICHTS AUS.

Wäre trotzdem schön, wenn du mal was dagegen tun könntest. In dieser Form können wir jedenfalls nicht zusammen irgendwo hingehen ... und über die Haare hatten wir ja bereits gesprochen, ne?

Okay, okay, drei Minuten und eine Stunde, aber wenn jeder denkt, dass ich nur drei Minuten brauche, dann fragt sich jeder, wie ich es schaffe, trotzdem immer so heiß auszusehen. Außerdem soll man mich ja nicht für eine Tussi halten. Tussi ist übrigens eines meiner Lieblingswörter.

20. ICH BRAUCHE MORGENS HÖCHSTENS DREI MINUTEN IM BAD.

21. MIR DOCH EGAL, WAS DU MACHST.

Hoffentlich verstehst du, dass dies eine Warnung ist. Wenn du es wirklich machst, egal was und egal wann, bist du erledigt!

Du verdammtes Arschloch nimmst mal wieder null Rücksicht auf mich und meine Bedürfnisse und Gefühle!

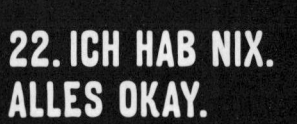

22. ICH HAB NIX. ALLES OKAY.

23. MIR IST KALT.

Ich habe Hunger, will endlich was trinken und Shoppen wäre auch eine tolle Sache, stattdessen bin ich gezwungen, mit dir meine Zeit zu verbringen. Entertain mich endlich, du Langweiler!

Klar will ich reden, aber ich will, dass du mich darum bittest, sonst heißt es wieder, ich wäre eine egoistische Kuh, die sich in den Vordergrund drängeln will, was ich ja auch wirklich will, und ich hoffe mal, du hast genug Zeit, denn ich hab echt *einiges* zu erzählen ...

24. ICH WILL JETZT NICHT ÜBER MEINEN TAG REDEN.

25. ICH HABE GROSSE GEFÜHLE FÜR DICH, ABER SIE REICHEN EINFACH NICHT AUS. MACH DIR KEINE SORGEN – ES LIEGT AN MIR.

Klar doch, ausgerechnet an mir. Was hab ich denn bitte falsch gemacht? Sei froh, dass ich dir ganz im Netten sage, was du für eine Pfeife bist. Gefühle für dich ... pah! Sei mal realistisch, du Nullnummer. Mit dir würde ich nicht mal gehen, wenn du reich wärst.

ICH KANN DIESES PRINZESSINNENGEHABE NICHT AUSSTEHEN.

5. KAPITEL

25
knallharte
Fakten
übers Küssen

NO-FEAR-KISSING

Noch nie jemanden geküsst und Angst davor? Nachvollziehbar, sogar bei Jungs, die genetisch bedingt eigentlich vor gar nichts Angst haben. Außer vor riesigen Spinnen und davor, nachts im Dunkeln zu schlafen. Klar hast du Angst, du wärst ein Trottel, wenn du keine hättest. Da gibt es also dieses Mädchen, richtig? Dieses eine Mädchen, das du richtig gern hast, in das du dich so richtig schön verknallt hast? Natürlich willst du sie küssen, alles andere wäre eine Beleidigung deiner Intelligenz – etwas Intimeres gibt es eigentlich nicht. Aber du fürchtest, dass du dich dabei wie ein dämlicher Anfänger anstellen wirst? Dass du komplett versagst? Hierzu sei einmal pädagogisch Folgendes angemerkt: Was verfickt soll denn schon groß passieren? Dass du ihr versehentlich mit der Zunge die Magenschleimhaut durchknetest? Ihr die Luftröhre verstopfst?

Mach dich mal locker, kein Stress. Küssen kann man gar nicht versieben, und selbst wenn du wirklich keinen Check von nichts hast, kommt der Swag (Anmerkung des Autors: Der Autor biedert sich hier peinlicherweise mit Jugendsprache an!) von ganz allein. Glaubst du ernsthaft, dass es schwierig ist, deine Lippen auf die Lippen eines Mädchens zu pressen und dann mit deiner Zunge ihre Zunge zu berühren und diese einfach zärtlich zu »streicheln«? Anders als Fahrradfahren fällt man beim Küssen niemals runter. Außerdem wird dir deine Partnerin helfen und dir mit sanftem Druck ganz ohne Getöse (was bei Mädchen echt selten vorkommt) zu verstehen geben, was du anders machen sollst, falls sie doch nicht so ganz befriedigt ist. Dein Mädel, egal, wer sie ist, wie groß, wie alt, wie dick oder dünn oder doof, ist ganz bestimmt auch keine Expertin in Sachen Knutscherei. Mach's einfach! Schließ deine Augen und lass es geschehen. Wenn dir das Mädchen wirklich etwas bedeutet, wirst du diesen Moment niemals in deinem Leben, vielleicht sogar in deinem Tod, jemals wieder vergessen.

AUF DROGEN KÜSSEN

Falls du irgendwann aus irgendwelchen Gründen, zum Beispiel fehlendes Taschengeld, nicht an Drogen herankommst, such dir einfach ein ganz beliebiges Mädchen und küsse sie. Du wirst merken: Dein Körper dreht mit voller Axt am Rad und schüttet Endorphine aus. Hierbei handelt es sich, wie du sicherlich weißt, um körpereigene Opioidpeptide, die in der Hypophyse und im Hypothalamus produziert werden und als Zerlegungsprozesse von Präkursor-Proteinen entstehen. Sollte wirklich klar sein! In Kurzform: Die Dinger sind Glückshormone und helfen dir beim Geilwerden. Die Nebennieren setzen netterweise noch etwas Adrenalin frei, sodass dein Blutdruck in ungeahnte Höhen jagt. Der Puls beginnt zu rasen, was dazu führt, dass im Körper lebende ätzende Genossen wie zum Beispiel Stresshormone ohne Rücksicht hinweggemetzelt werden. Davon abgesehen ist Küssen auch für deine Abwehrkräfte eine feine Sache, denn durch die ganze fremde Spucke werden die so richtig schön auf die Probe gestellt und können sich viel besser gegen Erkältungen wehren. Also: Knutschen macht nicht nur happy, sondern auch noch gesund!

CHEMISCHES KÜSSEN

3

Wenn Biologie die Wissenschaft des Grünen ist und Mathematik die Wissenschaft der Dinge, die eh keiner versteht, so ist Chemie die Wissenschaft des Stinkenden. Chemiker haben chemisch berechnet, dass ein Kuss aus chemischen Stoffen besteht und sich folglich im chemischen Sinne folgendermaßen zusammensetzt: 9 Milligramm Wasser, dazu 0,7 Gramm Albumin, was man immer gebrauchen kann, dann 0,18 Gramm organische Substanzen, 0,71 Milligramm Fett und die üblichen 0,45 Milligramm Salz.

Zusätzlich gibt es noch einen Cocktail von Bakterien, Viren und Enzymen, die beim Küssen von einem Mund (also zum Beispiel deinem) in einen anderen Mund (also den irgendeines Mädels und/oder Typen) wechseln. Diese chemischen Informationen sind zwar komplett belanglos und helfen niemandem weiter. Trotzdem solltest du die Chance nutzen, deinen Knutschpartner mit derartigen Fakten und dem dir natürlich angeborenen Verständnis für wissenschaftliche Prozesse zu beeindrucken.

4 ▷ REKORDIGES KÜSSEN

Ekkachai Tiranarat ist einer dieser Kerle, die man irgendwann anbeten wird und die dir folglich als männliches Vorbild dienen sollten. Er ist nämlich zusammen mit seiner Usche Laksana momentan Weltrekordhalter im Knutschen – und dafür brauchte es nur lächerliche 58 Stündchen, 35 Minuten und 58 Sekunden. Selbstverständlich wirst du sagen, dass sich 58-35-58 nach gar nicht mal so viel anhört und es eigentlich völlig übertrieben ist, dass man die beiden dafür sogar ins *Guinness Buch der Rekorde* packt. Stimmt! Ist auch nicht viel! Bei näherer Betrachtung sogar ganz schön erbärmlich! Locker zu überbieten!

Du musst also lediglich jemanden finden, der dir dabei hilft. Keine Sorge: Ist kein Problem! Mädchen lieben Knutschrekorde! Es sollten genügend Mädels in deiner Klasse sein, die nichts lieber täten, als mit dir rumzumachen. Da ihr beide allerdings relativ viel Zeit miteinander verbringen werdet und dabei konsequent an euren Lippen hängt, mag es eine gute Idee sein, wenn ihr so etwas wie Sympathie füreinander empfindet.

ALTERNATIVES KÜSSEN

Die sympathischen Schneebewohner – Eskimos oder, politisch korrekt, Inuit – würden nicht mal im Traum auf die Idee kommen, Knutschrekorde zu brechen. Geschweige denn, überhaupt zu knutschen. Küssen gilt bei ihnen, wie bei Polynesiern und Lappen, als absolute Perversität. Da aber auch Eskimos und Lappen und andere sich hin und wieder ihre gegenseitige Zuneigung zeigen wollen, reiben sie halt die Nasen aneinander. Warum? Weil sie es können! Willst du also wirklich ein Mädchen fragen, ob du sie küssen darfst? Wie langweilig ist das denn bitte? Macht ja schließlich jeder heutzutage. Frag doch stattdessen, ob sie was dagegen hätte, wenn ihr eure Nasen aneinanderscheuert. Sieht zwar auf den ersten Blick etwas gewöhnungsbedürftig aus, hat aber ungeheuren Stil! Damit könntest du auf so ziemlich jeder Schule ein absoluter Trendsetter werden.

INTIMES KÜSSEN

Intimes Küssen bietet sich im Allgemeinen erst dann an, wenn du dein Mädel schon etwas länger kennst als zwei Sekunden; kennst du sie kürzer, ist sie normalerweise wenig begeistert, wenn du dich mit deinen schmalzigen Lippen einfach mal so nebenbei ihren Intimzonen näherst. Küsse an solchen erogenen Zonen (zum Beispiel am Busen, notfalls auch an den Ohrläppchen) werden aufgrund ihres Erotikfaktors vom »Empfänger« meist tausendfach intensiver wahrgenommen als ein normaler Kuss auf den Mund. Noch lange kein Grund, es gleich beim ersten Date zu machen. Es sei denn natürlich, *sie* macht es bei *dir*. In diesem Fall gilt: zurücklehnen, genießen und hin und wieder gepflegt stöhnen!

7 GESUNDES KÜSSEN

Genauso wenig wie du vom Masturbieren blind wirst, führt Küssen zu ernsthaften Krankheiten. Ganz im Gegenteil ist Küssen sogar durchaus als Sport zu bezeichnen. Ein einziger Zungenkuss verbrennt zwölf Kalorien. Wiederholst du den Spaß exakt zehn Mal, so hast du bereits den Kaloriengehalt einer Milchschnitte abgespeckt. Falls du also an Übergewicht leiden solltest, ist Küssen eine ernsthafte Alternative zu Jogging oder Nordic Walking. Immerhin bist du ein Mann. Außerdem ist medizinisch inzwischen klar, dass Leute, die häufiger küssen, weniger schnell sterben als solche, die nie küssen. Dies mag damit zusammenhängen, dass beim Küssen die Atmung auf Hochtouren läuft, womit wiederum die Lungentätigkeit angeregt wird. Lungen sind, rein medizinisch betrachtet, ziemlich wichtig fürs allgemeine Wohlbefinden. Aber Knutschen kann noch mehr: Das allseits beliebte Zahnsterben nimmt mit zunehmender Kusstätigkeit ab, da Speichel aus unerfindlichen Gründen Kalzium und Phosphor enthält, Stoffe also, welche vom Zahnschmelz aufgenommen werden und damit vor Karies schützen. Also: Knutsch um dein Leben! Und für weiße Beißer!

8 SPORTLICHES KÜSSEN

Wie schon gesagt – Küssen ist Leistungssport! Übrigens der einzige Leistungssport weltweit, den noch der letzte Geradeausabbieger beherrschen kann. Beim international inzwischen anerkannten Kuss-Sport werden anders als bei anderen Sportarten (Marathon, Ironman, Federball) souveräne 34 Gesichtsmuskeln trainiert – und noch hundert weitere Muskelteile, die irgendwo anders sitzen. Allerdings solltest du jetzt nicht automatisch davon ausgehen, dass du einfach so in die Kuss-Elite aufsteigen kannst. Ein klein wenig Übung braucht es schon. Ist aber gar nicht schlimm: Da Küssen nämlich nicht nur Sport, sondern auch Sucht ist, macht dir das ewige Training im Regelfall nichts aus. Es kommt dabei ganz primär auf die Wahl der richtigen Partnerin an. Wenn sie die Richtige ist und das Küssen einfach nur Spaß macht, wirst du neben deinen 34 Gesichtsmuskeln auch noch Bauch, Beine, Arsch und »Gehänge« in Form bringen.

LIPPEN KÜSSEN

Ohne den Einsatz von Lippen gestaltet sich Küssen schwierig, vielleicht sogar unmöglich. Lippen sind Organe am Mund. Lippen treten stets in Paaren auf. Anders als Socken kann man aber nie eine davon verlieren. Lippen dienen der Nahrungsaufnahme. Und als Tastorgan für alles Mögliche, das sie berühren. Zum Beispiel für andere Lippen. Die von einem verdammt niedlichen Mädchen zum Beispiel. In diesem Fall freuen sich deine Lippen die Rübe ab. Lippen haben mehrere Billiarden Nervenenden in sich – nicht umsonst dreht dein Erotikmesser am Rad, wenn sie geküsst werden. Es geht aber auch ohne Küssen: Wenn du einmal mit deinen Fingern sehr zärtlich über die Lippen eines Mädchens streichst, zum Beispiel bei irgendeiner Maus, die dir in der Fußgängerzone über den Weg läuft, wird sie mit hundertprozentiger Sicherheit (ausnahmsweise) nicht vor dir wegrennen.

10 ▷ KRANK KÜSSEN

Küssen ist gut für die Gesundheit. Küssen hat aber auch ein paar Schattenseiten, denn wenn 22.000 Bakterien mal eben so die Seiten wechseln, dann könnte darin etwas versteckt sein, was du nicht unbedingt brauchst, zum Beispiel Hepatitis B (nicht so gut), Herpes (sieht scheiße aus), Pfeiffersches Drüsenfieber (auch nicht toll), Durchfall (große Scheiße), Hodenschmerzen (aua) oder natürlich Tod (eher suboptimal). Die Wahrscheinlichkeit, dass etwas übertragen wird, ist aber nicht sonderlich riesig; außerdem wird von verantwortungsvollen Menschen (in diesem Zusammenhang auch von Mädchen) erwartet, von der Knutscherei Abstand zu nehmen, sofern sie wissen, dass sie über eine der oben genannten Krankheiten verfügen. Sterben jedenfalls wirst du (oder deine Partnerin) vom Küssen nie! Auch die immer noch von Volldeppen vorgebrachte Meinung, dass Küssen HIV überträgt, ist nach medizinischer Beweislage schlicht und einfach deppert. So gesehen: Einfach weiterküssen.

11 ▷ JUNGS KÜSSEN

Auch wenn du eher der heterosexuellen Seite (Ich steh auf Titten!) angehörst, mag der Tag kommen, wo du einen Jungen küsst. Meistens unter Alkoholeinfluss oder als Teil einer beknackten Mutprobe. Auch hier kann nichts passieren, außer dass es dir (im heterosexuellen Fall – Ich steh auf Titten!) ziemlich ekelig vorkommt, was auch daran liegen mag, dass dein Gegenüber total vieles ist – aber definitiv nicht sexy oder schön oder sonst wie attraktiv. Solltest du ihn aber wider Erwarten doch sexy oder schön oder sonst wie attraktiv finden und sich auch dein Ekelempfinden in Grenzen halten, besteht die vage Möglichkeit, dass du entweder auf Jungs oder Mädchen gleichermaßen stehst (herzlich willkommen im Land der Bisexualität) oder aber das Jungsküssen sogar noch tausendfach genialer findest als dieses abturnende Abknutschen eines Mädchens. In diesem letzteren Fall (Ich steh ja doch nicht auf Titten!) bist du eventuell schwul – und zwar so richtig. Was das macht? Ums kurz zu machen: gar nichts! Alles ist gut. Kein Grund, dich zu schämen. Kein Grund, an dir zu zweifeln. Du bist und bleibst ein Mann!

HISTORISCH KÜSSEN

In einer Zeit, als noch Ritter die Welt regierten (also deine direkten Vorfahren), kam dem Kuss eine sehr wichtige Bedeutung zu, da er nämlich das Treueverhältnis zwischen dem Fürsten (dem Lehnsherrn) und dem Bauern (dem Untergebenen) besiegelte. Der Lehnsherr verpflichtete sich, den Untergebenen zu schützen. Der Untergebene verpflichtete sich, für den Lehnsherrn auf den Kartoffelchipsplantagen zu knüppeln. Der Begriff »Untergebener« ist immer noch passend, denn sobald du ein Mädchen küsst, kannst du deinen Arsch darauf verwetten, dass du ab exakt diesem Zeitpunkt nix mehr zu sagen hast. Du bist von deiner Ausnahmestellung als Junge zu einem Erniedrigungsstatus degradiert worden, hast dich – ohne Not und aus purer Geilheit – in ein Abhängigkeitsverhältnis begeben, aus dem du, genau wie die Fliege im Spinnennetz, niemals wieder entkommen wirst. Mädchen verkaufen so was dann als »Schutz« (siehe oben). Es sei denn, die Spinne sucht sich ein anderes Opfer. Komischerweise sind viele Jungs mit dem Leben im Abhängigkeitsverhältnis ganz zufrieden, was aber nicht mit Leidenschaft oder Liebe zu tun hat, sondern einzig und allein mit Doofheit. Zeit also, die gesellschaftlichen Rollen endlich wieder umzudrehen. Sei dein eigener Lehnsherr!

13 ⟩ SCHLIESSEND KÜSSEN

Da es bekanntlich für jede noch so irrelevante Moppelkotze ein Fachwort gibt, kann natürlich auch die Knutscherei nicht abseits stehen: So gibt es also tatsächlich die Philematologie, die Wissenschaft des Küssens, ein zugegebenermaßen eher exotischer Bereich bedeutsamer Forschung. Jedenfalls haben Philematologen herausgefunden – warum auch immer, vielleicht, weil sie sonst absolut gar nichts zu tun hatten –, dass beim Küssen 92 Prozent aller Mädchen ihre Augen geschlossen halten, aber nur 52 Prozent aller Jungs. Dies hat womöglich damit zu tun, dass Jungs daran gewöhnt sind, den Überblick zu behalten, um die Lage jederzeit in ihrem Sinne kontrollieren zu können – was bei geschlossenen Augen nur schwerlich möglich ist. Trotzdem solltest du neben dem »open kissing« durchaus einmal das »closed kissing« versuchen und ausnahmsweise nicht deinen Augen vertrauen, sondern deinen Gefühlen für die Person, deren Speichel du gerade aufnimmst. Gönn dir den Luxus, dich komplett fallen zu lassen. *Sie* tut es schließlich auch.

14 ⟩ STATISTISCH KÜSSEN

Statistisch gesehen haben Mädchen das große Glück, immerhin zu 88 Prozent im Alter zwischen 11 und 13 Jahren das erste Mal geküsst zu werden. Nicht in jedem Fall ist die Zunge im Spiel – auch ein einfacher Kuss auf die Lippen kann eine verdammt feine Sache sein und steigert sogar die Spannung auf »mehr«. Für Jungs gilt: Sie müssen meist ein Jahr länger warten, was unverständlich und bedauerlich ist. Anstatt also passiv zu warten, gilt es, selbst die Initiative zu ergreifen. Mädchen gibt es ohne Ende – wiederum statistisch gesehen leben auf der Erde mehr Frauen als Männer, demnach auch mehr Mädchen als Jungs. Kann also echt nicht so schwer sein, jemanden zu finden. Falls es doch etwas länger dauert, hänge notfalls Zettel in der Schule aus. Vielleicht meldet sich ja jemand, und mit etwas Glück nicht gerade deine Religionslehrerin. Druck ansonsten dein Foto mit drauf – jede halbwegs normale Schnitte wäre blöd, wenn sie nicht sofort bei dir auf der Matte steht! Wiederum statistisch gesehen wirst du in deinem Leben noch jede Menge Chancen haben, auch wenn das erste Mal unter Umständen ziemlich lange auf sich warten lässt: Die Zahlen sagen, dass ein durchschnittlicher 70-Jähriger 76 Stunden seines Lebens nur mit Küssen verbracht hat.

<u>SPÄTER KÜSSEN</u>

Jeder Arsch um dich herum knutscht herum? In jeder verschissenen Pause stehen deine Kumpels (sogar die hässlichen) mit irgendwelchen mehr oder weniger hübschen Schnitten herum und stecken sich gegenseitig die Zunge in den Hals? Jeder Vollpfosten hat eine Freundin, nur du noch nicht? Alle haben ein Leben, nur du bist gefühlt tot? Du setzt also alle Hebel in Bewegung, um auch endlich mitspielen zu können? --- Kleiner Hinweis: Lass es – und mach auf locker! Dinge brauchen Zeit. Manchmal mehr, manchmal weniger. Klar ist dieser Tipp Mist. Du hättest jetzt gern etwas Klügeres gehört, richtig? Quasi eine Anleitung, wie man ratzfatz auch endlich mal geküsst wird? Gibt es nicht. Sorry. Warte ab, so schwer das auch sein mag. Irgendwer *wird* dich küssen, keine Panik. Und mit etwas Glück wird dieser Irgendwer jemand ganz Besonderes für dich werden. Darauf lohnt es sich zu warten. Und, siehe oben: Auf dich warten mindestens noch 76 Knutschstunden bis zu deinem 70. Geburtstag!

16 ⟩ INITIATIV KÜSSEN

Wenn du mit einem Mädchen ausgehst, einmal, zweimal oder dreimal, und langsam, aber sicher feststellst, dass du das dringende Bedürfnis hast, sie endlich zu küssen, dann wird es Zeit. Zeit für den großen Schritt. Dein Gehirn (zumindest die Teile davon, die noch funktionieren) gibt dir mit einem lässig-sympathischen Kribbeln im Bauch zu verstehen, dass du, und nur du allein, dazu bestimmt bist, ihr deine Zunge in den Rachen zu stopfen. (Letzteres ließe sich übrigens auch romantischer formulieren.)

Nun kannst du natürlich mit Begeisterung darauf warten, dass sie den ersten Schritt tut. Mit etwas Pech musst du da bis ins Übermorgenland ausharren. Mädchen *wollen*, dass Jungs Initiative zeigen, was blöd ist, da Jungs natürlich Kontrollverlust fürchten, was Unsinn ist, da Jungs nie die Kontrolle verlieren. Egal. Bevor du wartest bis zum Jüngsten Gericht, geh einfach auf sie zu. An dieser Stelle bieten sich drei ganz simple Vorgehensweisen an. A: »Was muss ich tun, um dich zu küssen?« B: »Darf ich dich bitte küssen?« Oder, ganz gekonnt, C: gar nichts sagen. Klappe halten. Einfach machen. Stelle dich direkt vor sie, so dicht, dass du ihren Atem spüren kannst und sie deinen (Tipp: Vorher kein Knoblauch!), nimm ihr Gesicht in deine Hände, verwische dabei auf keinen Fall das Make-up, an dem sie stundenlang gearbeitet hat, schau ihr in die Augen, streiche ihr zärtlich eine Strähne aus der Stirn, beachte erneut die Make-up-Regel ... und lass deine Lippen den Rest erledigen.

Da du als Junge schon aus Prinzip nicht versagen kannst, wird ganz bestimmt nichts schiefgehen. Es sei denn, sie scheuert dir eine oder rammt ihr Knie mit sanfter und liebreizender Wucht in deine hauchzarten Glocken. In solchen Fällen darfst du davon ausgehen, dass eure »Beziehung« gescheitert ist.

ÖRTLICH KÜSSEN

17

An einem weißen Sandstrand, ganz romantisch bei Sonnen-untergang? In einem Heißluftballon unter dem Sternenzelt? Bei ganz viel Kerzenlicht nach einem romantischen Essen mit schmalziger Musik? – Eigentlich ist es Latte wie Hose, wo du jemanden küsst. Der Ort ist dabei absolute Nebensache; wichtiger ist der absolut richtige Moment. Und auch den kann man nicht in Worte fassen. Er ist einfach irgendwann da und taucht auf wie ein Furz – quasi aus dem Nichts also. »The Moment« kann auch in einem voll besetzten Bus mit 300 Tattergreisen passieren oder (auf einer Klassenfahrt) mitten im Museum, in der Abteilung »Sterbensöde griechische Statuen, die alle gleich aussehen«, oder während eines noch sterbensöderen Französisch-Vokabeltests.

Du kannst »The Moment« nicht beeinflussen, genauso wenig wie »The Place«. Küssen braucht keine Planung: Küssen ist spontan, verrückt, wild, rattengeil, faszinierend … Und all das trifft auch zu, wenn es auf einem ranzig riechenden Schulklo, einer Müllkippe, in irgendeinem Abstellraum oder einer Besamungsstation für Rindviecher geschieht.

GESETZLICH KÜSSEN

18

Normalerweise wird niemand auf die Idee kommen, dir das Küssen zu verbieten, wobei du es vielleicht nicht unbedingt während des Unterrichts, bei einem Gottesdienst oder am Esstisch deiner Eltern machen musst. Am Esstisch *ihrer* Eltern, in Anwesenheit *ihrer* Eltern, solltest du es ohnehin nicht tun, da davon auszugehen ist, dass ihr Vater dir daraufhin ohne Vorwarnung verschiedene Besteckteile verschiedener Größen in verschiedene

Körperöffnungen stecken wird. Mädchen und ihre Väter sind und bleiben ein schwieriges Thema.

Dennoch – an sich kannst du hierzulande knutschen, wo und wann du willst. Anders in einigen Teilen der USA: Im Bundesstaat Wisconsin kannst du ebenfalls knutschen, bis dir die Zunge abfällt – bloß nicht in Zügen. Im Staat Iowa sind fünf Minuten Knutschen die Höchstgrenze – danach wird's illegal. In Tulsa im Staat Oklahoma sind es gar nur drei Minuten. Problematischer ist es nur noch in Maryland: Jeder Kuss länger als eine Sekunde (!) ist strafbar! Falls du die geniale Idee haben solltest, dir in Eureka, Kalifornien, einen Bart wachsen zu lassen und dann auf Knutschtour zu gehen … vergiss es: Für Bartträger ist Küssen verboten, was durchaus ein Grund dafür ist, dass es in Eureka seit Menschengedenken keinerlei Männer mit Bart gibt. In Connecticut und Michigan hast du eine lockere Sechstagewoche. Am siebten Tag, Sonntag (Tag des Herrn und so), allerdings ist Ruhe angesagt! In Colorado wiederum darfst du tagsüber machen, was du willst, auch am Sonntag. Bloß halt nachts nicht! Falls du also aus irgendeinem Grund mit einem Mädchen Zeit dort verbringen solltest, komm niemals auf die in jeder Hinsicht durchgeknallte Idee, sie nach Einbruch der Dunkelheit zu küssen, schon gar nicht, wenn sie schon schläft. Dies würde als sexuelle Belästigung gesehen werden. Falls es aber doch passieren sollte (Schande über dich!), bist du verpflichtet, sofort die Polizei zu rufen und dich selbst anzuzeigen (was bestimmt schon total viele Männer gemacht haben).

In einigen Teilen Italiens kostet Küssen im Auto 500 Euro, weil wegen Gefährdung der Sicherheit des Straßenverkehrs. Fragt sich bloß, was dann richtiger Sex kostet … Oh, und falls du vielleicht irgendwann mal in Oxford studieren solltest: Die Uni lässt dir jede Menge Freiräume – man hat freundlicherweise in der Cafeteria eigene Kissing-Zones eingerichtet. Nett von den Oxfordianern, die ansonsten das Küssen offenbar für abartig halten oder als Bedrohung der Lerndisziplin empfinden. Für den wahrscheinlichen Fall übrigens, dass du morgen oder übermorgen oder im nächsten Leben ein japanisches Mädel küssen solltest: Vorsicht! Sie sieht das als Vorspiel zu knallhartem, hemmungslosem Sex. Nun ja. Immer noch besser als Besteckteile in Körperöffnungen.

FLECKIG KÜSSEN

Eine hypobare Sugillation tritt dann auf, wenn du deinem Lieblingshobby nachgehst und ein Mädchen beißt oder stundenlang wie ein zärtlicher 2.000-Watt-Staubsauger an entweder ihrem Hals oder ihrem Nacken hängst. Oder sie an deinem. Einige Menschen finden solche Knutschflecke klasse und tragen sie als Statussymbol, andere finden sie scheiße. Anders als vielfach gedacht führen Knutschflecke jedoch weder zu einer Existenz als Vampir noch zum baldigen, schmerzhaften Tod. Es sei denn natürlich, der Fleck färbt sich innerhalb von 24 Stunden grünlich oder gelblich: In diesem Fall weisen Mediziner darauf hin, dass sich der Betroffene sehr bald der allseits beliebten intellektuellen Gruppierung der Zombies anschließen wird. Für den Fall übrigens, dass du kein Mädel hast, aber trotzdem total auf Knutschflecke stehst (Zeichen von Männlichkeit!), kannst du durchaus auf das Mädchen verzichten, was dein Leben außerdem einfacher und billiger macht, und stumpf den oben genannten Staubsauger verwenden.

GAR NICHT KÜSSEN

Falls du sowieso stressige Tage (Lehrer, Kumpels, Eltern) und wahrlich nicht den Nerv hast, dich auch noch mit einer wie auch immer gearteten Beziehung emotional zu schädigen, dann lass es halt: Bleib abstinent! Klingt bescheuert, ist es auch. Kein Grund, es nicht trotzdem zu versuchen. Überleg doch mal, was Mädchen dir eigentlich zu bieten haben. Okay, einige Mädels sind wirklich rattenscharf und sexy. Andere sind einfach nur niedlich und süß. Und sie kuscheln sich total gerne in die Arme eines starken Typen … und es macht dich total an, wenn sie sich in engen Klamotten zu schneller Musik bewegen … Aber ansonsten? Die Antwort kann nur sein: Nix!

Klar ist Küssen eine ganz passable Beschäftigung, wenn mal nichts in der Glotze läuft, aber dafür gleich eine Beziehung eingehen? Da muss man sich schon ernsthaft und kritisch hinterfragen: Bin ich es wirklich wert, mich nur für das Knutscherlebnis ausbeuten zu lassen? Natürlich nicht! Du hast Besseres zu tun mit deiner Zeit. Zum Beispiel Französischvokabeln lernen. Oder dich im Haushalt nützlich machen. Irgendeiner alten Schabracke über die Straße helfen. Alles, wirklich alles, sogar knackiges Kacken, ist besser, als ein Mädchen zu küssen. (Anmerkung des Verlages: Der Autor war beim Schreiben dieser Zeilen körperlich und geistig abwesend!)

21 ▸ DUFTEND KÜSSEN

Wenn sich jedes Mädchen nach einem Kuss schreiend, weinend und flehend von dir abwendet, können die Probleme zweierlei sein: Entweder, sie ist nach ihrer Entführung wieder zu Bewusstsein gekommen. Oder aber du stinkst aus dem Maul wie eine verrottete Eidechse im Gemüsefach des Kühlschrankes. Natürlich ist es sonderbar, aber aus irgendwelchen noch nicht erforschten Gründen mögen es Mädchen total gerne, wenn Jungs beim Küssen eher »frisch« riechen anstatt nach Knoblauchfarm oder Darmverschluss. Dies gilt für den Körper genauso wie für deinen Atem.

Praktischerweise hat die Lebensmittelindustrie mit Kaugummis oder Pfefferminzbonbons Abhilfe geschaffen. Wenn das immer noch nichts hilft: Mundspray! Die Bedienung eines solchen Sprays ist zwar kompliziert, für einen richtigen Kerl aber nur selten ein ernsthaftes Problem. Sofern du die Kappe abbekommst, erklärt sich der Rest mehr oder weniger von selbst. Auf die Notwendigkeit des regelmäßigen Putzens der gelben Beißerchen in deinem Mahlwerk soll an dieser Stelle nicht weiter verwiesen werden. Auch Rauchen ist wenig originell: Kein Mädchen steht beim Küssen auf das Gefühl, einen gefüllten Aschenbecher auszulecken. Falls übrigens nicht *sie*, sondern *du* den dringenden Wunsch hast, schreiend, weinend oder flehend wegzurennen, mag es daran liegen, dass sie a) doch hässlicher ist, als du vor dem Anmachen des Lichts angenommen hast, oder dass b) das Geruchsproblem bei ihr liegt. Für solche Fälle drängt sich das oben beschriebene Mundspray als Geschenk geradezu auf. Viel Spaß und frische Luft!

FÜTTERND KÜSSEN 〈 22

Viele tierische Mütter im Tierreich haben die tierische Angewohnheit, das leckere, aber manchmal unverdauliche Happa für ihre Nachkömmlinge angemessen zuzubereiten. Da sie aber weder Bratpfanne noch Fritteuse noch überhaupt irgendwas Sinnvolles besitzen, bleibt ihnen nur das Vorkauen der Nahrung, welches dann via Maul/Mund/Fresse/Schnauze an Maul/Mund/Fresse/Schnauze des Jungviehes weitergegeben wird. Hierbei ist es nicht ungewöhnlich, dass sich die Lippen beider Tiere berühren. Mama Vogel, gar nicht blöde, merkte sofort, dass dieses komische Berühren sexuell stimulierend war, und gönnte auch Papa Vogel im elterlichen Nest eine Kostprobe, natürlich aber erst, nachdem man vorher den Kindern das Fliegen beigebracht hatte – nach unten.

Seitdem dient Küssen generell der Partnerwahl, da durch die im Mund vorhandenen Geruchs-, Geschmacks- oder Tastsinne mit hoher Wahrscheinlichkeit Geschmacks- und Geruchsinformationen aufgenommen werden. Soll heißen: Wenn ein Partner nicht schmeckt, sondern stinkt, suche ich eben einen anderen. So begann außerdem das sogenannte Speed-Dating. Es sei an dieser Stelle dringend angemerkt, dass es heutzutage *nicht* mehr üblich ist und auch nicht gewünscht wird, ein Mädchen zu küssen, wenn du den Mund voll hast mit Pommes Majo oder Döner mit doppelter Ladung Zaziki. Es sei denn natürlich, das Mädel hat verdammt viel Hunger. Tipp: Vorher fragen!

23 ▷ LABELLOS KÜSSEN

Es ist momentan unter Mädels üblich, sich praktisch alle zehn Minuten irgendeine Paste auf die Lippen zu donnern. Es handelt sich hierbei weder um Klebstoff noch um Holzleim noch um einen Lippenstift, sondern meist um Lippenpflegeprodukte in Stiftform. Verwenderinnen dieser Lippenpflegeprodukte sind sogenannte Labello-Girls. Ihre Kennzeichen sind dauerndes Schimmern, Glänzen oder Glitzern auf den Lippen. Allein Labellos gibt es in über 20 Sorten, sogar mit Sonnenschutzfaktor, denn bekanntlich kommt Sonnenbrand auf den Lippen in 100 Jahren mindestens ein Mal, wenn nicht sogar kein Mal vor. Andere »Geschmacksrichtungen« sind beispielsweise »Fruity Shine Watermelon« oder »Vitamin Shake«. Weil man Vitamine heute nicht mehr über Obst oder Gemüse zu sich nimmt, sondern sich live und direkt auf die Fressluke schmiert. Oder »Hydro Care« – hier verspricht dir die Pampe, dass deine Lippen mit frischem Quellwasser gespült werden und somit immer lecker-locker-feucht bleiben. Ein Knüller sicher auch die Sorte »Repair & Beauty«, wobei nicht klar ist, was wieso und wie repariert werden soll und warum man danach schön ist und ob es auch funktioniert, wenn man vorher hässlich war.

Wie dem auch sei: Ein Labello-Girl zu küssen ist kein Problem. Vielleicht gefällt dir der jeweilige Lippen-Taste sogar, was keine Schande ist! Schließlich gibt es auch für *dich* die Möglichkeit, vielleicht sogar die Notwendigkeit, zur Lippenpflege: Ein Labello-For-Men-Active-Care-Stift sollte jedenfalls immer griffbereit sein. Wenigstens glitzert der nicht!

Neuere Forschungen belegen sogar, dass es zumindest einige Mädchen sexy finden, wenn Jungs neben vernünftiger allgemeiner Körperhygiene auch ihre Mundeingänge sauber halten. Mädchen scheinen zu glauben, dass ein Junge, der sich selbst verwöhnt, dies auch auf das weibliche Geschlecht übertragen kann. Schön blöd, oder?

HERPES KÜSSEN

24

Da willst du küssen, siehst aber dummerweise in den Spiegel und stellst fest, dass dein sonst so perfektes Äußeres nicht korrekt aussieht? Irgendwelche ätzenden Bläschen auf deinen Lippen, die auch noch kribbeln und brennen und wehtun? Herzlichen Glückwunsch – du hast eine sympathische Viruserkrankung namens Herpes labialis, in Normalsprech: Lippenherpes. Was immer noch besser ist als Genitalherpes. Trotzdem nicht schön. Wenn du nichts dagegen tust, werden die Dinger irgendwann verkrusten und deine Optik nicht gerade positiv bereichern. In jeder Apotheke gibt es dafür irgendwelche Salben, womit sich das Problem meistens in wenigen Tagen erledigt hat. Als Hausmittel soll sich nach Berichten alter Menschen auch das Betupfen mit frisch aufgeschnittenen Knoblauchzehen bewährt haben. Auch Zahnpasta soll helfen.

Gut wäre es, wenn du an Tagen, an denen dein Herpes so richtig schön aktiv ist, niemanden küsst, weder Mama noch Oma noch Katze noch Girlfriend. Sollte dir nicht schwerfallen, da dich dann eh kein normal denkender Mensch küssen will. Herpes sieht nämlich nicht nur kacke aus, sondern ist auch noch ansteckend. Du wirst beim Küssen eines Herpes-Mädchens ebenso wenig sterben, wie wenn sie dich küsst – empfehlenswert ist es trotzdem nicht. Das Resultat wäre, dass ihr beide aussieht wie Bubble Tea.

25 ⟩ JEDEN KÜSSEN?

Mal abgesehen von Handküsschen oder Bussis auf die Wange gilt als simple Regel: Küsse nur jemanden, den du magst oder besser noch richtig, richtig, richtig gern hast. Falls du wiederum auch deine Deutschlehrerin richtig, richtig, richtig magst – Finger weg. Du solltest dich an jemanden halten, der sich zumindest einigermaßen in deiner Alterswelt bewegt. Gegen eine gewisse Altersdifferenz ist dabei an sich nichts einzuwenden. Rein theoretisch darfst du, wenn du 14 bist, keine 13-Jährige küssen. Demnach auch keine 12-Jährige. Oder 11-Jährige. Oder 10-Jährige. (Wahrscheinlich hast du das Prinzip verstanden!) Diese Regel stammt vom Gesetzgeber. Und der hat immer recht. Außer dann, wenn man das Gesetz nicht versteht, weil es Blödsinn ist. Falls ihr beide über 14 seid, ist alles in Ordnung. Wenn du 18 oder älter bist und sie 16 oder noch darunter, würdest du dich – wieder mal theoretisch – im straffähigen Bereich bewegen. Soll heißen: Ihre Eltern hätten die einmalige Chance, dich anzeigen zu können. Durchaus ein Grund also, um nett zu ihnen zu sein. Wenn *sie* wiederum schon weit über 20 ist und du dich irgendwo im Teenie-Bereich bewegst, darfst du dich geschmeichelt fühlen – für solche Fälle ist die Bezeichnung »Loverboy« erfunden worden.

Generell gilt: Du darfst an sich küssen, wen und was du willst, Mädchen, Laternenpfähle, Nutellabrote oder rohe Bratwürste. Wichtig ist nur, dass du dabei niemanden ausnutzt und schon gar keinen Zwang ausübst. Küssen hat – natürlich rein theoretisch – etwas mit Gefühlen zu tun. Nicht mit Gewalt. Und gerade kürzlich haben Wissenschaftler nach jahrelangen knallharten Studien herausgefunden, dass auch Jungs Gefühle haben. In der Fachwelt sorgen diese Ergebnisse nach wie vor für enorme Aufregung, hatte man bislang doch gedacht, dass Gefühle einzig und allein von und für Mädchen geschaffen wurden. Rein theoretisch scheint diese Annahme falsch zu sein.

6. KAPITEL

25

GANZ SIMPLE

Dinge,

DIE DU ÜBER SEX WISSEN SOLLTEST

1 Sich selbst zu befriedigen, ist noch kein Sex im eigentlichen Sinne. Normalerweise bezeichnet Sex sexuelle Handlungen zwischen zwei (oder drei oder vier oder hundert) Geschlechtspartnern menschlicher, tierischer oder, in Ausnahmefällen, auch pflanzlicher Art, wobei bei Letzteren nicht ganz klar ist, wie die Sache eigentlich funktioniert.

3 Sex kann man bereits mit zwölf haben. Oder jünger. Muss man aber nicht. Es gibt keinen Grund, sich zu etwas gezwungen zu fühlen, worauf man keinen Bock hat. Und wenn du lieber fummeln willst, dann wird eben gefummelt! Gerne auch an und mit dir selbst.

2 Sex kann man auf heterosexuelle oder homosexuelle Weise betreiben. Als Junge »verwendest« du im ersten Fall also weder Laternenpfahl noch Bananenschale, sondern in der Regel ein Mädchen für den Handlungsprozess. (Tipp: Vorher fragen!) Wenn dir Mädchen nicht so sehr zusagen, sind auch Jungs okay. Denn ja – auch zwei Jungs können Sex haben. Sogar miteinander. Was wiederum auch für Mädchen gilt.

4 Wenn Sex die eigentliche Handlung ist, dann handelt es sich bei Petting um das Vorspiel, um Handlungen »ohne Vollzug« also. Küssen, Streicheln, Knabbern an erogenen Zonen; das alles kann bereits einen enormen Schärfegrad haben.

5 Sex gibt es, seit es Menschen gibt. Sogar die haarigen Vorfahren der Menschen, die mächtigen Affen, haben sich bereits mit Begeisterung durch den Urwald geknattert. So gesehen setzt du also mit dem Versuch einer eigenen sexuellen Handlung lediglich eine sehr alte, sehr erfolgreiche Tradition fort.

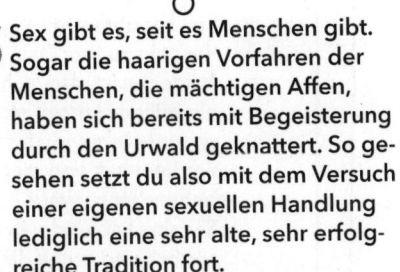

6 Hetero-Sex braucht einen Penis und eine Vagina (nur bei Mädchen zu finden). Ziel des Spiels ist es, mit Hilfe deines Penis' (steif und aufrecht) den Eingang zu finden, was sich manchmal zu einer ziemlich turbulenten Suchveranstaltung entwickelt, die aber durchaus zusätzlichen Reiz auf die Geschlechtspartnerin ausüben kann. (Falls du keine Lust auf eine langwierige Schnitzeljagd hast: Frag doch mal deine niedliche Partnerin, wo es langgeht. Sie sollte es wissen …)

7 Sex kann man theoretisch die ganze Nacht oder den ganzen Tag oder die ganze Woche lang haben, allerdings führt diese Tortur zu wunden Genitalien, welche über kurz oder lang absterben, abfallen und dann als Dünger auf Spargelplantagen genutzt werden.

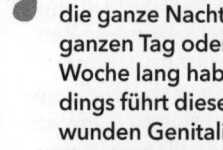

8 Sex kann man auch sehr schnell haben: Hier handelt es sich dann um einen Quickie. Meist wird dabei nicht einmal die komplette Kleidung abgeworfen, sondern zumindest beim Jungen gerade einmal der Reißverschluss geöffnet.

9 Sex ist mehr als Nageln – Sex ist der Austausch intimer Zärtlichkeiten. Gerade deshalb solltest du dir ernsthaft überlegen, mit wem du Körperflüssigkeiten austauschen möchtest. Gerade das berühmte »Erste Mal« ist etwas Besonderes, woran ihr beide euch immer wieder erinnern wollt – und werdet.

11 Sex hat etwas mit Respekt zu tun: Das Mädchen ist also nicht nur ein billiges Lustobjekt, sondern jemand, der es verdient hat, von dir gut behandelt zu werden. Sei also lieb und nett und zärtlich und putze dir vorher die Zähne, damit du (Respekt!) nicht riechst wie ein griechischer Knoblauchfurz.

10 Sex solltest du dann haben, wenn du jemanden liebst und sie (oder er) dich auch liebt und dir klar zu verstehen gibt, dass sie (oder er) unbedingt was zum Vögeln braucht.

12 Sex kann man überall haben, auf dem Schulklo, in irgendeiner Besenkammer, auf oder unter dem Lehrerpult, auf einer Müllkippe bei Sonnenuntergang oder ganz schlicht in einem ganz normalen Bett – welches an dieser Stelle als Handlungsort Number One vorgeschlagen werden soll.

13 Sex führt nicht automatisch zu Schwangerschaft, da clevere Wissenschaftler anhand von Versuchen mit pimmellosen Sackratten bereits vor Wochen das Prinzip der Verhütung erfunden haben. Als Junge ist es demnach deine unbedingte und absolute Pflicht, dir ein Kondömchen über dein Schwänzchen zu ziehen. Falls dir die Dinger zu teuer sind, frage bei deiner Oma an, ob sie vielleicht eines stricken könnte. Muster egal. Für kalte Winternächte sollte es aber wenigstens aus reiner Schafwolle bestehen!

14 Sex kann, muss aber nicht, zu Krankheiten wie Aids, Tripper, Scheidenentzündung, Harnröhrenentzündung, Filzläusen, Krätze etc. führen. Die einzige Möglichkeit, dich und sie zu schützen, ist die Verwendung des in Punkt 13 beschriebenen Gummis aus Schafwolle. Viele Jungs denken, dass ihr Penis mit Gummi scheiße aussieht und früher schlappmacht. Diese Denke ist allerdings Unsinn!

15 Sex kann zu Schmerzen führen – bei dir und ihr, auch dann, wenn ihr weder Peitschen noch Handschellen benutzt. Insgesamt ist so etwas gerade beim ersten Mal durchaus normal und kein Zeichen dafür, dass du Fehler machst. Jungs machen keine Fehler! Wenn etwas wehtut, liegt es – ganz generell – am Wetter oder an der Härte der Matratze.

16 Sex kann einen Frühstart mit sich bringen. Soll heißen, dein Penis und du seid zu früh dran. Nicht ungewöhnlich eigentlich: Allein die Tatsache, dass du ein nacktes Mädel vor dir hast, jagt deinen Herzschlag in ungeahnte Höhen – verständlich also, dass sich dein Mr Kanone nicht beherrschen kann und schon mal ungefragt losfeuert.

17 Sex kann die Lautstärke eines Flughafens haben: Die am Akt teilnehmenden Personen (also auch du) neigen nämlich dazu, ihr Lustempfinden mit Hilfe ihrer Stimme auszudrücken und unentwegt »Oh mein Gott« oder »Ich komme, ich komme, ich komme« zu rufen oder, ganz ohne Worte, einfach nur Stöhnlaute von sich zu geben, welche verdächtig an den Paarungsruf der knatterwilligen Wildgans erinnern.

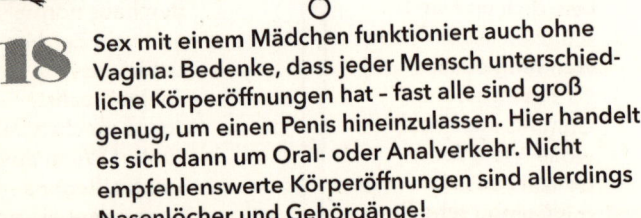

18 Sex mit einem Mädchen funktioniert auch ohne Vagina: Bedenke, dass jeder Mensch unterschiedliche Körperöffnungen hat – fast alle sind groß genug, um einen Penis hineinzulassen. Hier handelt es sich dann um Oral- oder Analverkehr. Nicht empfehlenswerte Körperöffnungen sind allerdings Nasenlöcher und Gehörgänge!

19 Sex ist nicht gleichbedeutend mit einer Bis-dass-der-Tod-uns-scheidet-Verbindung. Nur, weil du mit jemandem schläfst, musst du nicht den Rest deines Lebens mit diesem Menschen zusammenleben, auch dann nicht, wenn das Mädchen genau diesen Wunsch hegt. Dennoch (siehe oben!): Sex hat mit Respekt zu tun. Auch wenn du also die Chance hast – es ist nicht nötig, jedes Mädel »zu knallen«, nur weil du es theoretisch könntest, und sie danach fallen zu lassen.

20 Sex ist manchmal nicht erwünscht. Auch nicht mit einem Erotikgott wie dir. Wenn ein Mädel »nein« sagt, kannst du felsenfest davon ausgehen, dass sie weder »ja« noch »jein« noch »vielleicht in zwei Minuten« meint. »Nein« heißt »nein«. Ende Gelände. »Nein« heißt wiederum nicht automatisch, dass sie dich nicht liebt oder mag. Manchmal heißt es nämlich auch »Ich bin noch nicht so weit – sei gefälligst anderweitig zärtlich zu mir und lecke meine Ohrläppchen.«

21 Sex ist Stress – sollte es aber nicht sein. Viele Jungs machen sich tausend Gedanken, ob sie auch alles richtig machen; sie denken, dass von ihnen Perfektion erwartet wird. Es geht aber gar nicht darum, Leistung zu bringen, sondern einfach nur darum, gemeinsam Spaß zu haben und dabei mit Begeisterung geil zu werden! Sex ist also kein Hürdenlauf mit Schwimmflossen, sondern eigentlich, wenn du lernst zu relaxen, eine ziemlich chillige Veranstaltung. Kerzenlicht und ruhige Musik helfen dabei ungemein weiter. Bitte beachten: Ein Feuerwehreinsatz wegen unsachgemäßer Verwendung von Kerzenlicht steigert das Stresspotenzial!

22 Reden beim Sex ist nicht verboten! Einige Mädchen finden es sogar wichtig, dass du dabei redest. Wenn irgendwie möglich, aber bitte nicht über Fußball, Politik, Religion, Pickelcreme für Genitalien oder andere Mädchen. Du darfst sie aber durchaus fragen, ob du etwas anders machen sollst, ob du ihr wehtust, ob sie happy ist oder ob sie »ihn« anfassen will, um noch happier zu werden …

23 Sex ist kein Pornofilm: In solchen cinematografischen Meisterwerken mit Titeln wie *Moby Fick*, *Hairy Potter und die Kammer des Schleckens* oder *Alice im Ständerland* sehen wir den »Helden« bei der Arbeit – mit wuchtigen, schnellen Stößen, die aussehen, als würde ein mittelalterlicher Ritter gerade einen Drachen erdolchen. Bleib locker und sanft: Ein wenig ruhiger und langsamer tut's nämlich genauso gut.

24 Sex führt zum Orgasmus, zumindest, wenn es gut läuft. Das heißt aber noch lange nicht, dass ihr beide gleichzeitig zum Höhepunkt gelangt. Versuche jedenfalls, deine Spritzerei so lange es geht hinauszuzögern, um aus dem Akt noch einige Extraminuten herauszupressen.

25 Sex braucht keine Socken. Du darfst, solltest und musst sie vorher ausziehen. Nichts ist unerotischer als ein nackter Junge in Socken. Wenn das Mädchen allerdings ihre Söckchen unbedingt anlassen will – lass sie gewähren. Unter Umständen fühlt sie sich einfach wohler ... und je wohler *sie* sich fühlt, umso wohler wirst auch *du* dich bald fühlen ...

Socken –
Sexappeal gleich null

7. KAPITEL

25

Dinge,

die du über
dein bestes Stück
wissen solltest,

ABER NIE ZU FRAGEN WAGTEST

Wenn du an dir herunterguckst, nicht zu weit nach unten, sondern irgendwo dorthin, wo dein Bauch aufhört und deine Beine beginnen, dann hast du deinen Genitalbereich entdeckt, was allein schon mal Grund für ausgelassene Heiterkeit sein sollte. Das baumelnde Gerät ist dein Penis, und bei dem irgendwie schrumpeligen Matschgemüse drum herum handelt es sich um deinen Hodensack, in dem du allerdings anders als beim Weihnachtsmann keine Geschenke findest, sondern lediglich deine Hoden, was ja auch nicht schlecht ist. Falls du schon jetzt fasziniert bist und dich später einmal beruflich näher mit deinem Penis beschäftigen möchtest, solltest du den Studiengang Phallologie belegen – die Wissenschaft von Schwanz und Klöten. Im Folgenden soll versucht werden, dich für dein bestes Stück zu begeistern, was wohl eigentlich, beziehungsweise hoffentlich, unnötig ist, und dich gleichzeitig über grundlegende Funktionsweisen und Fakten zu informieren. Immerhin ist dein Schniedel dein ständiger Begleiter, es kann also nichts schaden, ihn etwas genauer kennenzulernen.

1) GIBT'S NUR EINMAL

Es ist sehr bedauerlich, aber du hast in der Tat nur *einen* Penis. Da ist alles weitere Suchen vergeblich. Obwohl, es gibt Typen, die tatsächlich zwei davon haben. Kein Scherz! Die erste wissenschaftliche Überlieferung eines Double-Dick-Falles stammt aus dem Jahr 1609, laut good old Wiki tritt das Phänomen nur einmal unter 5,5 Millionen Neugeborenen auf. Solche Doppel-Penis-Männer sind ganz klar mit Göttern gleichzusetzen! Solltest du aus völlig unerklärlichen Gründen zu diesen Glücklichen gehören, wird das gemeinsame Duschen nach dem Sportunterricht für dich zum Triumphzug. Andere Jungs werden dich anbeten! Freu dich aber nicht zu früh – in der Hose kann es mit zwei Schwänzen ganz schön eng werden.

3) GIBT'S IN GANZ SCHÖN STARK

Ein gewisser Mo Ka Wang soll einmal mit seinem Penis 120 Kilogramm getragen haben. Damit kann sein Penis mehr leisten als deine Arme! Noch lange kein Grund, es ihm nachzumachen. Warum Herr Wang solch einem komischen Hobby nachgeht, ist völlig unklar. Länger ist sein Penis dadurch jedenfalls nicht geworden – er tut nur mehr weh. Ein Penis ist ein sogenannter Allesträger, du kannst an ihm befestigen, was du dir nur vorstellen kannst: Schultaschen, Döner mit Zaziki, Büroklammern oder Reißzwecken und natürlich Wurstbrote, wahlweise mit Margarine oder Butter. Ganz harte Typen hängen auch ihre Haustiere dran. Dein Penis kann praktisch alles stemmen, wenn er nur motiviert genug ist. Zeige ihm also sicherheitshalber vorher irgendein Bild mit einem hübschen Mädchen im Bikini. Etwas problematisch ist allerdings die Art der Befestigung. Bewährt haben sich hier vor allem Maschendrahtzaundraht und Alleskleber.

2) GIBT'S IN GROSS UND KLEIN

Größter und längster Penis der Welt? Deiner ist es schon mal nicht! Den längsten, schönsten und besten hat nämlich ein Pornodarsteller mit dem wohlklingenden Namen Long Dong Silver, dessen Latte, wenn vollständig ausgefahren, lässige 48,3 Zentimeter hat. Zumindest geistert diese lächerliche Legende immer noch durch die Welt, obwohl inzwischen längst klar sein sollte, dass man sich hier einen Gag erlaubt hat. Mal realistisch bitte! Es gibt auf der ganzen Welt keine einzige Hose, die Platz genug bietet für einen halben Meter Schwanz! Eventuell kannst du aber einen anderen Rekord brechen – den mit 2,5 Zentimetern oder weniger. Fällst du in diese Kategorie? Kurz nachgemessen und Freudenschrei? Herzlichen Glückwunsch – du hast einen Mikropenis. Eine absolute Seltenheit, was vielleicht auch damit zu tun hat, dass so ein Mikropenis ohne Lupe wirklich verdammt schwer zu finden ist ...

Aber mal im Ernst: Im Endeffekt musst du dir um die Größe deines besten Stücks keine Gedanken machen – wenn sie irgendwo zwischen 10 und 20 Zentimetern liegt, ist alles in Ordnung. *Jeder* Junge denkt, sein Penis wäre zu klein geraten, was aber eigentlich nie der Fall ist. Wahrscheinlich steht sogar Long Dong morgens vor dem Spiegel und denkt sich, wie erbärmlich der kleine Winzling doch aussieht. Davon abgesehen: Mädchen interessieren sich eigentlich einen feuchten Furz für die Größe deines Penis. Ihnen geht es eher um Zärtlichkeit und nicht um die Frage, ob du mit deinem Teil Weltrekordlänge erreichst.

Um dennoch sicherzugehen, dass dein Dödel im Bereich des Normalen und nicht im Mikrobereich liegt, solltest du unbedingt irgendwann mit deinen Kumpels eine Messaktion durchführen. Vorsicht: Niemals auf dem Pausenhof und schon gar nicht im Winter – Kälte mag *er* nämlich gar nicht. Falls *er* nach allen gängigen Messmethoden doch arg winzig geraten ist, kannst du immer noch nach Brooklyn fahren. In diesem Stadtteil New Yorks findet nämlich alljährlich ein herrlicher Schabernack-Wettbewerb um den kleinsten Penis der Welt statt. Aufgrund gesetzlicher Beschränkungen werden die Schwänze allerdings mit Toilettenpapier umwickelt. Teilnahme deinerseits: Hoffentlich nicht notwendig!

4) GIBT'S AUCH BRÜCHIG

Vorab: Nein – ein Penis kann nicht brechen. Brechen können nur Körperteile mit Knochen, und dein Penis hat keine. Allerdings kann es zu einer Ruptur kommen – was auch nicht viel besser ist. Um einen Selbstversuch zu starten, solltest du dein Gerät erhärten und dann einfach mal mit Volldampf gegen eine Wand laufen oder den Lötkolben wuchtig zur Seite knicken (könnte allerdings Schmerzen verursachen). Führt dann höchstwahrscheinlich zu oben genannter Ruptur – also zu extremen Schwellungen und Blutergüssen, weshalb ein Arztbesuch durchaus sinnvoll wäre. Das Entschuldigungsschreiben deiner Mutter für die Schule könnte sehr interessant aussehen. »Mein Sohn konnte leider nicht am Unterricht teilnehmen, da sein Schwellkörper eingerissen ist und sein Penis aussieht wie ein Schlumpf.«

5) GIBT'S BANANIG

Wenn dein Penis ausgehärtet nach links oder rechts guckt, ist er vielleicht einfach nur neugierig und will sich darüber informieren, was abseits von »vorne« alles so abgeht. Kein Grund zur Sorge jedenfalls: Etwa die Hälfte aller männlichen Penisse ist gekrümmt, und solange er keinen Kreis bildet oder Schmerzen verursacht, ist alles in Ordnung. Auch ob er sich lieber nach Osten oder Westen ausrichtet, ist nicht von Bedeutung. Blöd wird es nur, wenn er im harten Zustand nach Süden zeigt, denn dort ist nun wirklich nichts los. Nur sehr wenige Penisse auf der Welt stehen kerzengerade. Wenn deiner so was kann, prima, wenn nicht, auch egal. Freu dich, dass er überhaupt steht.

6) GIBT'S VOLL NERVIG

Im Penis, egal wie groß oder klein oder dick oder dünn, enden etwa 4.000 Nerven, was wohl auch der Grund dafür ist, dass jede noch so kleine Berührung ihn irgendwie »inspiriert«. Ausnahmsweise ist der Begriff »sensibel« hier einmal nicht mit Schwäche gleichzusetzen. Natürlich sind Mädchen dir trotzdem überlegen: In der Klitoris finden sich gleich 8.000 Nervenenden, was so ziemlich genau das Doppelte oder Dreifache ist. Es soll Mädchen geben, die die Meinung vertreten, dass der unsensibelste Teil eines Penis der Junge ist.

7) GIBT'S OHNE ATMUNG

Auch wenn der Penis alles in allem betrachtet ein Säugetier ist, benötigt er weder Luft noch Sauerstoff zum Atmen, was durchaus damit zusammenhängt, dass er gar nicht atmen *kann* (oder das Atmen schlicht und einfach verweigert). Du denkst natürlich zu Recht: Es ist ein Tier, es bewegt sich, es kann nach Fisch riechen – also hat es auch Atmungsorgane, oder wenigstens Kiemen. Nichts davon ist zutreffend. Dennoch sehnt sich ein Penis hin und wieder nach etwas Frischluft, weshalb du ihn auch nicht andauernd einsperren solltest, schon gar nicht in Unterhosen, deren Mindesthaltbarkeitsdatum, erkennbar an den braunen Spuren, längst abgelaufen ist.

8) GIBT'S AUCH HIRNIG

Da dein Gehirn ganz eindeutig mit deinem Penis verbunden ist, ist zweifelsfrei bewiesen, dass der Penis viel mehr ist als nur ein Anhängsel zum Pissen. Ganz im Gegenteil steuert der Penis sowohl dein Erinnerungsvermögen (»Dieses Mädchen kenn ich doch ...) als auch dein Kreativzentrum (»Was ich alles mit der anstellen könnte ...) Professor P. Immel vom Institut für Schwellkörperologie der Long Dong Silver Universität in Tittenhausen stellt nach langjährigen Forschungen dazu treffend fest: »Der Penis ist cleverer, als man denkt.«

Andere Forschungsergebnisse, insbesondere diejenigen von Professor Sch. Wanz, selbe Universität, legen allerdings nahe, dass sich bei einigen Jungs im Pubertätsalter trotz der Tatsache, dass sowohl Hirn als auch Penis auf dauernde Blutversorgung angewiesen sind, der Blutfluss ausschließlich nach »unten« orientiert, was zur Verkümmerung und Austrocknung des eigentlichen Gehirns führt. Ein normaler Junge verfügt offenbar nicht über genügend Blut, um beide »Hirne« ausreichend damit zu versorgen. Dies lässt sich in folgende Kurzformel bringen, die aufgrund der sprachlichen Komplexität allerdings schwer verständlich ist: »Unten steht's und oben stirbt's.«

Um dieses Hirnsterben zu vermeiden, sollten Jungs nicht mehr auf Schulen gehen dürfen, wo auch Mädchen zu finden sind, da Letztere offenbar, gerade im Sommer, einen negativen Einfluss auf die kognitiven Fähigkeiten Ersterer haben. Professor Wanz plädierte daher erst kürzlich in einem öffentlichkeitswirksamen Vortrag dafür, Mädchen komplett von der Welt zu entfernen. Wanz, der selbst übrigens lediglich einen Mikropenis sein Eigen nennen kann, war für weitere Kommentare nicht zu erreichen; seit der Verlautbarung seiner Ideen beim ITGL (Internationales Treffen Globaler Lesben) ist er unauffindbar.

9) GIBT'S MIT AUSFLUSS

Blödes Wort, blöder Inhalt. Ejakulat ist das traditionell nach Fisch riechende weißliche Zeugs, das deinem Penis entströmt, nachdem du stundenlang masturbiert hast. Du bezeichnest es vielleicht eher als Sperma. Und Sperma ist wiederum nichts anderes als die Befruchtungsflüssigkeit männlicher Tiere. Und Menschen. Besteht aus Spermien (wenig überraschend), dann Epithelzellen der Hodenkanälchen und einer stinkenden Sekretflüssigkeit. Wird beim männlichen Organismus (also bei dir), sofern die Hoden bereits mit der Spermienproduktion begonnen haben, durch den Penis ausgestoßen: Bei einem Vulkan würde man von Eruption sprechen – dem Herausschießen mächtiger Lava. Anders als Lava ist der weiße Schleim, der aus deinem Penis kommt, allerdings nicht besonders heiß geraten.

Rein theoretisch kann man das Zeug bis zu einem halben Meter weit schießen; meistens allerdings landet es in nächster Nähe. Falls du dir also am Computer einen Porno ansehen und dabei masturbieren möchtest, solltest du dir im Vorfeld Reinigungstücher für den Bildschirm bereitlegen. Findest du auch in gut sortierten Erotikläden. Im Falle einer sexuellen Handlung empfiehlt es sich übrigens, das Ejakulat von einem Kondom auffangen zu lassen – auch deshalb, weil Mädchen das Zeug einfach nicht mögen.

Ob man Ejakulat auch als Kaffeeweißer-Ersatz verwenden kann, ist umstritten – dass es sich allerdings um eine sehr vitaminhaltige Substanz handelt, ist zweifelsfrei bewiesen; die Lebensmittelindustrie prüft momentan, ob und wie sich mit der Flüssigkeit etwas anfangen lässt, und als Hauptzutat für Gesichtscremes ist Ejakulat bereits jetzt nicht mehr wegzudenken.

10) GIBT'S MIT EXTRAS

Diese Zusatzausstattung wird manchmal auch schlicht Klöten genannt, oder, als zusammengesetztes Fachwort, Hodenklöten. Bei Hoden handelt es sich um Zwillinge von identischer Größe in Pflaumenform; nur in Ausnahmefällen ist die eine Klöte etwas größer oder kleiner als die andere. Hoden sind, seien wir realistisch, ziemlich hässlich geraten und haben keine besondere Funktion außer der Penisstabilisierung. Außerdem horten sie Spermien, was sicherlich auch für irgendwas gut ist. Mit Hoden kann man trotz ihrer miserablen Optik durchaus Spaß haben. Wenn du zum Beispiel beim Sport einen Ball dort hineinbekommst, lachen sie so sehr, dass du auf den Boden fällst, Tränen weinst und eine Stimme wie ein Huhn auf Drogen bekommst. Gerade was Schlägereien betrifft, sind viele Jungs der Meinung, dass – aus Respekt vor dem Gegner – ein gepflegter Tritt in die Hoden/Klöten/Eier/Kronjuwelen etc. einfach dazugehört! Meist, wenn gut gezielt, erledigt ein solcher Tritt den Gegner und damit auch die Schlägerei. Von zukünftigen Nachfahren des Gegners ganz zu schweigen.

Anders als zuweilen behauptet, sind Hoden *nicht* das männliche Äquivalent für weibliche Brüste, was man leicht nachprüfen kann, indem man Hoden und Brüste einmal nebeneinanderlegt. Hässlich und haarig auf der einen Seite und … Hoden auf der anderen Seite

11) GIBT'S BEHAART

Genau wie an jedem anderen Ort deines Körper, der mit Haaren bewachsen ist, kannst du dich auch »unten« rasieren. Natürlich nicht deinen Penis selbst; das dürfte nicht nur relativ schwierig sein, sondern auch unsinnig. Schließlich bist du kein Werwolf, und *er* verwandelt sich eher selten in eine Felllandschaft. Intimhaare allerdings können weg – sie sind ekelig kraus und insgesamt zu nichts nutze; außerdem verliert man leicht etwas darin, zum Beispiel Kugelschreiber, Zahnbürsten oder Kontaktlinsen. Männer mit extremer Dschungelgegend berichten übereinstimmend, dass sie manchmal nachts aufwachen und Stimmen aus ihrer Unterhose hören. Hierbei handelt es sich um die in den Haaren lebenden Schwanzflöhe, welche zusammen mit den Sackratten, einer Unterart der Klötenschaben, eine neue Welt aufzubauen versuchen. In solchen Fällen ist von einer Rasur abzuraten, da diese die Zerstörung eines geschützten Lebensraumes mit sich brächte.

Ob du die Haare im Genitalbereich behalten willst oder nicht, ist, davon abgesehen, absolute Geschmackssache. Gerade wenn du viel Schwimmsport betreibst, mag eine Rasur sinnvoll sein, um den Wasserwiderstand zu verringern. Die Frage der Rasur stellt sich natürlich auch bei Mädchen, welche sich untenrum weitaus häufiger die Haare entfernen als Jungs. Falls du eine Freundin hast, könnt ihr gemeinsam überlegen, ob ihr einen Partnerlook wollt oder ob jeder selbst entscheiden soll, wie und ob er seine südliche Haarpracht trägt. Je nach genetischer Veranlagung können diese Haare sich übrigens bis auf den Arsch ausdehnen, was insgesamt nicht besonders lecker aussieht.

Als Menschen noch Affen waren, dienten Schamhaare dazu, Duftdrüsensäften beim Verdunsten zu helfen. Inzwischen sind wir zwar keine Affen mehr, Schamhaare haben wir aber noch immer. Sie sind in jeder Hinsicht ohne Funktion; deshalb darfst du sie auch abrasieren. Selbstverständlich kannst dir aber auch eine modische Untenfrisur zulegen. Frage einfach deinen Friseur, was sich da machen lässt. Strähnchen beispielsweise sind sicherlich eine ansprechende Alternative zum Einheitslook.

12) GIBT'S MIT PERSÖNLICHKEIT

Wahrscheinlich hast du bereits eine Anrede für deinen Penis – falls nicht, solltest du sofort nach einem geeigneten Namen oder Begriff Ausschau halten. Immerhin handelt es sich um ein Lebewesen, welches dir sehr nahe steht (Wortspiel!) und mit dem du vielleicht in einsamen Nächten auch mal ein anspruchsvolles Gespräch führen willst. Einige Jungs geben ihrem Geschlechtsteil daher bewusst keine weiblichen Namen, denn mit Mädchen führen hochwertige Gespräche bekanntlich nur ins Leere. Falls du generell von Namen Abstand nehmen möchtest, versuche dich wenigstens an einem Kosewort, um deine Zuneigung auch sprachlich zu unterstreichen.

Es bieten sich an: Aal, Anakonda, Arschkitzler, Arschwurzel, Ballerbüchse, Bauchwärmer, Begeisterungsknüppel, Blitzableiter, Blockflöte, Bohrhammer, Büchsenöffner, Ding (auch wenn das etwas arg unpersönlich und entwürdigend ist), Dödel, Dolch, Dödeldolch, Dolchdödeldolch, Einspritzmotor, Fickmonster, Flutschfinger, Fotzhobel, Genusswurzel, Gnadenhammer, Gigantor, Hampelmann, Herkuleskeule, Knecht, Knuddelschlingel, Knüppel, Lanze, Liebesfackel, Lillifee-Muffin, Lötkolben, Lolli, Lustbesteck, Onaniergurke, Pillermännchen, Pissstück, Rammbock, Rüssel, Salzstange, Schleckmaschine, Steuerknüppel, Torpedo, Wichswinzling, Zahnstocher, Zauberstab.

Da dein Penis, wie schon gesagt, ein sehr sensibles Gerät ist, ist es wichtig, mit ihm auf Augenhöhe zu kommunizieren!

13) GIBT'S URINIEREND

Falls aus deinem Penis mal kein weiß schimmerndes und nach Kabeljau riechendes Zeugs herauskommt, sondern eher eine gelbliche Flüssigkeit, dann handelt es sich um Pisse, in Fachkreisen auch Urin oder Harn genannt. Viele ungebildete Leute (Lehrer, Eltern, Trottel) glauben fälschlicherweise, dass es sich bei Pisse/Urin/Harn um ein Abfallprodukt deines Körpers handelt. Es sollte inzwischen aber allgemein bekannt sein, dass diese Annahme kompletter Schwachsinn ist. Pisse, um in der Umgangssprache zu bleiben, kann zum Beispiel in Verbindung mit einem Zauberspruch, einer magischen Laterne und einem magischen Zylinder als Heilmittel gegen Krebs verwendet werden. Leider hat noch niemand den entsprechenden Zauberspruch gefunden.

Wirklich sinnvoll ist Urin als Gegenmittel bei Akne. Es ist zwar etwas schwierig und braucht ein wenig Übung, aber wenn man es irgendwie schafft, sich ins Gesicht zu pinkeln, und zwar mehrfach täglich, dann hilft diese häufig schändlich als »Abfallprodukt« beschimpfte Flüssigkeit, Pickel und Mitesser nicht nur zu beseitigen, sondern auch ihrer Neubildung vorzubeugen. Kluge Geschäftsleute haben inzwischen Urin, angereichert mit weiteren natürlichen Farb- und Duftstoffen, in kleine Flaschen verpackt und nennen es »Pickelclear Plus«. Vom Kauf eines solchen Schabernacks soll allerdings hier abgeraten werden: Es gibt keinen vernünftigen Grund, sich die Pisse anderer Leute in die Frontalseite zu klatschen, wenn man auch sein eigenes Körperwasser nehmen kann. Preisgünstiger, bekömmlicher, gesünder! Auch Pflanzen kannst du übrigens mit Eigenurin bewässern. Sie leben dadurch zwar nicht unbedingt länger, dafür aber intensiver.

Urin kann, je nachdem, was für Nahrung du in dich hineingestopft hast, unterschiedlich riechen, zuweilen sogar richtig stinken. Wissenschaftler sind sich einig, dass B-Urin (also Urin nach dem Futtern von mindestens zwei Kilo Bohnen), aufgrund des wohltuend-abstoßenden Geruchs besonders geeignet zur Mitesserbekämpfung ist, allerdings nur, wenn er direkt aus dem Behälter kommt, also aus dem Penis. Zwischenlagerungen, zum Beispiel in einer Flasche, wirken sich negativ auf die Frische des Produkts aus.

Trinken kannst du deinen Urin natürlich auch; nach dem Sport hast du vielleicht gerade nichts anderes dabei, da kommt die eigene Plörre natürlich praktisch, auch wenn der warme Geschmack zu Beginn vielleicht noch etwas ungewohnt ist.

Tipp für heiße Sommertage: Einfach in einen Eiswürfelbehälter pinkeln, ab damit in den Gefrierschrank und fertig ist die perfekte Erfrischung – auch für Freunde!

Tipp für kalte Wintertage: Schmeckt super auch als Glühwein! Einfach kurz in die Mikrowelle und einem entspannten Abend über der Kloschüssel steht nichts mehr im Wege.

14) GIBT'S IN HÄNGEND

Du siehst ein irre hübsches Mädchen in einem verflucht kurzen Rock direkt vor dir die Treppe hochgehen. Dein Penis bewegt sich und versucht, sich aufzurichten, und hättest du keine Hose an, würde er Eisberggröße einnehmen. Alles also ganz normal. Was aber, wenn genau das eben nicht passiert? Er sich nicht aufrichtet? Er keine Eisberggröße annimmt? Normalität in Panik umschlägt? Ist er krank? Kaputt? Womöglich abgefallen?

Unwahrscheinlich – du hast lediglich einen Hänger. Selbiges kann auch passieren, wenn du versuchst, mit jemandem Sex zu haben. *Er* scheint in diesen Momenten nicht vorzuhaben, seine Pflichten zu erledigen, und hängt schlaff und leblos zwischen deinen Beinen. Hänger – ein unfreundliches Wort. Offenbar ist dein Penis depressiv, worauf er durchaus ein Recht hat. Er arbeitet tagtäglich, geht ohne Ende pinkeln und wird von dir ohne Ende durch die Gegend gerubbelt. Und wann bitte hast du dich das letzte Mal dafür bedankt? Glaubst du, ein Penis hat kein Gefühlsleben? Es ist also sehr gut nachvollziehbar, wenn er einfach mal keine Lust hat und sich den ganzen Tag nur verstecken möchte.

Es kann jedoch auch vorkommen, dass *er* durchaus gerne möchte, *du* aber offenbar nicht. Dein Hirn sendet widersprüchliche Signale nach unten, die *er* in seiner kindlichen Unbekümmertheit noch nicht durchblicken kann. Häufig liegt dies an deiner eigenen Nervosität. Du willst unbedingt, dass er wie ein Drachen in die Luft steigt, und setzt dich und ihn damit total unter Erfolgsdruck. Bleib mal locker, zähle Schafe und entspann dich – dann geht es normalerweise automatisch wieder aufwärts und der Hänger ist behoben.

15) GIBT'S ALS FRUCHT

Die Eiche ist zuerst einmal ein Baum und selbstverständlich der Familie der Buchengewächse angehörig. Die Frucht besagten Buchengewächses ist die Eichel, man kann sie total gut auf andere Leute werfen. Was dies nun mit deinem Penis zu tun hat? Nichts. Aber etwas zusätzliches Wissen ist schließlich nie verkehrt. Dein Penis hat natürlich weder eine Eiche noch Eicheln – sondern nur den Singular davon: eine Eichel eben. Anders als Eicheneicheln kann man eine Peniseichel weder werfen noch essen noch kochen noch braten. Bei der Peniseichel handelt es sich um »das Teil oben drauf«, also die Verdickung am oberen Schwanzende, die irgendwie aussieht, als hätte sie einen Mund. Besonders schön ist sie nun wirklich nicht geraten, aber dafür musst du entweder die Biologie oder Gott verantwortlich machen.

Die Eichel gehört bei Jungs zu den erogensten Zonen überhaupt; was die Eichel auch berührt, es kann dich verdammt scharf machen, denn selbst die kleinsten Reize werden über die Epithel (Haut der Eichel) wahrgenommen und können zu stehenden Ovationen führen. In einigen Kulturen, zum Beispiel der jüdischen, ist es üblich, die Vorhaut durch Beschneidung zu entfernen, was auf Dauer aber die oben genannten Gefühlsregungen verringert. Wäre auf jeden Fall eine spannende Mutprobe, die sich jederzeit auch zu Hause mit einem rostigen Klappmesser durchführen ließe.

16) GIBT'S IN EASYGOING

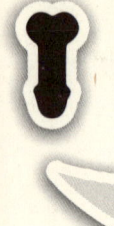

Der Penis nimmt generell keine Nahrung zu sich, weder in flüssiger noch in fester Form. Er ist sehr pflegeleicht und möchte lediglich hin und wieder gepflegt gerubbelt werden. Viele Penisbesitzer meinen es besonders gut und tauchen ihr Gerät zuweilen in ein Bier- oder Schnapsglas, gerne auch in eine Majotube. Es darf vermutet werden, dass dies den Penis eher abschreckt als erfreut. Unter Umständen wird er zukünftig nicht mehr bereit sein, aufzustehen. Alles, was der Penis wirklich braucht, ist Liebe und Zuneigung, und davon jede Menge, und vielleicht in späteren Jahren den Kontakt mit einem weiblichen Pedant.

17) GIBT'S MIT METALL

Auch wenn dein Penis bereits eine beachtliche optische Schönheit aufweist, ist es durchaus erlaubt, weitere Verbesserungsmaßnahmen durchzuführen. Was Mädchen mit ihrer Vagina anstellen können, kannst du mit Penis und Hodensack schon lange! Hierzu solltest du dich aber vorher im Tattoostudio deines Vertrauens genauestens erkundigen. Auch solltest du dich auf Schmerzen gefasst machen, denn dein bestes Stück ist gegenüber Nadeln und Lasern ziemlich empfindlich. Es gibt verschiedene Piercing-Möglichkeiten, zum Beispiel den Ampallang – hier geht's horizontal direkt durch die Eichel! Falls dir dein Hodensack zu leer vorkommt, kannst du dir einen Hafada stechen lassen. Sieht scheiße aus und ist auch scheiße.

Wenn du dir erst mal Bilder von Ampallang- oder Hafada-Geschädigten angesehen hast, wirst du vielleicht feststellen, dass du ein Intimpiercing doch nicht so superunbedingt möchtest. Erstaunlicherweise haben Männer weitaus häufiger Genitalpiercings als Frauen – diesem Gruppenzwang musst du dich aber nicht unterwerfen. Deine Genitalien sehen auch in ihrer ursprünglichen Form hässlich genug aus.

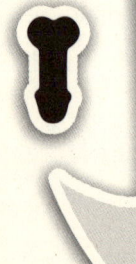

Wenn du trotzdem auf extreme Action und medizinische Verstümmelung stehst: Auch die Spaltung des Penis ist möglich! Was aber nicht heißt, dass du dann die doppelte Penisanzahl besitzt ...

18) GIBT'S ALS PIZZAGESICHT

Keine Pickel im Gesicht? Glückwunsch! Wenn du aber Pech hast, haben die Jungs sich lediglich eine andere Stelle deines Körpers ausgesucht, und wenn du ganz viel Pech hast, ausgerechnet deinen Penis. Natürlich hat das seinen Grund: Da Pickel normalerweise ausgequetscht werden und selbiges »unten« relativ schmerzhaft ist, können sie sich dort ziemlich sicher fühlen.

Findest du kleine Verdickungen an der Unterseite des Penis, dann handelt es sich dabei wohl um Atherome, verlagerte Talgdrüsen, die kein großes Problem darstellen und auch nicht gequetscht werden müssen. Ärgerlicher sind da schon Hautzysten, die man auch gerne mal am Hodensack findet – sie sind entweder erbsen-, pflaumen- oder melonengroß und mit Flüssigkeit gefüllt. Wahrscheinlich Fanta. Kannst du, wenn du Spaß dran hast, ausdrücken. Meist erledigt sich die Sache aber früher oder später von selbst, da im Inneren dieses »Pickels« immer mehr Druck entsteht, der irgendwann das ganze Gebilde zum Platzen bringt. Macht einen fürchterlichen Krach irgendwo zwischen Donner und Furz. Alles halb so wild. Wilder sind da schon Knötchen auf deinem Penis, die irgendwie ekelig bräunlich aussehen und stecknadelkopfgroß sind. In diesem Fall: Ab zum Arzt, und am besten nicht zu dem Typen, der sich um deine Zähne kümmert.

19) GIBT'S NUR MÄNNLICH

Penisneid hat nichts damit zu tun, dass du irgendwann beim gemeinsamen Duschen nach dem Sportunterricht einen Blick nach links und rechts riskierst und leider feststellen musst, dass a) andere Jungs auch schöne Penisse haben und b) einige sogar größere Penisse haben. Der Begriff »Penisneid« beschreibt etwas völlig anderes. Basierend auf einem Sexualpsychoanalytikeronkel namens Sigmund Freud haben Mädchen nämlich unbewusst ein enormes Verlangen, auch einen Penis zu haben – Penisneid eben! Wenn das stimmt, dann hat Onkel Freud wissenschaftlich untermauert, dass die Frau minderwertig ist. Wäre sie vollwertig, würde sie dich schließlich nicht um dein Genital beneiden müssen. Ganz schön erbärmlich. Du hegst doch schließlich auch nicht den Wunsch, Brüste oder eine Vagina zu haben. Oder???

20) GIBT'S IN SCHRUMPFEND

Nein, der Penis kann nicht rauchen und will auch nicht rauchen. Allerdings könnte er vor Wut rauchen, wenn *du* rauchst, da das Rauchen sich negativ auf die Blutgefäße auswirkt und dort Kalkablagerungen hinterlässt. An sich nicht schlimm, aber leider reduziert sich dadurch die Dehnfähigkeit des Dödels. Im Klartext: Dein Schwanz wird bis zu einem Zentimeter kleiner, wenn du den Zigaretten mehr Liebe schenkst als deinem Schniedelwutz. Leider kann sich der Penis nicht wehren und ist auf deine Mitarbeit angewiesen.

Also: Rauchen tötet nicht nur, womit man ja durchaus leben kann, sondern führt auch zu deutlichen optischen Einschränkungen. Bei sehr hohem Zigarettenkonsum, so belegen Studien aus Zentralweißrusslandaustralien, weigern sich einige sehr beleidigte Penisse sogar, ihren Pflichten nachzukommen, und verkriechen sich im Hodensack, anstelle ordnungsgemäß zu funktionieren. Hier ist viel gutes Zureden erforderlich! Und selbstverständlich ein sofortiges Einstellen der Rauchaktivitäten. Dann raucht es auch im Schwanz bald wieder!

21) GIBT'S IN HOLDER VIELFALT

Natürlich gibt es viele verschiedene Penissorten: zwei nämlich. An dieser Stelle ist nicht zwischen groß und klein, dick und dünn, dumm und dümmer zu unterscheiden, sondern zwischen Blut und Fleisch. Vielleicht kennst du das: Schon im schlaffen Zustand hast du da unten eine ziemliche Wumme und freust dich tierisch, wenn du ihn auch nur ansiehst. Wenn du dann aber erregt bist, wird er nicht größer, sondern behält so ziemlich seine »Schlaffgröße« bei. Ärgerlich, aber nicht zu ändern. In diesem Fall verfügst du über einen Fleischpenis.

Mit einem Blutpenis bist du normalerweise besser dran: Er ist zwar in schlaffer Form ein ziemlicher Winzwurm, kann aber, wenn du Gas gibst, ebenfalls Gas geben und ziemlich zulegen. Immer schön nach dem Motto »Stille Wasser sind tief«. Theoretisch kann sich die Größe verdoppeln, was damit zu tun hat, dass mehr Blut durch die Bude blubbert.

Warum es diese Unterscheidung gibt? Hat mit Genetik und Abstammung zu tun: Wenn du aus einer kalten Gegend kommst, war dein Körper so freundlich, im Laufe der Jahrtausende eine Art Schutz aufzubauen. Ein kleiner Penis bietet weniger Angriffsfläche für Kälte als ein großer – und genau deshalb verkriecht er sich und kommt erst raus, wenn's spannend wird oder ein guter Film in der Glotze läuft. Die meisten Jungs haben nicht den Hauch einer Ahnung, dass es so etwas wie Blut- oder Fleischpenisse überhaupt gibt. Dies kann bei Blutpenisbesitzern dazu führen, dass sie ziemlich wenig Bock haben, sich in einer Gemeinschaftsdusche begutachten zu lassen. Voller Neid gucken sie auf den riesigen Schwanz neben sich und schämen sich fast zu Tode, ohne zu wissen, dass dieser auf den ersten Blick riesige Pümpel bei einer Erektion unter Umständen nicht mal ansatzweise die Größe von ihrem eigenen Teil annehmen kann.

Etwa 80 Prozent aller Jungs haben einen Blutpenis. Der Prozentsatz von Fleischpenisbesitzern hingegen ist unbekannt und ließe sich höchstens mit extrem leistungsfähigen Supercomputern berechnen.

22) GIBT'S NUR IN SPRACHLOS

Nicht wenige Penisträger berichten von sehr intimen Gesprächen mit ihrem Dödelmeister, von hochinteressanten Diskussionen über Politik, Sport oder das Wetter. Leider sind diese »Penis-Talker«, wie sie in psychologischen Fachkreisen genannt werden, mental gestört. Selbst mit modernsten Messinstrumenten ist bislang nicht feststellbar gewesen, dass Genitalien tatsächlich über die Fähigkeit verbaler Kommunikation verfügen. Zwar können sie keuchen, stöhnen, grunzen, in die Gegend gucken und einfache Lieder singen – ernsthaftes Sprechen ist ihnen aber offenbar nicht möglich. Der sprechende Penis, der in frühzeitlichen Urkulturen noch den Ton angab, scheint also wirklich und wahrhaftig ausgestorben zu sein. Eine höchst bedauerliche Entwicklung!

23) GIBT'S MIT LIMITS

Es ist nicht erlaubt, seinen Penis in der Öffentlichkeit zu zeigen. Du darfst also nicht einfach nackt durch die Fußgängerzone laufen, egal, wie schön dein Penis auch sein mag. Viele neidische Menschen stören sich daran und rufen direkt die Polizei. Ein Mann aus England soll mal einer Polizistin mit seinem Penis ins Gesicht geschlagen haben – natürlich war der Mann im Recht, was die Dame allerdings anders sah. Also: Laut Gesetz darfst du deinen Penis nicht als visuelles Lustobjekt zur Verfügung stellen. Aber hast du wirklich noch nie etwas getan, was theoretisch verboten war? Eben! Regeln sind dazu da, um gebrochen zu werden, und wenn dir der Sinn danach steht, mit heraushängendem Pillermann in die Disco zu gehen, dann solltest du dich von schnöden gesetzlichen Vorgaben nicht abhalten lassen. Du könntest eventuell sogar ein Vorbild für andere Jungs werden, die sich Ähnliches schon immer vorgestellt, aber nie getraut haben.

24) GIBT'S MIT SCHNIPPSCHNAPP

Bei dem/der/die/das/den Göng handelt es sich nicht um eine Sammelbezeichnung für Penisse oder gar um eine belgische Bohnensuppe mit Bergziegeninnereien und Schafsmagen, sondern um eine besonders perverse Form der Bestrafung aus dem alten China. Wer damals ein Verbrechen begangen (Mord, Bestechung, Sex mit einer Prinzessin, die Wand des kaiserlichen Palastes bepinkeln) oder einfach andere Meinungen hatte als die herrschende Klasse, dem wurden, wenn er das Glück hatte, der Todesstrafe zu entkommen, schnippschnapp, einfach die Geschlechtsteile abgeschnitten. Für leichte Vergehen lediglich der Penis, für schwere Straftaten auch schon mal Pimmel *und* Sack. An guten Tagen benutzten die kaiserlichen Penisabschneider hierfür scharfe Messer, an schlechten Tagen rostige Nagelfeilen.

Falls du selbst Stress mit einem anderen Typen hast und ihn nicht nur verprügelst, sondern ihm, natürlich versehentlich, den Schwanz abschneidest, vielleicht mit einer solchen Nagelfeile, so tritt – du lebst doch im hypertoleranten Iran, richtig? – das Talionsprinzip in Kraft: Egal, wie viel du ihm abgeschnitten hast, er darf vom Gericht verlangen, dass dir genauso viel abgeschnitten wird. Eigentlich eine faire Veranstaltung, die man trotzdem nicht unbedingt erleben muss. Einige Opfer berichten allerdings von einer enormen sexuellen Erregung, die sie befiel, als sie ihren Penis nach dem Geschnipsel auf einmal in der Hand halten durften. Sie bedauerten allerdings, dass er sich aus unerfindlichen Gründen nicht mehr aufrichtete.

25) GIBT'S BEI WALEN

Insbesondere der Blauwal, nebenbei gesagt das größte Säugetier überhaupt, sollte ab sofort dein Vorbild sein. Behänge dein Zimmer ab sofort nur noch mit Postern von Blauwalen. Warum? Dreieinhalb!!! Und zwar Meter! Ein Blauwalpimmel kann in der Tat bis zu dreieinhalb Meter lang werden. Wer bei solchen Dimensionen nicht neidisch wird, ist kein Mensch. Stell dir mal vor: Würde deiner dreieinhalb Meter lang, könntest du ihn mehrfach um dich herumwickeln, ihn als Hundeleine verwenden oder dem Wort »Seilspringen« eine völlig neue Qualität verleihen! Blauwale sind und bleiben das Maß aller Dinge!

8. KAPITEL

25

Dinge,

DIE DU
IRGENDWANN MAL

GETAN HABEN
SOLLTEST

1) BEI EINER KLASSENARBEIT SO RICHTIG GEPFLEGT BESCHEISSEN

Natürlich nicht dich selbst, höchstens deinen Lehrer. Ist Betrügen aber nicht unmoralisch? Falsch? Ethisch problematisch? Klar ist es das. Kann man, wenn man betrügt, noch stolz auf das Ergebnis sein? Nein, kann man nicht. Trotzdem muss man es machen – nicht, weil es sowieso jeder einmal tut (ja – auch deine Lehrer haben es getan, jeder einzelne von ihnen!), sondern weil Schule ein erdrückendes System von Leid und Terror ist und du dieses knechtende System wenigstens einmal in deinem Leben ausgetrickst haben solltest. Danach kannst du dann wieder zu deinem Ich-mach's-auf-ehrlich-Stil zurückkehren und schlechte Noten einfahren.

2) DEINE LUNGE MIT EINEM NIKOTINCOCKTAIL ERFREUEN

Früher oder später wirst du es ohnehin probieren. Meistens, weil Leute um dich herum ebenfalls rauchen. Purer Gruppenzwang. Oder um jemanden zu beeindrucken. Oder weil du glaubst, dass Rauchen männlich und cool und aufregend ist. Ist es aber nicht. Deine ersten Züge werden fürchterlich sein, du wirst husten wie ein Erdmännchen mit Schluckauf und dich am liebsten übergeben wollen. Dein Körper gibt dir klar zu verstehen, dass er nicht sonderlich auf Kippen abfährt. Rauchen führt neben vielen anderen Krankheiten auch zu Hodenkrebs – und wenn du dir deine wunderbaren Glocken genau ansiehst, kannst du doch nicht ernsthaft wollen, dass die Teile irgendwann schwarz werden, zu modern beginnen und am Ende abfallen, oder? Eben! Also: Ausprobieren ist in Ordnung. Du musst Dinge ausprobieren, um sie zu verstehen. Was du dann aber daraus machst, hängt arg damit zusammen, wie toll oder weniger toll dein Gehirn funktioniert.

3) EIN MÄDCHEN KÜSSEN

Vorzugsweise aber bitte nicht deine Schwester, Cousine, Tante, Uroma oder Katze, auch wenn diese durchaus als Mädchen qualifiziert wären. Nein – ein richtiges Mädel, aus deiner Altersklasse. (Für Langsam-Checker: Mädchen sind die Teile aus deiner Klasse mit den meist längeren Haaren, engeren Hosen, manchmal auch Röcken und komischen Bällen unter dem Hals, welche du an dir selbst vergebens suchen dürftest.) Du solltest es deshalb tun, weil der erste Kuss der Hammer ist und du ihn niemals vergessen wirst. Gerade deshalb solltest du dir nicht irgendeine x-beliebige Schnalle dafür aussuchen, sondern am besten jemanden, der dir etwas bedeutet. Du musst sie ja nicht gleich heiraten oder mit ihr Drillinge zeugen. Einfach nur küssen, mit Zunge, und dabei ihr Gesicht in deinen Händen halten und ihren Atem spüren – dieser Moment ist absolute Ewigkeit.

4) EINEN JUNGEN KÜSSEN

Klingt vielleicht bescheuert – solltest du aber trotzdem mal ausprobieren. Nicht unbedingt, um sicherzugehen, dass du nicht homosexuell bist (oder halt doch), sondern einfach nur des reinen Ausprobierens wegen. Tatsache ist, dass Mädchen sich auch gegenseitig küssen, sogar mit Zunge. Gerade Mädchen zu Beginn der Pubertät probieren absolut alles aus, und das Knutschen mit der BFF ist total wichtig, weil sich das Mädchen schließlich nicht blamieren will, wenn doch mal ein Junge vorbeikommt.

Was Mädchen können, kannst du auch. Und zwar besser! Damit du nicht mit dämlichen Schimpfwörtern bedacht wirst, empfiehlt es sich, deinen Kumpels so einen Vorschlag nur dann zu machen, wenn ihr alle in Alkoholstimmung seid. Am besten kombinierst du das Ganze noch mit einem Würfelspiel, getreu dem Motto »Traust dich ja doch nicht«.

Übrigens auch die ideale Freizeitbeschäftigung, um deine Eltern zu schocken! Selbst wenn sie in Bezug auf Sexualität total offen sind, werden sie wahrscheinlich trotzdem erst mal ausflippen. Allein dieses Bild lohnt die Mühe!

5) DICH MIT PROMILLEFLÜSSIGKEITEN BEKANNT MACHEN

Alkohol kann man nicht aus dem Weg gehen. Die Flüssigkeit mit den Prozenten, welche in ganz verschiedenen Variationen vor allem im Tierreich Verwendung findet, beispielsweise als Hauptnahrungsmittel der Schnapsdrossel, ist bereits in der Fernsehwerbung ein gern gesehener Gast, und auf Partys sowieso. Alkohol führt zu Rückwärtsfrühstücken und dem Gefühl von Vorschlaghammerfabriken im Kopf; davon abgesehen ist er aber ideal, um a) Probleme loszuwerden und b) neue Probleme zu bekommen, zum Beispiel mit deinen Eltern. Zumindest in der Theorie. Wenn du Alkohol trinkst, heißt das ja noch lange nicht, dass du dich ins Koma saufen sollst – vielmehr geht es darum, Grenzen kennenzulernen. Moralischer Hinweis: Wenn Alkohol, dann nie alleine, und ganz bestimmt nicht beim ersten Mal eine Flasche Wodka. Beim zweiten, dritten oder hundertsten Mal allerdings auch nicht. Lieber mal ein leckeres Gläschen frisch gepresster Eierlikör …

6) DIE GLOCKEN HELL ERKLINGEN LASSEN

Wir gehen an dieser Stelle einfach davon aus, dass du den Begriff schon mal gehört hast. Falls nicht: Frag doch einfach mal deine Eltern, die freuen sich eine Latte in den Zaun, wenn sie es dir erklären dürfen. Wichtig ist, dass du dich von Vorurteilen löst: Nein, vom Masturbieren wirst du nicht blind. Nein, dein Penis wird nicht abfallen. Meistens jedenfalls nicht. Und nein, du solltest es wirklich nicht in der Öffentlichkeit tun, schon gar nicht in Kirchen, Museen, Restaurants oder bei Konfirmationsfeiern. In Ermangelung eines Mädchens ist das Wichsen allerdings eine willkommene Ablenkung von Schulstress, Elterngenerve und sonstigen Ärgernissen, mit denen du dich tagtäglich abplagen musst. So gesehen ist Masturbieren wie ein Anti-Stress-Ball, den du in stressigen Momenten mit den Händen zerquetschst. Anstatt des Balles nimmst du aber einen eigenen Körperteil, und anstelle selbigen zu zerquetschen ... na ja, dir wird schon etwas einfallen. Rein theoretisch ist es möglich, mehrmals täglich Hand anzulegen. Oder mehrmals stündlich, je nachdem, wie deine Stimmung ist. Falls du nicht in Stimmung kommst – kein Problem: Hierfür gibt's Pornos!

7) EIN MUSIKINSTRUMENT LERNEN (ALLES AUSSER BLOCKFLÖTE ODER TRIANGEL)

Mal abgesehen davon, dass »Ich spiele Gitarre« bei Mädels super ankommt, zeugt ein wenig musikalisches Können von Intelligenz und Stil. Entscheide dich zwischen Gitarre, Geige, Bass, Saxofon, Klavier oder Keyboard und versuche, wenigstens einige Standardsongs zu lernen. Generell ist Gitarre ziemlich praktisch und kann auch auf Partys Verwendung finden. Instrumente kosten normalerweise Geld, das Gleiche gilt für Unterricht. Aber auch wenn deine Eltern mit der Kohle Probleme haben, gibt es Möglichkeiten. Ausnahmsweise ist es völlig okay, deinen Musiklehrer zu fragen, was sich machen lässt. Wenn du als Jugendlicher ein Instrument lernst und die Sache durchziehst, wirst du es nicht bereuen, egal, wie sehr dich die ganze Proberei auch hin und wieder ankotzen wird. Um genau zu sein: Sie wird dich mit Sicherheit ankotzen, und es wird Momente geben, wo du dein Gerät am liebsten gegen die Wand klatschen würdest. Aber im Endeffekt wird sich eine Beziehung entwickeln. Zwischen dir und dem Instrument, zwischen dir und der Musik. Fast dasselbe wie mit einem Mädchen ... nur irgendwie nicht ganz so scharf.

8) EINEN TANZKURS ÜBERLEBEN

Schon klar – total alberne Sache, voll tuntig und so. Mach es trotzdem. Erstens, weil du als Erwachsener wahrscheinlich nicht mehr dazu kommst, und zweitens, weil es eine tolle Chance ist, Mädchen näherzukommen. Mädchen mögen nämlich Jungs, die tanzen können, und ja, wir sprechen hier nicht von irgendwelchem Ghetto-Hip-Hop, sondern von ganz altmodischem Paartanz, der nämlich gar nicht so altmodisch ist, wie es das Wort vermuten lässt. Einen langsamen Walzer tanzen können ist eine Selbstverständlichkeit. Und beim Disco-Fox richtig abgehen und die Mädchen drehen, bis sie sich übergeben müssen, macht mal richtig Laune! Willst du auf Partys wirklich immer der Typ sein, der am Tisch sitzen bleibt, während die anderen aufstehen und Spaß haben? Klar kannst du dich auch im Sitzen vergnügen, kein Thema, aber dann wirst du dieses absolut geile Gefühl, zu lauter Musik schwitzend über eine Tanzfläche zu jagen, nie erleben, was wirklich traurig wäre. Sei ein Mann und quatsch deine Eltern voll, dass sie dir Tanzstunden bezahlen sollen. (Wahrscheinlich werden sie erst mal komplett verdattert sein und fragen, ob du irgendwelche Drogen genommen hast. Dann aber sollte ihre Stimmung in happy umschlagen.)

Und wer weiß, vielleicht findest du bei so einem auf den ersten Blick abgrundtief anödenden Kurs sogar jemanden, mit dem du nie gerechnet hättest ... (Ja, die Rede ist von einem heißen Girl.)

9) BEI EINEM HAMBURGER-WETTFRESSEN MITMACHEN

Der Weltrekordhalter im Hamburger-Wettessen heißt Joey Chestnut – er verputzte 2007 sagenhafte 103 Burger, und zwar in lockeren acht (!) Minuten. Muss man ihm erst mal nachmachen. Mal abgesehen davon, dass Joey Chestnut für seine Leistung 10.000 Dollar mit nach Hause nehmen durfte, wird er ganz offiziell von jedem Menschen auf der Straße als Gott verehrt. Somit wäre dein Lebensziel also gesteckt: nämlich 104 Burger – und zwar in sieben Minuten. So schwer kann das ja wohl nicht sein. Sesambrötchen, Fleisch, Gurke, etwas Ketchup – mit Hamburgern oder Cheeseburgern oder sonstigen Variationen hat ein richtiger Junge niemals Probleme. Was also hindert dich, die Fresserei mal ein bisschen auf die Spitze zu treiben? Eben! Nichts! Männer können so was – dass sich Mädchen allerdings von einem solchen Rekord beeindrucken lassen, darf bezweifelt werden. Andererseits: Es geht verdammt noch mal nicht immer nur um Mädchen, sondern hin und wieder auch um deine eigene Männlichkeit! Viel Spaß wünschen wir – und erwarten ein Beweisfoto, zu senden an die Verlagsadresse unter dem Stichwort »Stupid and motherfucking crazy«.

10) DICH BEI MINUSGRADEN AM SEE RASIEREN

Drauf geschissen, ob du schon Bartwuchs hast oder nicht, rasieren kann man sich immer. Allein schon, weil sich die Haut danach besser anfühlt und tausendmal besser riecht. Wichtig ist, dass du Nassrasur betreibst, alles andere ist für Mädchen. Schnapp dir also Rasierschaum, einen billigen Einwegrasierer (oder das sündhaft teure Teil von Papa mit 200 Klingen – auch am Griff), einen Spiegel und ein Handtuch, und ab geht's. Damit das Ganze richtig Spaß macht, finde einen See oder Fluss oder Tümpel oder eine zugefrorene Pfütze. Wenn noch Eis drauf ist – umso besser, so kannst du deine geballte Maskulinität beweisen und es mit deinem Atem zum Schmelzen bringen.

Wenn du richtig cool bist, lässt du die ganze Veranstaltung natürlich mit nacktem Oberkörper stattfinden und am besten dort, wo die Mädchen-Hockeymannschaft normalerweise trainiert ... so kannst du ganz nebenbei auch noch anderen Menschen imponieren. Danach wird eine Rasur im Badezimmer dir wie ein Urlaub auf dem Ponyhof vorkommen: absolut erbärmlich nämlich! Wichtig zu wissen ist, dass sich wirklich bedeutende Männer immer nur draußen rasiert haben, beziehungsweise es noch immer tun: Jesus (eher selten allerdings), Hitler (tausendmal täglich, bis auf den Schnauzbart) und natürlich Angela Merkel.

11) IN EIN KUNSTMUSEUM GEHEN (FREIWILLIG)

Absolut berechtigte Frage: Warum sollte ich das tun? Ist ein Museum, und dann auch noch eins mit jeder Menge unverständlicher Kunst drin, nicht eher was für alte Säcke kurz vorm Abkratzen?

Um es kurz zu machen: Nein. Kunst lohnt sich. Nicht jede Kunst vielleicht, du wirst in den meisten Ausstellungen eine ganze Menge

Schrott finden, aber so ein Museum bietet normalerweise eine große Auswahl, und du wirst mit ziemlicher Sicherheit das eine oder andere Gemälde entdecken, wo du davor stehst und einfach nur sagst: »Meine Fresse, wie geil ist das denn ...« Du musst eigentlich null Vorwissen haben (perfekt also) und kannst dich trotzdem locker berieseln lassen. (Blöderweise wirst du allerdings gezwungen sein, dich mit Hilfe deiner Füße von einem Bild zum anderen zu bewegen, was in der Tat zeitaufwendig und auf Dauer nervig ist. Eine Powerpoint-Präsentation wäre wohl zu viel verlangt gewesen.)

Und wenn du irgendwann vor einem komplett blauen Bild stehst, vier Meter lang und vier Meter breit, und dann den Titel liest, dann läuft dein Hirn mit einem Mal auf nie geahnten Hochtouren. Der Titel ist nämlich *Grün*. Darüber kann man schon mal die eine oder andere Stunde nachdenken.

Hinweis: Kunstmuseen – oder Museen im Allgemeinen – dienen dazu, Dinge zu zeigen. Wenn dir also ein Bild gefallen sollte, ist es generell nicht erwünscht, dass du selbiges mit nach Hause nimmst. Deshalb haben kompetente Leute auch Alarmsysteme entwickelt, die dich allein beim Anfassen des Rahmens mit 3.000 Volt Bekanntschaft machen lassen. Nicht sinnig ist es außerdem, auf das Bild zu spucken oder es mit Eiern, Tomaten oder labbrigen Cheeseburgern zu bewerfen.

12) EINEN MARATHON LAUFEN (ODER WENIGSTENS EINEN HALBEN)

Marathons, Marathonarien oder Marathone, scheiß auf Grammatik, umfassen exakt 42,195 Kilometer – eine Angabe, bei der du zu Recht dreimal hinschaust. Ist aber ernst gemeint. Dass so ein Marathon auf einer griechischen Legende basiert, ist völlig schnurz, wichtig ist lediglich, dass du ihn läufst. Allerdings solltest du vorher vielleicht doch die eine oder andere Minute dafür trainieren; nicht mal Batman schafft solche Strecken auf Anhieb, von Luschen wie Green Lantern oder Ant-Man mal ganz zu schweigen. Bestimmt gibt es auch einen Rekord (7 Minuten und 23 Sekunden oder so), aber Rekorde sollten dich nicht interessieren. Es geht ums Laufen – um das absolut geniale Gefühl, bei jedem Schritt unerträgliche Schmerzen zu spüren, sie eiskalt (weil männlich) zu überwinden und irgendwann mehr oder weniger halb tot im Ziel anzukommen. Ein Halbmarathon umfasst übrigens 21,0975 Kilometer und ist auch schon 'ne ziemliche Baustelle.

Egal ob halb oder ganz – so etwas geschafft zu haben bleibt dir ewig im Kopf. Unvergesslich. Und wenn du es einmal hinter dir hast, darfst du dich die nächsten hundert Jahre mit Chips und Pommes vollstopfen, drei Schachteln Kippen am Tag rauchen und saufen wie ein Loch. Egal wie fett du irgendwann wirst – du kannst jedem dein Zielfoto zeigen und auf deine früheren Leistungen verweisen. Da kann man echt neidisch werden!

13) NACKTBADEN IN STREICHHOLZVERKLEIDUNG

Ein Hobby nicht nur für Vollkörperanbeter, sondern für absolut jedermann. Als Junge weißt du natürlich, was für einen geilen Körper du hast. Zu Recht bist du stolz darauf – und deshalb ist es auch deine Pflicht, genau diesem Körper hin und wieder mal zu zeigen, was die Welt zu bieten hat. Allein deine Genitalien: 99 Prozent des Tages sehen die absolut gar nichts außer dem erbärmlichen Innern deiner Unterwäsche. Ist das fair? Ist die Art und Weise, wie du mit Penis und Arsch umgehst, nicht fast schon Folter? Sogar eine Legehenne hat ein besseres Leben als dein Hintern. Sei ein Mensch – gib deinen Hoden und sonstigen Teilen mehr Freiraum. Lass sie atmen, die Welt um sie herum mit allen Sinnen erfahren und genießen. Sei ein Revolutionär! Sei ein Rebell! Befreie die Juwelen deines Körpers von der

Knechtschaft der Kleidung. Zeige dich! Gott hat dir deinen Penis nicht nur zum Pissen gegeben – er will ohne Zwänge durch die Gegend baumeln. Lass ihn also!

14) AUSNAHMSWEISE EINMAL DER BILDUNGSANSTALT FERNBLEIBEN

Schwänzen also. Erstens, weil es sowieso jeder schon mal gemacht hat. Zweitens, weil die Lehrer das auch machen. Drittens, weil dieser dauernde Schulstress einfach hin und wieder nach einer kleinen Auszeit verlangt. Auch wenn deine Eltern aus unerfindlichen Gründen darauf bestehen, dass du regelmäßig die Horrorbude besuchst, ist es nicht notwendig, gleich schwere Geschütze à la »Wenn ich da noch mal hin muss, bringe ich mich um« aufzufahren. Viel schöner und auch wirksamer ist der Klassiker »Ich habe meine Tage«. Mädchen kommen damit schließlich locker durch, und zwar immer, warum sollte es bei einem Jungen also anders sein? Notfalls geht auch »Ich habe Angst, auf der Straße von fremden Mädchen angesprochen zu werden« oder »Ich mache mir Sorgen, in der Schule zu verdummen«. – Was manche Eltern sogar nachvollziehen können.

15) ESSEN GEHEN UND AUS DEM RESTAURANT GEWORFEN WERDEN

Sollte man am besten mit seinen Freunden und nicht mit Eltern oder Großeltern machen. Letztere finden das nämlich eher nicht so spektakulär. Schnapp dir also einige Kumpels und geh in ein Restaurant – keine Fast-Food-Butze allerdings, sondern schon ein Laden, in dem man sein Essen auf Tellern zu sich nimmt und nicht auf schmierigen

Plastiktabletts, auf denen noch die Majo des Vorbesitzers sichtbar ist. Um rauszufliegen kann man sich zum Beispiel ziemlich laut ziemlich schmutzige Witze erzählen (am besten irgendwas Frauenfeindliches). Oder man klatscht die Hacksteaks an die Wand und checkt, welches den größten Fettabdruck hinterlässt. Eventuell kann man auch die Pommes von allen Tellern auf der Tischdecke ausbreiten – natürlich der Größe nach geordnet. Immer wieder schön ist es auch, nach jedem Bissen den Kellner zu rufen und sich darüber zu beschweren, dass die Portion auf dem Teller schrumpft. Tischfußball mit Zaziki geht zwar nicht wirklich gut, aber das muss ja noch lange nicht heißen, dass es keinen Spaß macht. Und wenn das immer noch nicht reicht, zieh dir die Schuhe aus, stell sie auf den Tisch und verklickere dem Kellner mit angepisster Stimme, dass dir die Form des Schnitzels irgendwie komisch vorkommt.

16) EINFACH MAL EIN WILDFREMDES MÄDCHEN ANQUATSCHEN

Gib es zu – wollen gewollt wolltest du so was sowieso schon immer mal, hast dich aber einfach nur nicht getraut. Sie, diese absolute Hammermaus, läuft vorbei, du siehst, dass sie ziemlich genial aussieht oder dich einfach nur irgendwie fasziniert und dass sie offenbar keinen Macker neben sich hat. Und dann – eiskalt – gehst du auf sie zu und sagst was. Braucht noch nicht einmal was besonders Cooles zu sein. Einfach ein »Hi« und »Vielleicht hältst du mich für bescheuert, aber ich wollte dir nur kurz sagen, wie hübsch du bist«. Was soll schon groß passieren? Entweder sie hält dich für einen sexgeilen Idioten oder sie lächelt. Wenn sie lächelt, heißt das noch lange nicht, dass ihr heiratet und Kinder bekommt – vielleicht heißt es noch nicht einmal, dass ihr ein weiteres Wort miteinander wechselt. Ist doch egal, immerhin hast du etwas ziemlich Mutiges getan und dich wie ein richtiger Mann verhalten. Und das alleine ist schon eine ganze Menge wert.

17) EINE EINS SCHREIBEN

Einmal in deinem (Schul-)Leben, in irgendeiner wie auch immer gearteten Prüfungssituation, musst du der Beste sein. Nicht, weil du ein Streberarsch sein willst, sondern weil du einfach herausfinden musst, wie sich das einfühlt. Eine Eins bekommen – sei es in Mathe, Englisch, Geschichte, Deutsch, Physik, Bio, Chemie oder sonst wo, nur bitte nicht in Hauswirtschaft oder Textilem Gestalten.

Nimm dir der Einfachheit halber ein Fach vor, in dem du ohnehin schon gut bist (beziehungsweise weniger schlecht als in den anderen), investiere mehr Zeit (also überhaupt mal Zeit) als üblich in die Vorbereitungen des Tests oder der Arbeit – und sieh zu, dass du das Teil gewinnst. Stell dir vor, es ginge um eine Auf-Leben-und-Tod-Sache und mach den Sack zu. Ausführlich jede noch so dämliche Frage beantworten, auch diejenigen, die der Kopierer nicht mehr erwischt hat, lang und breit und detailliert, und irgendwo zwischendrin gekonnt einfließen lassen, dass dein Lehrer ziemlich klasse ist. Sollte reichen.

Vielleicht leckst du sogar Blut und dieses Einser-Gefühl wird dich bis ans Ende deiner Schulzeit begleiten. Also vergiss die üblichen Sprüche à la »Ich brauch bloß ein bisschen Glück«. Du brauchst kein Glück – Können reicht völlig aus.

18) EINEN EROTIKLADEN BESUCHEN
UND DIR WAS ZUM SPIELEN KAUFEN

Solltest du am besten in einer Gegend machen, in der nicht deine ganze Verwandtschaft shoppen geht. Solche Läden sind zwar legal, aber bei den üblichen Spießern nicht gerade angesehen. Der geübte Spießer bestellt sich die dort erwerbbaren Sachen nämlich per Internet, in neutralen Kartons ohne Aufschrift oder Bilder. Sachen? Nun ja, Dildos zum Beispiel. Oder Doppeldildos. Oder Penisringe oder Penispumpen oder Penisvergrößerungsmaschinen mit Batteriebetrieb oder ohne. Oder essbare Unterwäsche für sie und ihn. Oder Gleitschutzcreme – auch ideal gegen Lippenherpes oder als Crème-fraîche-Ersatz für die Lasagne. Oder Analduschen, oder Handschellen und Peitschen (falls dein bester Kumpel mal etwas Action braucht). Wofür all das Zeug gut sein soll, steht auf dem Beipackzettel, und zu Risiken oder Nebenwirkungen fragen Sie Ihren Arzt oder Apotheker. Solltest du eine Freundin besitzen, äh, haben, kauf einfach das beste (oder billigste) Massageöl, das der Laden zu bieten hat (Bedienungsanleitung nicht notwendig) und freu dich 'n Keks, wenn du es für sie einpacken lässt. Schon bald darfst du es zusammen mit ihr ausprobieren (vielleicht sogar mit dem wildfremden Mädel aus Punkt 16).

19) REITEN – AM BESTEN EIN PFERD

Alternativ gehen auch Kamel oder Kuh oder besonders großer Kakadu, wobei Pferd nach wie vor der Klassiker ist. Reiten gehört seit Anbeginn der Zeit, quasi seit dem Moment, wo wir uns von Affen zu Menschen entwickelten, zu *den* männlichen Tätigkeiten überhaupt, gleich nach Topflappenhäkeln und noch vor Nacktbaden. Männer laufen nicht, sie reiten, und zwar in die Schlacht, während der Schlacht, von der Schlacht nach Hause, oder sie reiten einfach nur, um mal rauszukommen. Einem untrainierten Reiter tun zwar im Anschluss ganz schön die Beine weh, trotzdem ist das Gefühl, ein Tier unter sich zu haben, kaum zu beschreiben. Wenn du dich nicht ganz blöde anstellst, merkst du sogar, dass zwischen dir und dem Pferd eine Art Harmonie entsteht, ihr werdet praktisch eins. Die Möglichkeit, Reitstunden zu nehmen, gibt es quasi überall. Meistens sind diese nicht ganz billig – erzähle deinen Eltern also, dass der Schulpsychologe dir das Reiten nahegelegt hat, um einem (nämlich deinem) Amoklauf vorzubeugen. Vielleicht denkst du nach dem ersten Mal »Never again!« und »Fuck U, horse!«. Aber egal, wie dir die Reiterei gefällt, wenigstens kannst du sagen, dass du schon mal ein anderes Fortbewegungsmittel als Bus oder Bahn ausprobiert hast.

20) VERREISEN – OHNE ERZEUGERGENERATION

Und sei es auch nur für zwei Tage. Mit Kumpels oder Freundin oder Wellensittich – spielt eigentlich keine Rolle. Es muss auch nicht gleich eine Reise nach Timbuktu oder zum Strand von Miami sein. Hauptsache, du schläfst nicht in deinem eigenen Bett. Diese Anforderung erfüllen zwar auch Schulausflüge, aber auf solchen Trips ist normalerweise eine »Autoritätsperson« dabei (besser bekannt als »Lehrer«). Nein, wir meinen eine Reise ohne jemanden, der die Aufsicht führt. Vielleicht zu einem Konzert in einer etwas entfernteren Stadt? Als Unterkunft reicht eine Jugendherberge vollkommen aus, hier kannst du preiswert übernachten und frühstücken. Und falls du ohne Mamas Stimme nicht einschlafen kannst – wozu gibt es Skype?

Das Verreisen ohne Eltern liefert definitiv einen wertvollen Beitrag zur Mannwerdung (sollte dein Primär- und Sekundärziel sein) und bereitet dich schon jetzt auf ein Leben außerhalb des elterlichen Hotels vor. Denn ob du's glaubst oder nicht, irgendwann musst du sowieso ausziehen. (Spätestens mit 40 sollte die Sache erledigt sein!)

21) DIR PORNOGRAFISCHES FILMMATERIAL REINZIEHEN

Sich billige Sexvideos im Internet anzusehen ist noch lange kein Zeichen dafür, dass man ein Versager ist und sowieso nie eine Freundin finden wird. Es ist vielmehr Zeichen für einen unbändigen und unablässigen Wissensdurst. Blubbern die Nasen in der Schule dich nicht dauernd voll damit, dass du mehr Interesse zeigen sollst? Eben! Dann zeig doch endlich mal Interesse und klick dich durchs Netz. Wieder einmal eine wunderbare Tätigkeit, die du entweder alleine oder mit Kumpels machen kannst; besser aber nicht mit deiner Freundin, geplanter Freundin, Schwester oder Oma.

Ganz ohne Scheiß– jeder Mensch auf diesem Planeten hat wahrscheinlich schon mal einen Porno geschaut; und immerhin jeder tausendste Mensch gibt es sogar zu. Ist an sich nichts dabei, außer dass du beim Vergleichen deiner Ausstattung mit der der Darsteller wahrscheinlich Minderwertigkeitskomplexe bekommst. Für den Fall, dass du von Filmen so was wie eine Story oder ein Regiekonzept erwartest, solltest du dich allerdings besser von Pornos fernhalten und dir stattdessen *Arielle, die Meerjungfrau* reinpfeifen.

Als geeignete Einstiegsfilme bieten sich ansonsten an: *Dornmöschen, Schneeflittchen und die sieben Geilen, Axel Fick und Obel Wichs, Der Pimmel über Berlin, Ficki und die starken Männer, Kevin allein im Puff, Analstufe Rot* oder natürlich das allseits beliebte und mit mehreren Preisen ausgezeichnete filmische Meisterwerk *Räuber Fotzenplotz*.

22) EIN LIEBESGEDICHT SCHREIBEN

Hey, stopp mal – nicht gleich aufhören zu lesen. So schlimm ist das alles gar nicht. Tatsache ist, die meisten Mädchen stehen auf Romantik. Und anders als mit dummen Sprüchen kommt man mit einem Gedicht manchmal ganz schön weit, zumindest weiter als mit »Eh, Ficken?«. Das Ding (also das Gedicht jetzt) muss noch nicht einmal besonders lang sein, Hauptsache, es kommt von Herzen beziehungsweise aus tiefster Seele und ist wirklich von dir. Reime sind dabei kackegal.

Wenn du also wirklich in jemanden verliebt bist, versuch es mal. Fang einfach an mit »Du bist ...«, und wenn du sie wirklich, wirklich, wirklich gern hast oder vielleicht sogar liebst, dann sollte der Rest gar nicht so schwer sein – sofern du wenigstens die Grundlagen von Rechtschreibung und Grammatik beherrschst.

Wie sehen ihre Augen aus? Wie das Meer? Dann schreib es. Ihre Haare schimmern? Verbinde das Schimmern mit Mondlicht. Sie riecht gut? Wonach? Nach frischer Frühlingsbrise oder einer Wiese voller Rosen? Wenn du sie ansiehst, dann... Möchtest du in ihren Augen versinken? Die Wärme ihrer Haut spüren? Oder ihren Atem in deinem Gesicht? Sie immer bei dir haben? Ihr eine Strähne aus dem Gesicht streichen? Ihre Wangen streicheln? Ihre Lippen berühren... Schreib es einfach auf und füge am Ende irgendwas hinzu wie »Ohne dich möchte ich niemals mehr sein, denn ohne dich gibt es kein Mich«. Allerdings nur, wenn du es ernst meinst. Sonst lass es besser gleich ganz sein.

23) EINEN BUNGEE-JUMP MACHEN – OHNE DRAUFZUGEHEN

Warum? Weil es einfach nur geil ist. Kostet zwar 'ne Kleinigkeit, ist aber jeden Cent wert. Anders als viele Leute denken, hat Bungee-

Jumping nichts mit Todessehnsucht zu tun, eher schon etwas mit dem Erfahren eigener Grenzen. Wer aus höchster Höhe fällt, gesichert nur durch ein dünnes Seil, und das auch noch freiwillig – der hat wirklich was auf der Pfanne. In all den späteren Jahren, wenn die Dinge mal so richtig schieflaufen, kannst du immer an diesen Moment des Fliegens zurückdenken, diese wenigen Sekunden niemals geahnter Freiheit, in denen alles, wirklich alles möglich war.

Ein fantastisches Gefühl: Du bist wirklich frei, dein Hirn hört auf zu hirnen und Adrenalin durchströmt deinen ganzen Körper mit brutaler Gewalt. Ein Gefühl von Wahnsinn und purer Euphorie, das du so schnell nicht wieder erleben wirst. Aber bitte nicht ohne Seil nachmachen!

24) WENIGSTENS 24 STUNDEN DURCHMACHEN

Schlaf ist eine Erfindung von Weicheiern, die der Meinung sind, dass dein Hirn hin und wieder mal eine Pause zur Regeneration braucht. In der Tat wird ein Mensch ohne Schlaf auf Dauer wahnsinnig. Aber 24 Stunden sind noch keine Dauer und absolut ungefährlich, wenngleich ohne Training gar nicht mal so einfach durchzuhalten. Auf Alkohol sollte man dabei übrigens verzichten; Kaffee, und zwar liter- oder fassweise, hilft weitaus besser. Durchmachen kann man alleine oder zu zweit oder zu dritt oder viert. Einfach mal die Nacht durchquatschen, sich wie bescheuert durch die Gegend lachen, einen Film gucken, und dann noch einen und noch einen und irgendwann zwischendrin noch mal Englischvokabeln lernen oder einen Kuchen backen und dann noch masturbieren und einen Film gucken und vielleicht einen Kuchen backen und irgendwas aufräumen oder auch nicht und dann vielleicht Gabel, Messer und Löffel polieren und dein Schulzeug aus der Tasche herausnehmen und wieder hineintun und morgens den Sonnenaufgang genießen – und dann zur Schule gehen, um endlich in Ruhe zu pennen. Was will man mehr?

25) EINE WOCHE OHNE HANDY EXISTIEREN (ODER VEGETIEREN)

Unmöglich? Nichts ist unmöglich. Hart? Sicher. Aber machbar. Eine lächerliche Woche ohne dauernde Kurznachrichten und Chats und whatever machen dir bewusst, wie viel Zeit du eigentlich hast, und wie entspannt du sein kannst, wenn du nicht jede halbe Stunde auf ein Display gucken musst. Schon nach einem Tag hast du wieder einen normalen Pulsschlag, auch der Genitalwuchs nimmt wieder zu, was ja alleine schon Grund genug für Smartphone-Abstinenz sein sollte. Am Anfang denkst du vielleicht noch, dass du nun alles Wichtige verpasst – ist nicht der Fall. Alles, was wirklich wichtig ist, spielt sich nach wie vor in der realen Welt ab, und ohne Smartphone kriegst du davon viel mehr mit, als du jemals geahnt hast. Handys sind Drogen; genau wie zu viel Alkohol verkleben sie das Hirn. Also weg damit. Muss nicht für immer sein, aber wenn du nach einer Woche dann wieder online bist, stellst du vielleicht sogar fest, dass dir das Teil gar nicht so sehr gefehlt hat. Vielleicht kannst du sogar einen Trend auslösen: No-Smartphoning!

9. KAPITEL

25 Dinge,

DIE EIN JUNGE EINFACH KÖNNEN MUSS

1) AUF EINEN VERDAMMT HOHEN BAUM STEIGEN, OHNE HERUNTERZUFALLEN

Weil du, anders als Mädchen, dafür perfekt geeignet bist. Du hast nämlich a) keine Höhenangst, b) keine Probleme damit, wenn deine Klamotten dreckig werden, und c) null Bock darauf, die Welt immer nur aus der Normalperspektive zu sehen. Deshalb also: Klettern. Kannst du mit 12 oder mit 18 Jahren machen, oder in den Jahren dazwischen. Normalerweise sieht so was kinderleicht aus – was es auch ist, außer, wenn du wirklich nach ganz weit oben willst, dorthin, wo die Äste lächerlich dünn werden.

2) EIN VERDAMMT BEVÖGELTES HAUS BAUEN

Scheißegal, ob du Vögel magst oder nicht. Es geht auch gar nicht um die Vögel, sondern darum, dass du etwas baust. Aus Holz. Für Vögel. Mit richtigem Werkzeug. Und am Ende das Ding noch anmalst. Vorzugsweise nicht in Pink. Ob nun Nistkasten oder richtig luxuriöse Unterkunft mit kuscheligen Topflappen im großzügig ausgelegten Eingangsbereich – wichtig ist lediglich, dass du das Teil selbst zusammenzimmerst. Grundvoraussetzungen hierfür sind Hammer, Nägel und, falls du das Holz nicht eigenhändig durchbrechen willst, eine Säge. Bedenke: Einfach etwas Stroh auf einen Haufen werfen ist noch lange kein Vogelhäuschen.

Ob die Bude am Ende schön ist oder nicht, spielt wieder mal keine Rolle. Entscheidender ist, ob sich Vögel zum Vögeln darin niederlassen oder nicht. In diesem Zusammenhang ist auf den korrekten Aufstellplatz zu verweisen. Auch wenn das Katzengehege des Tierheims sicherlich reizvoll ist für abenteuerlustige und/oder lebensmüde Vogelfamilien, so ist ein lauschiger Ort (Sockenschublade etc.) entschieden vorzuziehen.

3) EIN VERDAMMTES BAUMHAUS BAUEN

Quasi die Fortsetzung von »Vogelhaus bauen«. Es liegt in der Natur des Mannes, irgendwann einmal ein Haus zu bauen – und mit einem Baumhaus kannst du schon mal üben. Entscheidend ist die Frage, ob überhaupt ein Baum zur Verfügung steht. Wenn nicht, kannst du auch ein Kellerhaus bauen, was den Vorteil hat, dass du dir um solche Späßchen wie Wände, Boden, Dach keine Gedanken machen musst und direkt mit der Innenarchitektur beginnen kannst. Dennoch ist die Baumbutze der Klassiker unter den Häusern.

Nur Idioten beginnen mit der Planung, ohne vorher auszukundschaften, welcher Baum vor dem Zimmer welchen

Mädchens wächst. In diesem Zusammenhang ist die Anschaffung eines HD-fähigen Fernglases in Betracht zu ziehen.

Psychologisch betrachtet dienen Baumhäuser dazu, den Mann zurückzuführen zu seinen ersten Entwicklungsstufen. Weg von der Zivilisation in die Tiefen der Wildnis, als noch pelzartige Ungeheuer die Erde bevölkerten. Der einzigartige und einsame Lebensstil im Baumhaus entspricht dem Wesen eines jeden Jungen – fernab von Wasser, Seife und Elterngestalten kann er ungehindert so lange an sich herumspielen, bis irgendwann der Blitz einschlägt.

4) EINEN VERDAMMT ESSBAREN KUCHEN BACKEN

Sofern du glaubst, Kuchenbacken sei voll die feminine Tätigkeit, liegst du – typisch Macho – daneben. Der Umgang mit Mehl, Eiern, Backpulver und sonstigem Zubehör, von dem du bisher noch nie auch nur etwas geahnt hast (Butter, Puderzucker, Vanillin, Zimt, Büroklammern), gehört gerade für Jungs zu den anspruchsvollsten und intellektuell anregendsten Beschäftigungen überhaupt. Da niemand von dir erwartet, gleich auf Anhieb eine Pfirsich-Maracuja-Torte mit fangfrischen Garnelen und einem Unterboden aus lockerem Pizzateig mit eingebettetem Mozzarella herzustellen, solltest du eher simpel an die Sache herangehen: Produziere einen klassischen Matschkuchen. Rezepte dafür findest du in Googles Kochbuch. Sieht lecker aus und schmeckt auch so, und anstelle von geraspelten Äpfeln kannst du problemlos Currywurst oder eine Tüte Chips verwenden.

5) IRGENDWELCHE VERDAMMTEN TEIGWAREN BACKEN

Um direkt beim Thema Futtern zu bleiben: Wer als Junge nicht wenigstens Spaghetti kochen kann (inklusive Soße), ist im Endeffekt doch nur ein Mädchen. Was, verflucht, ist denn so schwierig daran, eine Handvoll Trockennudeln in einem Topf mit Wasser so lange zu kochen, bis die Dinger essbar sind? Richtig. Nichts natürlich. Und trotzdem gibt es erwachsene Männer, die sogar das Wasser noch anbrennen lassen und beim Versuch, ein Glas Bolognese-Soße zu öffnen, das ganze Haus in Schutt und Asche legen und die Nachbarschaft noch mit dazu.

Tipp: Wer schon beim Kochen der Nudeln die eine oder andere Schwierigkeit hat, sollte die Zubereitung der Soße doch lieber der Katze überlassen. Notfalls kann man zu jeder existierenden Nudelsorte ganz einfach Ketchup nehmen. Oder Majo. Wenn du ohnehin Ketchup und Majo bevorzugst, solltest du dich vielleicht gar nicht erst an Nudeln, sondern direkt an Pommes versuchen. Allerdings geht damit eine deutliche Erhöhung des Schwierigkeitsgrades einher – und des Mitmenschen-Gefährdungspotenzials. Immer wieder hört man von brennenden Fritteusen, die durch den Nachthimmel flattern.

6) VERDAMMTES DRECKSZEUG SAUBER WASCHEN

Hierzu bediene man sich eines meist weißen Gerätes mit Bullauge drin, in Fachkreisen »Waschmaschine« genannt. Der Umgang mit ihr erfordert fundiertes Wissen in allen Bereichen der Reinigologie, denn eine Waschmaschine ist Hightech und kann generell nur von Müttern bedient werden. Die wenigen Männer, die es versucht haben, reden nur ungern über ihre schändlichen Erlebnisse mit dem Gerät. Aber natürlich gehörst *du* zu einer neuen Generation von Männern, bist unerschrocken und wagemutig in jeder Lebenslage. Dabei darfst du dich allerdings nicht verwirren lassen. Ein Beispiel: Koch-/Buntwäsche 90°C/60°C, mit Vorwäsche/40°C/Kalt, Pflegeleicht 60/40°C/Kalt, Feinwäsche 30°C, Wolle 40°C, Handwäsche 30°C, Mini 30°C, Buntwäsche Eco 60/40°C, Spülen, Schleudern und Abpumpen. Alles klar? Hm. Außerdem solltest du zumindest im Kopf kurz überschlagen, welche Schleudereffizienzklasse das Gerät hat und wie sich das auf Energie- und Wasserverbrauch auswirkt. Auch die Bedeutung des Umwuchtkontrollsystems ist natürlich nicht gänzlich außer Acht zu lassen.

Falls du jetzt Fragezeichen in den Augen hast, ist's auch egal: Wirf dein Zeug einfach rein (ja, genau, in die große Öffnung in der Mitte der Vorderseite. Ja, die mit dem Glas drin …), drücke auf irgendeinen beliebigen Knopf (außer auf: Automatische Zerstörung), und wenn du nach einigen Minuten grummelige Geräusche wie bei einer Alieninvasion hörst, wird gewaschen. Daher auch das Wort: Waschmaschine. Hörst du dann nach Tagen des Wartens einen Piepsound – kein Grund zur Sorge. Es handelt sich nicht um einen versehentlich mitgewaschenen Vogel, sondern lediglich um das Fertig-Signal. Jetzt darfst du das Gerät öffnen (ja, genau, dieses Ding in der Mitte der Vorderseite, das Teil mit dem

Glas drin), natürlich vorsichtig und mit Fingerspitzengefühl. Falls einige Kleidungsstücke aus unerfindlichen Gründen noch feucht sein sollten, kannst du sie relativ easy in der Mikrowelle oder im Backofen trocknen – aus Kostengründen ließe sich dies sogar mit dem Zubereiten einer Mahlzeit kombinieren.

7) VERDAMMT HEISSES FEUER MACHEN

Das Feuer, neben Wasser, Schere und Licht eines der Grundelemente, wurde, und hier sind sich alle Wissenschaftler ausnahmsweise mal einig, von einem Mann erfunden, so ungefähr vor 300 Jahren, wahrscheinlich während einer länger andauernden Shopping-Phase seiner Frau. Wie genau sich die Sache abspielte, ist unbekannt. Fest steht allerdings, dass besagter Mann irgendwann mit Verbrennungen dritten Grades in die Höhle gelaufen kam und Eiswürfel verlangte. Wahrscheinlich für die Whisky-Cola.

Heutzutage haben wir Feuerzeuge und Streichhölzer. Was aber machst du nach der Zombie-Apokalypse, wenn jegliche Zivilisation zusammenbricht und alle Feuerzeuge und Streichhölzer von einem auf den anderen Tag den Geist aufgeben? Für diesen und ähnliche nicht unrealistische Fälle ist es sinnig, die Kunst des Feuermachens einwandfrei zu beherrschen. Möglichkeiten gibt es ohne Ende. Brillenglas in die Sonne halten, Holzstäbe aneinanderreiben oder einfach auf einen Blitzeinschlag warten. Im Übrigen ist Feuer meistens an Orten anzutreffen, wo es ohnehin schon brennt, was natürlich sehr praktisch ist.

8) AGGRESSIONEN BÄNDIGEN, VERDAMMTE SCHEISSE NOCH MAL!

Was geht schon über einen gepflegten Wutausbruch mit jeder Menge laut gebrüllter »Fucks« und »Leck michs«? Natürlich die Kontrolle desselben. Jungs haben das gottgegebene Recht, hin und wieder mal komplett auszurasten, jeden anzuschreien, der ihnen dumm kommt, mit der Tür zu knallen, sodass die Wände vor Angst erzittern, und Wörter zu benutzen, bei denen sogar Satan vor Respekt auf die Knie geht. Richtig schön aggressiv zu sein ist absolut männlich, es liegt in deinen Genen und ist somit reine Biologie. Trotzdem gilt: In der Ruhe liegt die Kraft. Natürlich ist dies ein Spießerspruch, erfunden von Eltern und deren Eltern und deren Eltern, aber deswegen kann er ja trotzdem stimmen.

Mädchen stehen nicht auf Jungs, die bei jeder Kleinigkeit ausrasten. Mädchen wollen Typen, die die Kontrolle behalten, ganz gleich, wie beschissen die Lage ist. Es versteht sich, dass manchmal alles, wirklich alles, einfach nur scheiße ist. Noch lange kein Grund, um auszuflippen. Such lieber nach Lösungen. Und wenn du wirklich unbedingt mal Dampf ablassen musst, geh halt joggen oder lauf (siehe oben) einen Marathon. Wirkt extrem entlastend. Notfalls hilft auch das Anschreien der Wand oder des Kleiderschranks oder das wiederholte Auf-den-Boden-Klatschen eines beliebigen Schulbuchs.

Drei lausige Wörter nur. Subjekt, Prädikat und Akkusativobjekt. In Filmen kommen sie dauernd vor, in der Musik sogar noch häufiger, aber in deinem eigenen Leben? Wohl eher selten. Ist auch richtig so: »Ich liebe dich« ist eine so wichtige Formulierung, dass man sie nicht hundertmal am Tag bringen sollte. Aber hin und wieder – wenigstens einmal im Leben – sind es genau diese drei Worte, die dringend raus müssen, ob an Mama oder Papa oder an ein Mädchen gerichtet. (Nein, eigentlich *nur* an ein Mädchen gerichtet.)

»Ich liebe dich« ist etwas völlig anderes als »Ich steh auf dich« oder »Ich hab dich lieb«, wobei auch Letzteres schon ein ziemlich schweres Geschütz darstellt. Jungs sind emotional nicht dafür ausgelegt, mit solch intimen Sätzen zu hantieren – richtige Jungs aber haben zumindest keine Angst davor oder können diese Angst zumindest überwinden. Vielleicht meinst du, dass es schwach und erbärmlich ist, »Ich liebe dich« zu sagen. Das Gegenteil ist richtig. »Ich liebe dich« sagen ist wie das Besteigen des Mount Everest ohne Sauerstoffmaske: knallhart. Nur die wenigstens meistern eine solche Herausforderung. Die einen werden immer Jungs bleiben, die anderen werden zu Männern. Entscheide dich also, zu welcher Gruppe du gehören willst.

I <3 YOU

10) DEN VERDAMMTEN KNOPF ANNÄHEN

Hemd hat Problem. Problem ist: Knopf ab. Was also machen? A) Zu Mama rennen. B) Neues Hemd kaufen. C) Knopf annähen. Antwort C ist korrekt. Schön, dass wir das erkannt haben, wenn auch erst nach sehr langer Überlegungsphase. Und nun? Du kannst natürlich Hemd und Knopf so lange anstarren, bis sich das Ding selbst wieder annäht. Passiert aber eher selten. Sinniger ist es daher, zu Nadel und Faden zu greifen. Faden muss in Nadel. Knopf wird auf richtige Stelle gelegt. Am besten dort, wo er auch fehlt. Dann wird Faden mit Nadel so lange durch Knopf und Hemd gezogen, bis Knopf wieder fest dran sitzt. Die richtige Technik wird sich dabei erst mit genügender Erfahrung einstellen. Beim ersten Mal wird der Spaß sicherlich einige Tage in Anspruch nehmen, wenn nicht sogar Wochen. Klar ist das eine ziemliche Plackerei, fast schon mit Folter gleichzusetzen. Können musst du es trotzdem. Nicht, weil Hemden so besonders teuer sind, sondern weil es sich um eine menschliche Grundfertigkeit handelt. Bedenke: Der Mann hat immerhin das Feuer erfunden. Folglich wird er ja wohl imstande sein, ein blödes rundes Plastikteil zu befestigen. Falls übrigens Nadel und Faden nicht zur Hand sein sollten: Tesafilm geht ebenfalls. Sieht zwar außerirdisch kacke aus und hält auch nicht besonders lange, ist aber besser als gar nichts.

11) DIE VERDAMMTE BIERFLASCHE AUFHEBELN

Klingt nicht schwer, zumindest dann nicht, wenn ein Flaschenöffner vorhanden ist. Ein richtiger Junge allerdings benutzt keinen Flaschenöffner – schlicht und einfach deshalb, weil er andere, männlichere, Öffnungsweisen bevorzugt.

Am besten ist die Feuerzeugmethode, vorausgesetzt, man weiß, wie's geht: Mit der linken Hand umklammert man den Flaschenhals, sodass zwischen Kronkorken und Zeigefinger knapp ein Zentimeter Luft bleibt. Genau dort – am besten nicht direkt über einem Knöchel – setzt man dann mit der rechten Hand das untere Ende des Feuerzeugs an. Durch Herunterdrücken des Feuerzeugs auf der einen Seite drängt es den Kronkorken auf der anderen nach oben. Hebelwirkung, Alter. Diese Technik muss man üben, am besten an langen, langweiligen Schultagen. Auch wenn die Feuerzeugmethode erst mal nicht einfach ist, hat sie doch deutliche Vorteile gegenüber der Aufbeißmethode.

Richtig geniale Typen brauchen übrigens lediglich ein Blatt Papier: Einmal längs falten. Einmal quer falten. Dann drei Mal hintereinander längs falten und das Papier anschließend zu einem Hufeisen biegen. Theoretisch ist es dann so stabil, dass man damit genauso umgehen kann wie mit einem hundsgemeinen Flaschenöffner. In der Disziplin des Flaschenöffnens noch ungeübte Jungs werfen die Flasche auch gerne mal gegen die Wand und fangen mit einem Schwamm die Flüssigkeit auf. Vorteil: Die Flasche ist geöffnet. Nachteil: Glassplitter führen bei Verzehr zu medizinischen Problemen und extremem Scherbendurchfall.

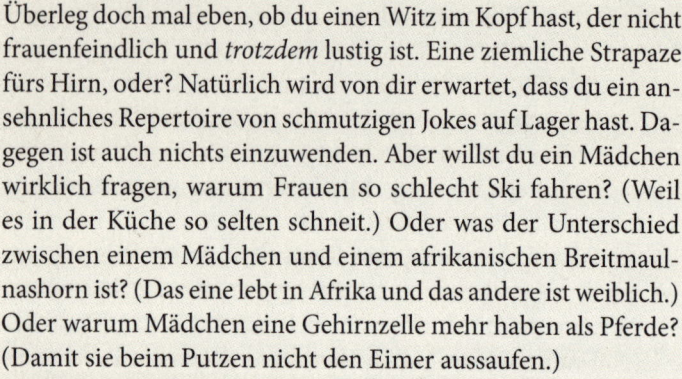

12) VERDAMMT NICHT-SCHMUTZIGE WITZE ERZÄHLEN

Überleg doch mal eben, ob du einen Witz im Kopf hast, der nicht frauenfeindlich und *trotzdem* lustig ist. Eine ziemliche Strapaze fürs Hirn, oder? Natürlich wird von dir erwartet, dass du ein ansehnliches Repertoire von schmutzigen Jokes auf Lager hast. Dagegen ist auch nichts einzuwenden. Aber willst du ein Mädchen wirklich fragen, warum Frauen so schlecht Ski fahren? (Weil es in der Küche so selten schneit.) Oder was der Unterschied zwischen einem Mädchen und einem afrikanischen Breitmaulnashorn ist? (Das eine lebt in Afrika und das andere ist weiblich.) Oder warum Mädchen eine Gehirnzelle mehr haben als Pferde? (Damit sie beim Putzen nicht den Eimer aussaufen.)

Witzig? Klar doch. Aber kommen sie auch beim anderen Geschlecht gut an? Schwer zu sagen. Eher nicht. Was du daher wirklich brauchst, sind gute Witze, die intellektuell anregend und nicht gegen Frauen oder sonst eine Bevölkerungsgruppe gerichtet sind. Wo es die gibt? Keinen Schimmer. Aber wenn du welche findest, sag Bescheid.

13) UNTERWÄSCHE VERDAMMT NOCH MAL OHNE MAMI KAUFEN

Wo? Überall. Außer bei Aldi, Lidl, beim Bäcker, Metzger oder im Baumarkt. Gibt es, wie du sicherlich bereits weißt, in verschiedenen Formen und Größen. Was Socken angeht: Als Junge kaufst du niemals (absolut never-ever-niemals) welche mit Muster. Auch nicht solche mit Bart-Simpson-Motiven oder lustigen rosa Einhörnern. Und niemals (absolut never-ever-niemals) kaufst du weiße Socken (auch »Arzt-« oder »Tennissocken« genannt). Männer tragen entweder Grau, Braun oder Schwarz. Besonders mutige Gestalten versuchen sich vielleicht noch an Blau oder Grün. Ende der Farbauswahl.

Bei Unterwäsche gilt dasselbe: niemals Muster, niemals Weiß. Erlaubt sind allerhöchstens Streifen. Die Unterhosenform bleibt dir selbst überlassen. Slips, Boxershorts, Cotton Stretch, Supermini oder String – einfach mal ausprobieren, worauf du stehst. An dieser Stelle ein Hinweis: Anders als Hosen, Pullover oder Jacken wird Unterwäsche *nicht* im Laden anprobiert, weder in einer Umkleidekabine noch direkt am Grabbeltisch. Hat wohl irgendwas damit zu tun, dass deine wunderschönen Genitalien auf unbeteiligte Zuschauer provozierend wirken könnten.

Egal, für welches Genitalbekleidungsprodukt du dich im Endeffekt entscheidest, wichtig ist, dass bestimmte Körpergerätschaften (hier zu nennen: Penis und Hoden) genügend Raum zum Atmen und Baumeln haben. Es soll sogar Jungs geben, die völlig auf Unterhosen verzichten, was zwar kostengünstig, insgesamt aber nicht empfehlenswert ist. Vor allem, wenn du häufig Jeans trägst, führt eine nicht vorhandene Unterhose nämlich sehr schnell zu einem ziemlich wund gescheuerten Arsch. Was lernen wir daraus? Freiheit bedeutet Schmerzen.

14) VERDAMMT SCHARFES ESSEN ESSEN

Weil ungewürzte Speisen für Mädchen erfunden wurden. Weil Gewürze wie Salz und Pfeffer für Männer belanglos sind. Weil Männer bei Schärfe scharf werden. Und weil scharfes Essen einfach besser schmeckt. Hierzu ist es hilfreich, die Scoville-Skala zu kennen, welche für nichts anderes zu gebrauchen ist als dafür, Schärfegrade zu messen. Demnach liegt eine jämmerliche Paprika aus dem Supermarkt bei allerhöchstens 10 Scoville und hat damit den Schärfegrad »Erschreckend erbärmlich«. Ein Stück Presspappe liegt sogar noch darunter! Die momentan schärfste Chilisauce der Welt mit dem wohlklingenden Namen »Mad Dog 356 No. 9 Plutonium« wiederum verfügt über souveräne 9.000.000 Scoville. Schärfegrad: »Du bist tot!« Und wenn du doch überlebst, wirst du niemals wieder irgendetwas schmecken können. Weder Paprika noch Presspappe.

15) GENITALIEN VERDAMMT SAUBER WISCHEN

Um zu vermeiden, dass du mittelfristig wie eine Fischfabrik in der Wüstensonne stinkst, ist es zwingend erforderlich, deinen Penis zuweilen hin und wieder mit Wasser und Seife in Berührung zu bringen. Wenn du deinen Penis aus irgendeinem Grunde nicht finden solltest, dreh die Heizung auf. Manchmal verkriechen sich Kleintiere bei Kälte. Genau wie Haustiere sind auch deine Genitalien auf artgerechte Pflege angewiesen. Hierbei kann man einiges falsch machen. Gerade ungeübte Schwanzreiniger merken gar nicht (oder erst viel zu spät), dass sie sich versehentlich den Oberschenkel massieren und nicht das kleine Ding daneben.

So geht es richtig: Unter der Dusche die Vorhaut zurückziehen und schön brav auch hinter der Eichel wischen – also quasi wie bei einem Klo unter dem Rand. Denn genau dort setzt sich der ganze Dreck ab – wird »Smegma« genannt und besteht aus Milben, Maden, Urinresten, Parmesankäse und jeder Menge Schweiß.

Schön am Genitalienreinigen (wenigstens an jedem 1. des Monats) ist die Tatsache, dass du das Angenehme (Rubbeln) mit dem Nützlichen (Waschen) verbinden kannst. Wenig geeignet zur Reinigung sind Japanisches Heilpflanzenöl, Scheibenwischerflüssigkeit, Frittierfette aller Art oder Milchshakes, schon gar nicht Schoko. Als sinnvoll haben sich jedoch erwiesen: Wasser, Duschgel, wahlweise auch Seife und eventuell ein Waschlappen. Das Spültuch, das Mutti zum Abspülen der Teller verwendet, eignet sich *nicht* als Waschlappenersatz.

16) DIE VERDAMMTE ORIENTIERUNG BEHALTEN

Es gibt eine uralte Regel, derzufolge Mädchen nie wissen, wo sie sich in einer unbekannten Stadt gerade befinden. Jungs sind natürlich anders: Wir verfügen nämlich über ein Orientierungs-Gen. Egal, wo wir sind, ob mitten im Wald oder in der Großstadt – wir wissen immer, was Sache ist, sprich, wo Ort A ist und wie wir von dort zu Ort B oder C kommen. Warum wissen wir das? Weil wir nicht wie Mädchen dauernd damit beschäftigt sind, die Kleidung anderer Frauen zu begutachten oder zu überlegen, mit welchem Produkt wir uns am Abend das Make-up aus der Visage rubbeln. Wir nehmen unsere Umgebung tatsächlich wahr, suchen nach landschaftlichen Merkmalen (großer Betonbau, Haus mit Neonbeleuchtung, besonders hässliche Tanne, ungewöhnliches Straßenschild, Puff etc.) und basteln uns daraus im Kopf eine ganze Land- oder Straßenkarte.

Das war schon im Mittelalter so: Held muss Prinzessin finden. Und hat er sie schließlich gefunden, muss er ja auch noch zurück in den Palast. Man stelle sich vor, er würde die Prinzessinmaus aus den Armen des Drachen befreien und sich dann mit ihr im finsteren Wald verirren. Ziemlich peinliche Veranstaltung. Oder man nehme *Der Herr der Ringe*: Frodo, ein absolutes Weichei, hat keinen Schimmer, wo sich der Berg befindet, in dem Sauron auf seinen dämlichen Ring wartet – er findet ihn trotzdem. Jungen, sogar solche Chefnulpen wie Frodo, sind auf keinerlei »externe« Navigationsgeräte angewiesen, die Dinger sind ihnen bereits vor der Geburt implantiert worden und funktionieren hervorragend. Man muss sie nur bedienen können.

17) SICH VERDAMMT MÄNNLICH ERNÄHREN

Es wird im 21. Jahrhundert nicht mehr von dir erwartet, dass du morgens mit der Knarre in den Stadtpark rennst und deine Nahrung selbst erlegst. Aber wenigstens solltest du imstande sein, sie auf einem Grill so zuzubereiten, dass sie im Anschluss essbar ist. Mit Grill meinen wir: Kohlegrill! Nichts mit elektrisch. Kohle – so wie es sich gehört. Zutat Nummer eins wäre also schon mal Kohle. Ist normalerweise schwarz. Dann Grillanzünder. Wohlgemerkt: Damit zündet man nicht den Grill an, sondern in erster Linie die Kohle. Dann noch Feuer. Um den Grillanzünder anzuzünden. Irgendwie eine widersprüchliche Sache, aber funktional.

Irgendwann, wenn das Kohlezeug sich farblich verändert und einen Grauschleier annimmt, kannst du Fleisch drauf werfen. Wiederum gilt: nicht auf die Kohle, sondern auf den Rost. Der Rost ist das gitterartige Dings, das irgendwo oberhalb der Kohle platziert wird, damit das Fleisch nicht mit der Kohle in Berührung kommt. Unglaublich, aber wahr – klappt hervorragend. Der Rost wird übrigens sofort anfangen zu rosten, wenn du ihn mit Gemüse oder Obst oder Fisch oder Tofu oder Suppe belegst. Er braucht richtiges Fleisch: Schwein, Rind oder Wild, von richtigen Jägern in richtigen Mastbetrieben fachgerecht erschossen.

Mit Hilfe einer Grillzange, Gabel oder deines Taschenrechners schiebst du das Fleisch dann auf einen vorher bereitgestellten sogenannten Teller. Hierbei handelt es sich um eine Art Aufbewahrungsplattform für die fleischliche Köstlichkeit. Und nun: Guten Appetit. Erst wer wirklich grillen kann, wird sich vorstellen können, wie einst vor Jahrmillionen unsere Vorfahren gelebt und gegrillt haben – die mächtigen Affen!

18) VERDAMMT SPARSAM LEBEN

Mädchen geben ihren Schotter normalerweise für Sachen aus, die sie dringend brauchen. Was bekanntlich irgendwie alles umfasst, was man entweder anziehen oder womit man sich einschmieren kann. Jungs geben ihren Schotter ebenfalls aus, wissen aber meist noch nicht einmal wofür. Das Taschengeld (so wird gemeinhin der Hungerlohn genannt, den dir deine Eltern mit Tränen in den Augen wöchentlich bereitstellen) ist aus Erfahrung immer dann verbraucht, wenn man es braucht – aber wofür verwendest du die Kohle eigentlich? (Denkpause.) (Noch eine.) Eben: Du weißt es nicht.

Sinnig ist es, wenn du dir mal einen genauen Plan machst. Also: Tabelle ins Englischheft zeichnen (ist eh komplett unnötig), wahlweise auch ins Tagebuch deiner Schwester, falls du eine hast, Einnahmen links, Ausgaben rechts, und einfach alles auflisten, was irgendwie mit Geld zu tun hat. Das Geld, das du Kindern der Unterstufe abnimmst (Schutzgeld), wird auf der Einnahmen-Seite vermerkt. Gleiches gilt für den einen oder anderen Schein, den du deinen Eltern aus dem Portemonnaie klaust (beziehungsweise für einige Jahre »ausleihst«). Eventuell kannst du so was auch als »zufällige Spenden« verbuchen. Ist schließlich nicht deine Schuld, dass deine Eltern dir vertrauen.

Ein richtiger Junge muss wenigstens einigermaßen Überblick über seine Finanzen haben, allein schon, um zu wissen, wann er dem kleinen Trottel aus der 5. Klasse wieder mal einen Extra-Euro berechnen muss.

Das nicht ausgegebene Geld, das dir am Ende der Woche noch zur Verfügung steht, muss nicht vernichtet oder ins Klo geworfen werden. Du kannst es auch sparen, soll heißen, es irgendwo sammeln, zum Beispiel bei einer Bank. Auf diese Weise, unglaublich, aber wahr, vermehrt es sich sogar. Klar klingt das alles irgendwie nach schwarzer Magie. Noch lange kein Grund, es nicht mal auszuprobieren. Mit dem gesparten Geld (welches übrigens genauso viel Wert hat wie normales Geld) kannst du dir dann irgendwann Sachen kaufen, die auf Anhieb vielleicht nicht zu finanzieren gewesen wären. Eine Xbox zum Beispiel. Ein Fahrrad. Computer. Handy. Essbare Unterwäsche. Oder natürlich eine preisgünstige Freundin, zu finden im Eingangsbereich jeder handelsüblichen Schule.

19) VERDAMMTE HALSKNOTEN KNOTEN

Wenn du denkst, Krawatten würden nur von alten, reichen Säcken und Vollspießern (zum Beispiel Schulleitern) getragen, liegst du falsch. Sie sind (also die Krawatten, nicht die Schulleiter) in jeder Hinsicht super-trendy. Spießig wird die Sache erst, wenn du eine Krawattennadel dazunimmst oder zwei Schlipse übereinander trägst. Jeder Junge sollte ein gewisses Stilbewusstsein haben, und bei bestimmten Ereignissen ist es zwar nicht verpflichtend, aber lässig, eine Krawatte zu tragen. Heutzutage ist es sogar okay, mit Krawatte zur Schule zu gehen – sofern du dein Outfit noch mit einem netten Jackett und einem sauberen Hemd (einfarbig) garnierst. Sieht einfach mal geil aus.

Bei der Wahl der Krawatte solltest du dich für ein schmales Modell entscheiden und, genau wie bei Socken und Unterwäsche, auf Einfarbigkeit achten; allerhöchstens sind noch Streifen oder Karos akzeptabel. Es gibt zwar auch Krawatten mit nackten Frauen drauf, doch sind diese wohl eher für den Karneval geeignet.

Wie genau man eine Krawatte bindet, kannst du dir bei YouTube angucken. Insgesamt gibt es schlappe 85 Möglichkeiten. Ein richtiger Mann braucht allerdings höchstens zwei: den einfachen Knoten, so genannt, weil er wirklich verflucht einfach ist und trotzdem zum Fluchen anregt, und den Windsorknoten, der nach irgendeinem Schloss in England benannt ist. (Der momentane Rekord für einen Windsorknoten liegt übrigens bei 18 Sekunden. Normale Männer brauchen dafür 18 Minuten. Anfänger rechnen eher in Stunden, Tagen oder Wochen, was aber kein Grund ist, sich verunsichern zu lassen.)

Natürlich kannst du eine Krawatte auch wie einen Schal tragen. Sieht aber scheiße aus und zeugt nicht gerade von modischer Kompetenz. Für Profis gibt es auch den Selbstmordknoten, für Anfänger den Schleifenknoten. Da bindest du die Krawatte genauso wie deine Schuhe. Für absolute Nullkönner gibt es Krawatten, die man sich einfach nur anstecken muss. Klingt gut, ist aber ein Zeichen vollkommener Inkompetenz und damit ein klares No-Go. Gleiches gilt übrigens für gelbe Krawatten mit lachenden Sonnensymbolen auf Beerdigungen.

20) AUS VERDAMMTEN FEHLERN VERDAMMT VIEL LERNEN

Natürlich voll der Bullshit-Ratschlag, richtig? Und eigentlich gar nicht notwendig, weil das sowieso eine Selbstverständlichkeit ist, richtig? Typisches Erwachsenen-Geblubber, richtig? Super. Warum machst du es dann nicht? Warum machst du nicht einen Fehler und lässt es dann gut sein? Wir reden hier nicht über den grammatischen Mist, den du in deinen Latein- oder Englischarbeiten verzapfst – und zwar jedes Mal aufs Neue; wir reden über wirklich wichtige Sachen.

Einen richtig guten Kumpel belogen? Schon beim ersten Mal schlecht, beim zweiten Mal inakzeptabel, auch wenn es nur um Kleinigkeiten geht. Deine Freundin belogen? Gar betrogen? Einmal ist schließlich keinmal, richtig? Nee, falsch! Aber wenigstens sollte man nach dem einen Versagen gepeilt haben, dass solche Dinge kein zweites Mal vorkommen dürfen. Den Penis im Reißverschluss einklemmen? Kann passieren. Aber nicht zweimal oder dreimal oder zwanzigmal, es sei denn, du stehst auf Schmerzen.

Immer, wenn du aus einem Fehler lernst, entwickelst du dich weiter zur Höchststufe der Evolution – zum Mann nämlich. Zum Mann mit Stil und Klasse. Wie sagte ein weiser alter Tattergreis vom Typ Dumbledore aus dem fernen China, ein gewisser Konfuzius: »Wer einen Fehler macht und ihn nicht korrigiert, macht direkt noch einen zweiten hinterher.«

21) VERDAMMT NOCH MAL EIN AUTO FAHREN

Und zwar *vor* dem Führerschein. Ist theoretisch zwar illegal, macht praktisch aber total Spaß. Soll nicht heißen, dass du irgendeine Karre, die am Straßenrand steht, kurzschließen und damit in den Sonnenuntergang brettern oder gar das Gefährt deiner Eltern entwenden sollst. Vielleicht hat ja dein Vater mal Bock auf 'ne kleine Vater-Sohn-Veranstaltung? Bei richtiger Fragetechnik sollte das eigentlich kein Problem sein. Und sobald ihr jede Spur von Zivilisation hinter euch gelassen habt und irgendwo in der arschigsten Ödnis angekommen seid, an einem Ort, wo es niemals Menschen gab und auch nie welche geben wird, sollte eigentlich nichts dagegensprechen, dass er dir das Steuer übergibt. Inklusive des Fahrersitzes, weil hinten vom Kindersitz aus lenken irgendwie nicht besonders dufte ist.

Und warum ist das alles so wichtig? Früher oder später darfst du doch eh legal Auto fahren. – Weil du so früh wie möglich die Macht über ein solches Gefährt haben musst. Weil du vom dauernden Laufen allmählich die Schnauze voll hast. Und weil es einfach zum Erwachsenwerden dazugehört. Du musst ja nicht gleich zum Rennfahrer oder Mechaniker mutieren. Einfach nur cruisen – in nicht besiedeltem Gebiet und ohne irgendwelche Rehe, Kaninchen oder Großmütter mit Gehwagen zu überrollen.

Abgesehen davon, dass du vor deinen Freunden ziemlich protzen kannst, ist es eine Art Abschied von deiner Kindheit. Goodbye sagen ist immer schwer – aber meistens leider notwendig. Warum dann nicht mit wenigstens mit einigen PS unter der Haube?

22) VERDAMMT RICHTIG KNUTSCHEN

Ganz gleich, ob Junge oder Mädchen – die meisten Menschen haben Angst vor dem ersten Kuss. Haben Angst, sich irgendwie dämlich dabei anzustellen und sich gegenüber dem Kusspartner als Nullnummer zu präsentieren. Diese Sorge ist, um es kurz zu machen, vollkommen unbegründet. Küssen ist so ziemlich das Einfachste, was man sich vorstellen kann, wie Spaghetti-Kochen. Und es macht auch noch unglaublichen Spaß, zumindest, wenn du es mit einem Mädchen machst und nicht mit einer Bananenschale oder einem Aschenbecher.

Gehen wir davon aus, du stehst direkt vor deinem ersten Kuss. Das Mädel steht vor dir und wartet. Hübscher als je zuvor. Du weißt, was du zu tun hast, und rauchst erst mal eine Zigarette, um dich zu beruhigen. Natürlich nicht. Stattdessen legst du deine Hände um ihre Hüften und ziehst sie an dich. Wenn ihr Gesicht direkt vor deinem ist und du ihren Atem spürst, ist der Moment gekommen. Damit du auch wirklich den Mund triffst, solltest du ihr Gesicht in deine Hände nehmen. Dann Augen schließen, was sehr wichtig ist. Du brauchst nichts mehr zu sehen. Alles, was du willst, kannst du von jetzt an fühlen. Finde mit deinen Lippen ihre Lippen. Genieße jeden Moment. Irgendwann wird sie ihren Mund leicht öffnen – die perfekte Gelegenheit, deine Zunge wie eine Riesenschlange in ihren Mund zu donnern. Oder auch nicht: Mach mal langsam. Gaaaaanz langsam. Kein Grund zur Eile. Sie wird schon nicht davonlaufen. Und wenn doch, ist es eh zu spät und liegt garantiert nicht an dir. Wenn du im Mund des Mädchens etwas findest, was sich anfühlt wie deine Zunge, aber nicht deine Zunge ist, dann ist es ihre. Berühre sie und spiele mit ihr. Alles Weitere klärt sich von selbst.

Küssen ist übrigens wie Leistungssport: Je nachdem, wie viel Gas du gibst, beanspruchst du – siehe auch Kapitel 5 – schlappe 34 Muskeln mehr oder weniger gleichzeitig. Ein gepflegter Zungenkuss ist etwas, was man gar nicht lernen muss. Man kann es einfach – ohne großartig dafür zu trainieren. Du solltest allerdings ein wenig darauf achten, dass du nicht allzu sehr sabberst. Außerdem solltest du ihr nicht in die Zunge beißen, egal, wie hungrig du bist. Sie kann dir im Anschluss sicherlich noch einen Burger braten.

Richtige Männer wissen, dass man nicht nur auf den Mund küssen kann. Das ganze Gesicht ist eine einzigartige Spielwiese. Geh einfach alle Teile durch, und spätestens, wenn du bei den Ohrläppchen angekommen bist und sie zu stöhnen beginnt, weißt du, dass du etwas richtig gemacht hast. Falls dir irgendwann das Gesicht nicht mehr ausreichend erscheint: Jedes Mädchen hat einen Hals und einen Nacken, und diese Bereiche wiederum sind nicht selten sogenannte erogene Zonen. Das heißt nichts anderes, als dass das Mädel hier ziemlich sensibel ist – was du unbedingt ausnutzen solltest. Neben den bereits beschriebenen Körperteilen verfügt die normale Frau noch über viele andere, welche sie normalerweise unter Kleidungsstücken versteckt. Das Praktische an diesen Kleidungsstücken ist allerdings, dass man sie entfernen kann. Aber vorher fragen! Nicht einfach drauflosreißen! Falls sie es selbst macht, umso besser.

23) VERDAMMT NOCH MAL DIE LAUSCHER BENUTZEN

Kann doch jeder, wirst du denken. Beachte aber die Vorsilbe: Du sollst nicht einfach nur hören, sondern *zu*hören. Damit ist gemeint, dass etwas Gehörtes nicht einfach vom linken Ohr zum rechten Ohr und dann wieder in die Luft entschwindet, sondern dass es mit Hirn und Seele verarbeitet wird. Fängt schon in der Schule an, ist dort aber natürlich egal. Wichtig ist die Fähigkeit des Zuhörens, wenn Freunde ihren emotionalen Ballast bei dir parken wollen, soll heißen: wenn sie sich mal auskotzen müssen. In diesem Fall wird von dir erwartet, dass du die Schnauze hältst und dir das wie auch immer geartete Gefasel so lange anhörst, bis bei deinem Gesprächspartner die Stimme verstopft.

Gerade Mädchen wollen Jungs, die nicht zu jedem Mist ihren Senf dazugeben, sondern Interesse zeigen (oder heucheln) und mit Bewegungen der Augenlider zu verstehen geben, dass sie a) wirklich und ernsthaft zuhören und b) die Sprecherin unbedingt fortfahren soll, weil es gerade so unglaublich spannend ist. Während des Zuhörens solltest du ihr übrigens *nicht* auf den Busen starren oder dir vorstellen, wie geil es wäre, mit ihr nackt unter der Dusche zu stehen. Konzentriere dich auf den Inhalt ihrer Worte. Mehr nicht. Klingt total simpel, ist es auch. Ob du gut zuhören kannst oder nicht zeigt, ob du ein nur auf Selbstdarstellung ausgelegtes Arschloch bist oder ob du die Fähigkeit hast, auch anderen die Chance zur Selbstdarstellung zu geben.

24) DEN VERDAMMTEN STROM BESIEGEN

Wenn ein Junge ein hübsches Mädchen sieht, ist er normalerweise elektrisch aufgeladen und bekommt einen

Ständer. So oder so ähnlich ergeht es dir auch, wenn du deinen Finger in die nächstbeste Steckdose steckst. Macht zwar Spaß, dauert aber meist nicht besonders lange und führt nicht selten auf direktem Weg in den Sarg. Mit genügend Vorkenntnissen allerdings ist dies zu verhindern. Gerade wenn dich bereits das Einschrauben einer Glühbirne überfordert, solltest du den weiterführenden Lehrgang »Steckdose« auf jeden Fall noch mitnehmen. Besonders Interessierten empfehlen wir auch die Kurse »Lichtschalter« und »Klobrille«.

Zu beachten ist in allen Fällen, dass auf Steckdose oder Lichtschalter oder Klobrille kein Strom mehr liegt. Wie man den Strom abstellt, fragst du? Kein Problem – ruf einfach das örtliche Elektrizitätswerk an und verlange ein sofortiges Einstellen der Stromlieferungen für deinen Ort, sicherheitshalber am besten gleich für 24 Stunden. Alsdann ist es kein Problem mehr, das Ding von der Wand zu reißen und eine neue einfach darüberzukleben. Falls du beim E-Werk niemanden erreichen solltest, weil mal wieder alle Mitarbeiter gleichzeitig im Urlaub oder zu Tisch sind, kannst du auch einfach den Sicherungskasten im Haus suchen und besagte Sicherung »rausnehmen«.

Besonders mutige Elektriker verzichten auf solche Albernheiten und ziehen sich stattdessen einfach Gummistiefel an. Gummi leitet den Strom kaum, sodass der dem Körper keinen Schaden mehr zufügen kann. Könnte allerdings passieren, dass deine Zehen, inklusive deiner Füße, plötzlich schwarz werden und anfangen, nach Rostbratwurst zu riechen, was ein untrügliches Zeichen dafür ist, dass du ziemlich fix einen Krankenwagen rufen solltest.

25) DIE VERDAMMTE RÄCHTSSCHREIBUNG BEHERRSCHEN

Neben dem Beherrschen der korrekten Grammatik ist es zwingend notwendig, dass du auch Orthografie draufhast. Gerade Jungen wird gerne mal unterstellt, dass sie zu oberflächlich sind, um richtig schreiben zu können. Diesen Vorurteilen musst du dich mit aller Kraft entgegenstellen. Jedes Wort verlangt nach korrekter Schreibweise – jedes falsch geschriebene Wort zeigt deinen Mitmenschen, dass du hohl wie ein Marmeladenglas bist. Früher oder später schreibst du vielleicht tatsächlich mal einen Liebesbrief, und der kommt bestimmt total gut an, wenn schon in der Anrede »Libe Schantal« steht.

Falls du trotz aller Anstrengungen dauernd alles falsch schreibst, Buchstaben vertauschst oder weglässt (aus »Mitte« wird »Titte«, aus »Gesang« wird »Gestank«, aus »Marsch« wird »Arsch«) gehörst du wahrscheinlich zur elitären Gruppe der Lese-Rechtschreib-Geschädigten. In diesem Fall kannst du einfach nach Gefühl schreiben – statistisch gesehen wirst du früher oder später irgendetwas richtig schreiben, genauso wie Affen, die tausend Jahre lang auf tausend Schreibmaschinen tippen, statistisch gesehen irgendwann einen Roman schreiben werden.

Korrekte Rechtschreibung ist, mal ganz im Ernst, eine Notwendigkeit, um in der modernen Welt zu überleben. Wenn dir Wörter wie »Rhythmus« oder »Desoxyribonukleinsäure« Schwierigkeiten machen – kann passieren. Falls du allerdings Schwierigkeiten bei Hammerbegriffen wie »Hund« und »Hand« und »Wand« hast, solltest du einen Lehrer um Hilfe bitten. Vorzugsweise einen, dessen Tafelschrift lesbar ist und der zumindest an normalen Tagen weniger als zehn Fehler fabriziert.

10. KAPITEL

25

Buchstaben,

die du fehlerfrei

beherrschen solltest

Hier eine kurze Auflistung der wesentlichen Zeichen – vereinfacht dargestellt.

A B C D E F G H I J K L M N
O P Q R S T U V W Y Z

Das ging dir dann doch ein wenig zu schnell?
Gerne noch einmal:

A B C D E F G H I J K L M N
O P Q R S T U V W Y Z

Und noch mal das Ganze, allerdings mit erhöhtem Schwierigkeitsgrad:

a b c d e f g h i j k l m n
o p q r s t u v w y z

Falls du clever bist, erkennst du, dass sich beide Symbolreihen ähneln. Allerdings haben Sprachwissenschaftler für diese Laune der Natur bislang noch keine vernünftige Erklärung gefunden. Moderne Linguisten gehen jedoch davon aus, dass die Symbole der zweiten Reihe schlicht und einfach »kleiner« sind, wobei genaue Messergebnisse in diesem Kontext bislang leider fehlen.

Bei der obigen Auflistung, welche nach langwierigen Recherchen (Expertengespräche, Studium antiker Akten, Kreuzworträtsel lösen etc.) zusammengetragen werden konnte, handelt es sich nach landläufiger Meinung um das im westlichen Sprachgebrauch häufig verwendete sogenannte »Alphabet«. Das Alphabet besteht aus einer Ansammlung von Kreisen und Strichen, welche sich zu Buchstaben formen und gemeinhin als Bestandteile der Schrift gelten. Jüngere Buchstaben, dies aber nur für intellektuelle Lerner, werden Buchstäbchen genannt, ebenso also wie man ältere Fischstäbchen natürlich biologisch korrekt als Fischstaben bezeichnet.

Das Alphabet umfasst – siehe links – 25 aus Kreisen und Kringeln und Strichen zusammengesetzte Buchstaben. X, theoretisch der 26. Stab, ist kein ordnungsgemäßer Buchstabe und kommt lediglich vor in Wörtern wie »X-Beine« oder »X-Chromosom« oder »Xbox«. Es ist daher zu vernachlässigen.

Umlaute wie Ä oder Ö oder Ü sind ebenfalls keine Buchstaben im eigentlichen Sinne, vielmehr sexuelle Betriebsunfälle aus fehlgeleiteten Beziehungen zwischen zum Beispiel A und E oder O und E oder U und E. Demnach ist es also zulässig, Ähs, Öhs und Ühs als sprachliche Wirrköpfe zu bezeichnen, die keine erkennbare Kommunikationsfunktion ausüben. Aus den obigen Buchstaben lassen sich, sofern richtig zusammengesetzt, Worte formen, zum Beispiel »Nagelbettentzündung« oder »Analdenker«. Die Aneinanderreihung verschiedener Wörter ergibt dann einen grammatikalischen und syntaktischen Komplexstrang. Soll heißen: Da kommt 'n Satz raus!

Es ist selbstverständlich, dass du bei korrekter Anwendung der oben genannten Buchstaben imstande bist, problemlos Sätze zu bilden, und zwar fehlerfreie. Sicherlich musst du dich dafür einige Stunden auf den Arsch setzen und die nicht leicht verständlichen Inhalte der dargestellten Reihe von A bis Z in deine Gehirnmasse prügeln, doch wird sich der Aufwand früher oder später auszahlen.

11. KAPITEL

25

Dinge,

die theoretisch unmöglich sind,

DIE DU ABER TROTZDEM MAL PROBIEREN SOLLTEST

Unmögliche Dinge gibt es nicht. Wenn dir jemand sagt, dass etwas unmöglich ist, dann lügt dieser Jemand. Unmögliches ist eine Lüge. Unmögliches ist gerade für einen angehenden Mann eine Herausforderung, die es zu bewältigen gilt.

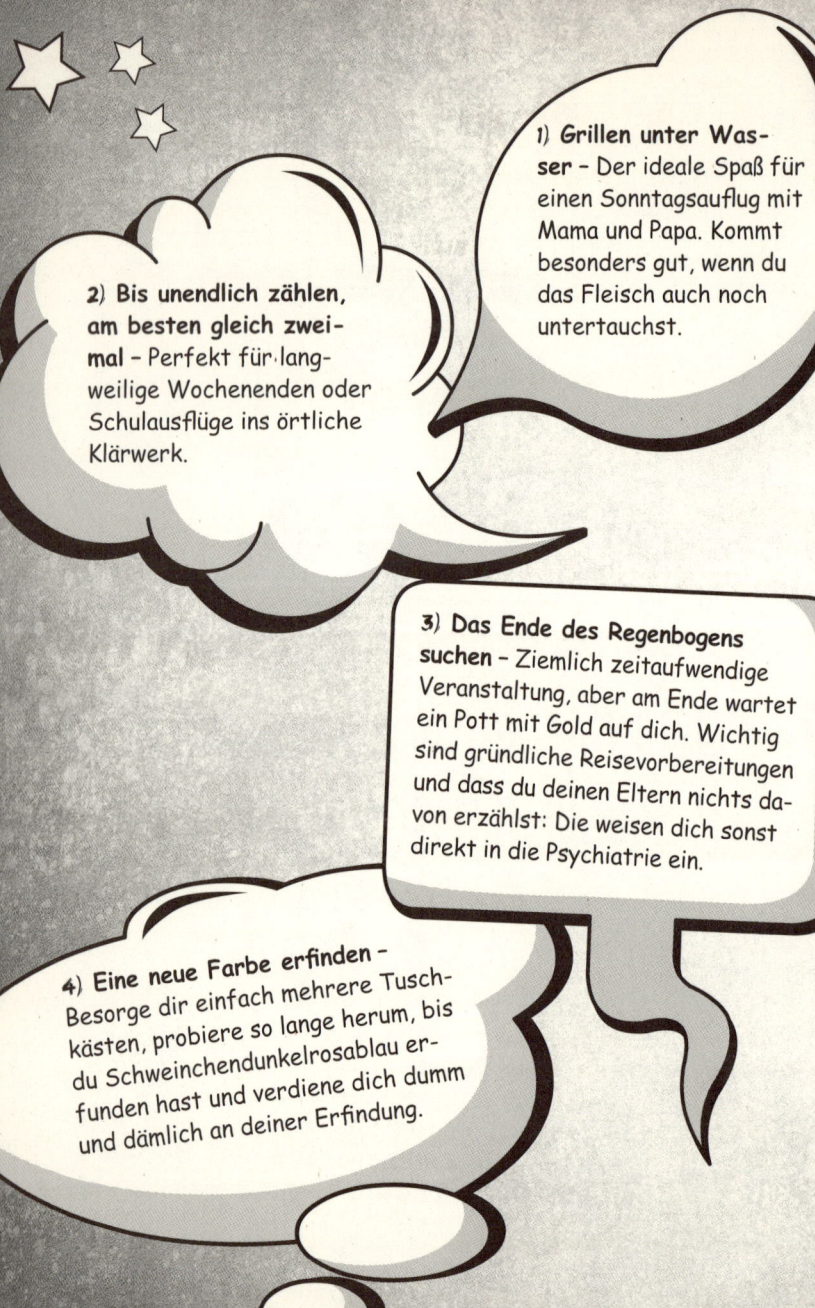

1) Grillen unter Wasser – Der ideale Spaß für einen Sonntagsauflug mit Mama und Papa. Kommt besonders gut, wenn du das Fleisch auch noch untertauchst.

2) Bis unendlich zählen, am besten gleich zweimal – Perfekt für langweilige Wochenenden oder Schulausflüge ins örtliche Klärwerk.

3) Das Ende des Regenbogens suchen – Ziemlich zeitaufwendige Veranstaltung, aber am Ende wartet ein Pott mit Gold auf dich. Wichtig sind gründliche Reisevorbereitungen und dass du deinen Eltern nichts davon erzählst: Die weisen dich sonst direkt in die Psychiatrie ein.

4) Eine neue Farbe erfinden – Besorge dir einfach mehrere Tuschkästen, probiere so lange herum, bis du Schweinchendunkelrosablau erfunden hast und verdiene dich dumm und dämlich an deiner Erfindung.

5) Ein Perpetuum mobile bauen – Solch eine Maschine treibt sich selbst an, ohne Strom, Wind, Wasser, Muskelkraft etc. Haben schon Millionen Wissenschaftler vor dir versucht – aber offenbar hatten die nicht die notwendige Geduld dafür. Tolle Tätigkeit für verregnete Sommerferien!

6) Ein Dreieck zeichnen, bei dem die Summe der Innenwinkel *nicht* 180 Grad beträgt – Viel Vergnügen damit! Falls es nicht klappt, probiere es doch mal mit der Produktion eines eckigen Kreises. Letzteres gilt als recht simpel.

7) Ein Mädchen finden, das sich nicht um sein Äußeres kümmert – Falls zu anstrengend, kannst du auch die Sandkörner im vollgeschissenen Sandkasten eines Kinderspielplatzes zählen. Scheitert zwar ebenfalls, geht aber schneller.

8) Mit der Zunge Ellenbogen, Augenlider oder Genitalien abschlecken – Und zwar deine eigenen! Sieht hundertprozentig ziemlich schräg und dämlich aus und führt dich, falls jemand zusieht, mit ziemlicher Sicherheit in die Anstalt für körperlich besonders wendige Bekloppte. Als Zeitvertreib bei Verwandtenbesuchen aber allemal geeignet!

9) Deinen Penis vergrößern – Zum Beispiel, indem du einfach Gewichte dran hängst. Dass da noch keiner drauf gekommen ist ...

10) Das Alphabet in den Schnee pinkeln – In allen Sprachen, inklusive Serbokroatisch, Mandarin und Bairisch und in Groß- und Kleinschreibung (siehe oben). Tipp: Vorher ein Glas Wasser trinken.

11) Einem beliebigen Haustier (Katze, Hund, Wellensittich) beibringen, das Klo zu putzen – Mit genügend Training geht alles!

12) Von Sonnenaufgang bis Sonnenuntergang nicht atmen – Und dann das Gleiche noch mal nachts. Was dieses ganze Atmen an Energie verbraucht. Irre.

13) Im Regen nackt und ohne Regenschirm spazieren gehen, ohne dabei nass zu werden – Ein wahnsinnig prickelndes Vergnügen, dem man sich auch wunderbar auf Klassenfahrten mit der gesamten Gruppe hingeben kann. Für dicke Kinder, gleichgültig ob Mädchen oder Junge, allerdings schwierig, da sie den Tropfen nicht so gut ausweichen können.

14) Ein normales Blatt Papier wenigstens 50 Mal in der Mitte knicken – Erfordert ein wenig Fingerspitzengefühl und ist sterbensöde, aber immer noch besser als nutzlos in die Gegend chillen.

15) Ungekochte Spaghetti um die Gabel wickeln – Sieht saumäßig witzig aus und sorgt für ungebremste Faszination am Tisch (und, wieder mal: Einweisung in die Klapse).

16) **Den Kühlschrank öffnen, bevor das Licht darin angeht** – Abwandlung I: Dich im Kühlschrank verstecken und gucken, ob es beim Schließen wirklich ausgeht. Abwandlung II: Den Kühlschrank auseinanderbauen, dich selbst in die Mitte platzieren und das Ding um dich herum wieder zusammensetzen. Abwandlung III: Die Birne ausschrauben und gucken, was passiert.

17) **Ein gefrorenes Fischstäbchen so lange beatmen, bis es wieder zum Leben erwacht** – Kann man auch direkt im Laden ausprobieren. Führt mit Sicherheit zu einem sehr sonderbaren Gespräch mit dem Filialleiter.

18) **Eine Woche lang nicht masturbieren** – Dem Autor ist trotz intensivster Recherchen kein Junge bekannt, der dies jemals geschafft hat. Ärzte und Apotheker warnen in diesem Kontext vor schlimmen Nebenwirkungen. Wenn dich das aber erst recht anspornt – lass jucken!

19) **Eine Drehtür zuschlagen** – Solltest du aber erst versuchen, wenn wirklich niemand drinsteht. Sicherlich eine Beschäftigung, die für heiße Sommertage gut geeignet ist. Ventilatoreffekt!

20) **Beim Stehen gehen** – Anspruchsvoll, intellektuell schwer verdaulich und nur für wirklich hartnäckige Kerle geeignet.

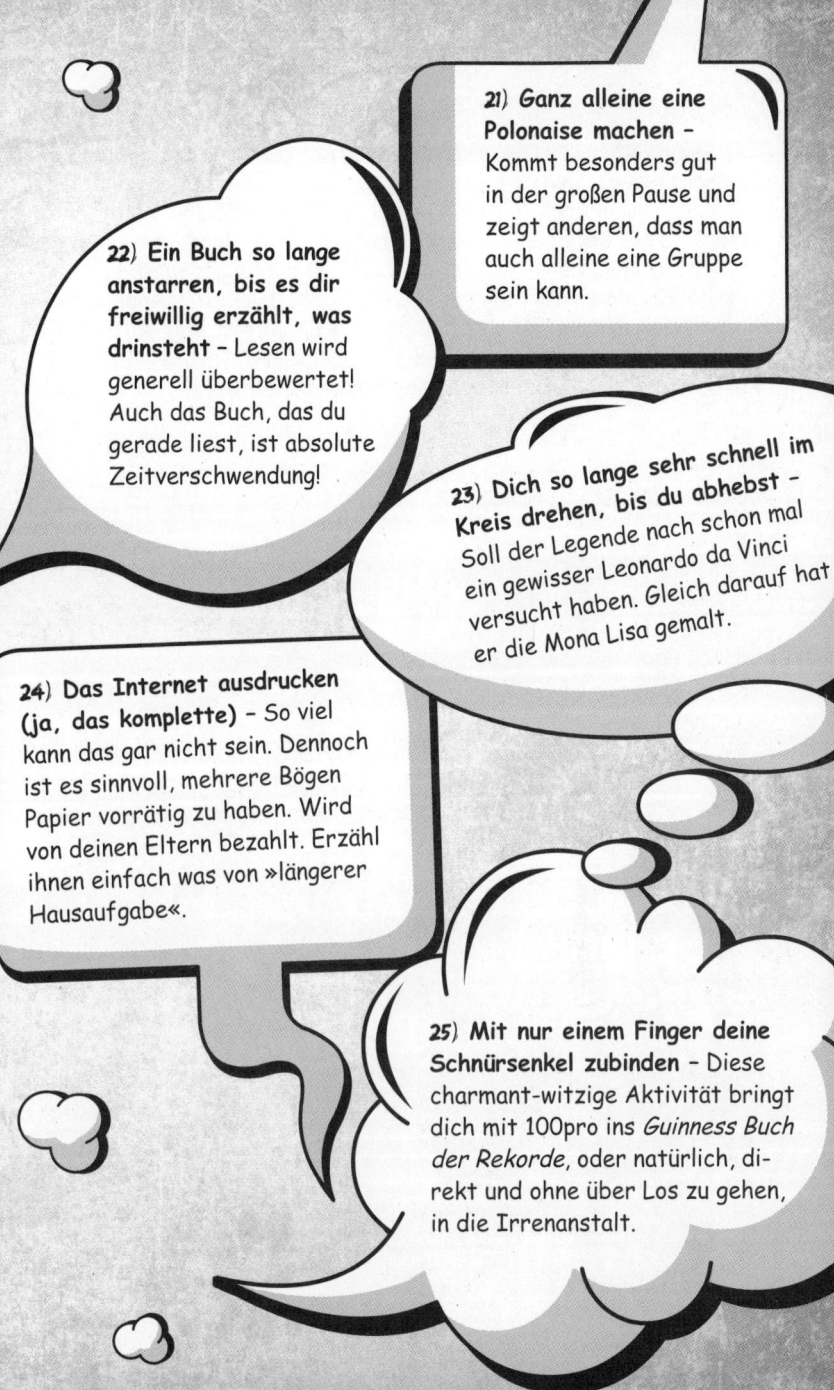

Als Mann verfügst du über einen gewissen Ruf, den du dir über Jahrzehnte angeeignet hast, den du aber mit einem einzigen Bissen, einem einzigen Schluck vollkommen ruinieren kannst. Erfahrene Männer wissen, wie man sich korrekt ernährt. Fleisch ist dabei selbstverständlich ein Hauptnahrungsmittel. Neben Brot. Bier ist auch in Ordnung, da sich darin all die guten Zutaten des Brotes wiederfinden. Nicht umsonst nennt man es auch »Flüssigbrot«. Wo aber hört der gute Geschmack auf? Wo fängt er an? Ist Schnitzel okay? Wenn ja, was ist mit Schnitzel mit Gemüse? Oder mit Gemüse ohne Schnitzel? Was also geht mal gar nicht?

12. KAPITEL

25

Dinge,

DIE EIN JUNGE NIEMALS IN DEN MUND NEHMEN SOLLTE

1) Tofu

Weil der eigentlich nur an Dachpappe erinnert und nicht einmal den Nährstoffgehalt eines versifften Duschvorhangs mit darin eingewickelter Badelatsche hat. Außerdem sollte bekannt sein, dass die Population des in den eisigen Wäldern Floridas heimischen Tofutieres seit Jahren in besorgniserregendem Ausmaße zurückgeht. Mit jedem Stück Tofugestrüpp, das er weniger verputzt, schützt ein ökologisch korrekter Esser wie du also das Habitat eines bedrohten Lebewesens! Ein dermaßen korrekter Lebensstil treibt selbst vegetarischen Mädchen die Schamesröte ins Gesicht!

2) Salat

Weil alle Nahrungsmittel, sogar Tofu, und das ist noch nicht einmal ein Nahrungsmittel, deutlich besser schmecken, wenn man auf Salat als »Beilage« verzichtet. Fragt man 100 hungernde afrikanische Kinder, ob sie lieber Salat wollen oder ein frisches Steak, ist die Antwort zu 100 Prozent Steak. Das sagt alles! Salat nimmt auf dem Teller außerdem kostbaren Raum für richtige Zutaten (Fleisch, Pommes, Majo) weg und ist folglich so überflüssig wie ein Penispickel. Wobei man einen Penispickel wenigstens ausdrücken kann! Probier das mal mit Salat. Du wirst feststellen: noch nicht mal für die einfachsten Dinge zu gebrauchen.

3) Rucola

Mitglied der Salatfamilie, muss aber an dieser Stelle besonders hervorgehoben werden, weil man gerade Kreuzblütengewächsen niemals trauen kann. Rucola – entfernt verwandt mit einem gewissen Dracula – wird ausschließlich von Mädchen gegessen, niemals aber von dicken Mädchen, am liebsten auf einer Pizza, dort dann aber ohne sämtliche andere Zutaten, inklusive Käse, Tomaten oder Teig.

4) Veggie-Burger

Weil es sich bereits beim Terminus um einen sprachlichen und inhaltlichen Widerspruch handelt. Burger sind vieles, lecker zum Beispiel, oder fettig, oder herrlich ranzig, aber niemals veggie. Bei Versuchen, Veggie-Burger zu grillen, ist schon so mancher Grill aus lauter Protest weggelaufen oder hat sich (mit voller Berechtigung) selbst entzündet.

5) Gemüse

Weil es reich an Vitaminen und Mineralstoffen ist und weil Mediziner schon vor 1.000 Jahren herausgefunden haben, dass diese Stoffe in einem männlichen Körper nur Not und Elend verursachen. Vor allem der Genuss von Grünkohl und Kohlrabi führt bereits in kleinsten Dosierungen zu extremen Durchfallattacken und sollte deshalb tunlichst vermieden werden.

6) LEGO-Steine

Weil Produkte aus Dänemark generell nicht schmecken und sich im Bauch sehr schnell ein »Klötergeräusch« einstellt. LEGO-Steine können zwar über den After ausgeschieden werden, es kann dabei aber zu schmerzhaften Komplikationen kommen, zurückzuführen auf die Tatsache, dass eckige Plastikteile nur schwer mit runden Körperöffnungen kompatibel sind. Ein klein wenig besser als LEGO pur ist LEGO Technic – für die Grenzgänger unter den Jungs …

7) Haustiere

Weil der Verzehr von Haustieren
a) nicht erlaubt und b) widerlich ist.
Es sei denn, du verbringst den Urlaub in
China – dort gehört es zum guten Ton, sich
zum Abendessen einen frittierten Köter oder eine
gebratene Katze mit Bandnudeln und Bambusspros-
sen zu gönnen. Chinesen essen ohnehin alles mit vier
Beinen. Außer Tische.
Eichhörnchenkompott mit Preiselbeeren und frischer
Sprühsahne hingegen wird in vielen Regionen der
Erde als Delikatesse angesehen – völlig zu Recht!
Und problemlos in jedem Restaurant (zum Beispiel beim Griechen oder Vegetarier) bestellbar.
Bei Eichhörnchen handelt es sich nur
bedingt um Haustiere – Zubereitung
und Verzehr sind also nicht
strafbar.

8) Frühlingsrollen

Weil sie zwar chinesischen Ursprungs sind, aber weder aus Haustieren noch überhaupt aus Fleisch
bestehen, stattdessen aus Gemüse-
abfällen, Roter Grütze und den Resten
verstorbener Schneeglöckchen, die
nun wirklich ein besseres Schicksal
verdient haben, als in einer frittierten Teigfrikadelle ohne
Frikadelle zu landen.

9) Suppen

Als Vor- oder Nachspeise vielleicht gerade noch zu tolerieren, aber kaum als Hauptgericht geeignet. Suppe ist traditionell flüssig. Auch flüssige Speisen machen satt – aber nur Mädchen! Suppen sind, wie sämtliche Maskulinitätswissenschaftler immer wieder warnen, in keiner Weise auf das tatsächlich notwendige Nahrungsaufnahmevolumen eines Mannes abgestimmt und gehören von männlichen Speiseplänen auf alle Zeiten mit Schimpf und Schande verbannt.

10) Zigarettenkippen

Es gibt kaum etwas Schmackhafteres als die Überbleibsel einer Zigarette – zumindest, wenn deine Geschmacksnerven Urlaub haben oder auf Fortbildung sind. Gerade Filterreste verleiten durch ihre sympathische Gelb-Braun-Färbung mit den kecken weißen Pünktchen zu sofortigem Verzehr, wovor man sich aber hüten sollte, denn nicht nur enthalten sie ziemlich viel chemischen Dreck, Zigarettenkippenesser gelten in der modernen Gesellschaft auch als »asozial«. Deshalb also Finger weg und lieber einen Aschenbecher verputzen. Vorher allerdings leeren!

11) Coke Zero

Weil diese anstatt der 30 Zucker-
würfel einer normalen Colaflasche
(hoher Gesundheitswert!) lediglich
künstliche Süßstoffe beinhaltet und damit ein nur für Mädchen geeignetes Null-
kaloriengetränk ist. Kalorien sind für das
Wachstum von Körper und Penis absolut notwendig, ein Verzicht darauf
wäre Verrat an deiner Gesundheit und männlichen
Entwicklung.

12) Katzenfutter

Was lecker aussieht und stinkt,
muss noch lange nicht gut sein. Selbige Regel ist anwendbar auch auf Hunde-
futter und Sittichfutter. Katzenfutter besteht zu etwas mehr als 100 Prozent aus
Sägemehl und/oder alten Pornozeitschrif-
ten, verfügt über den Vitamingehalt eines
Radiergummis (was positiv ist) und darf, je
nach Gesetzeslage, wenn überhaupt nur
unter Aufsicht einer Sprechstunden-
hilfe in Wartezimmern erfahrener
Tierärzte verzehrt werden.

13) Rattengift

Weil bereits die Handhabung viel zu umständlich ist und man sich vor dem Essen erst stundenlang die Liste mit den Nebenwirkungen reinpfeifen muss. Rattengift gehört zur Gruppe der »Lebensmittel mit Bedienungsanleitung« und ist daher für Jungs nicht geeignet, auch nicht als Snack zwischendurch. Dann doch lieber eine schöne Dose Insektenspray trinken!

14) Klassenarbeiten und Tests

Weil manche Lehrer wollen, dass Mama oder Papa die Dinger unterschreiben. Schwierig, wenn sie erst nach Stunden des Verdauungsprozesses aus dem Klo gefischt und, falls noch lesbar, langwierig getrocknet werden müssen. Tests in derartiger optischer Qualität werden von qualifizierten Pädagogen nur sehr ungern zurückgenommen.

15) Kondome

Weil sie nur auf den ersten Blick einen prima Kaugummiersatz darstellen (nur mit sehr viel Mühe lassen sich damit richtige Blasen machen). Hauptverwendungszweck des Kondoms, im Fachjargon »Lümmeltüte« oder »Zwangsjacke« genannt, ist neben dem Flicken von Fahrradreifen das Abdichten undichter Fensterrahmen.

16) Nasenpopel

Schade eigentlich, denn beim Popel handelt es sich um ein überaus nährstoffhaltiges Nasennebenprodukt. Es gibt ihn in den Geschmacksrichtungen schleimig und zäh und er bietet sich als gesunde Alternative zu zum Beispiel Bratwurstbrei an. Kann man unbedenklich essen, aber niemals in der Öffentlichkeit und niemals, wenn Mädchen dabei sind, da diese weder mit der Tätigkeit des Erntens (dem sogenannten Verpopeln) noch mit der des Verspeisens einverstanden sind und unbegreiflicherweise »Ekel« davor empfinden. Das Spielen mit Popeln (zum Beispiel auf den Handflächen) in Gegenwart eines Mädchens führt zum sofortigen Abbruch eines Dates (eine gute Strategie, ein Date bei Nichtgefallen zu beenden).

17) Erdbeer-Milchshakes

Obwohl Milch generell als »gesund« gilt, ist ihr Genuss auch für Jungs nicht schädlich. Willst du aber von deinen Rudelgenossen und bevorzugten Girlies als Mann ernst genommen werden, bestellst du niemals ein Milchgemisch mit Erdbeeren drin. Erdbeeren sind rot und pink und weiblich. Gleiches gilt für Waldbeeren, Preiselbeeren und Lorbeeren. Schoko-Milchshakes sind in Ordnung, Schoko ist braun und dunkel und maskulin. Vanille geht auch, in Ausnahmefällen auch Joghurtaroma.

18) Alkoholfreies Bier

Bier, nicht grundlos offizielles Staatsgetränk in allen Staaten der Erde außer in Frankreich – dort trinken die Menschen ausschließlich Kartoffelschnaps –, ist bekanntlich ein Grundnahrungsmittel und nach dem Deutschen Reinheitsgebot von 1516 gebraut. Folglich ist es gut! Bis irgendwelche Gesundheitsapostel auf die Idee kamen, den Alkohol aus dem Bier zu klauen und es für teuer Geld nach Sansibar zu verkaufen. Bei Mädchen wird diese bierische Resterampe (zum Beispiel Beck's Blue) jedes Jahr populärer. Als Junge ist es deine Pflicht, dich solchen sogenannten Lifestyle-Drinks mit aller Härte zu widersetzen. Entweder du trinkst richtiges Bier. Oder du lässt es sein.

19) Blumen

Weil man Blumen (also Rosen, Tulpen, Rhododendron etc.) nicht isst, sondern ansieht oder verschenkt. An Mädchen, die man scharf findet, oder eben an Mama und Oma und natürlich an Lehrerinnen, bei denen man zensurenmäßig am Abgrund steht. Das Essen von Blüh- oder Grünpflanzen ist zwar nicht tödlich, wird aber zu einer unangenehmen Erfahrung, wenn noch eine Bienenfamilie auf der Blüte hockt. Wer nicht ganz auf Blumen verzichten möchte, kann sich mit einer leckeren Spezialität wie frisch gemähtem Rasen (gerne auch kombiniert mit Hecke) über Wasser halten. Geschmacklich ist kaum ein Unterschied erkennbar.

20) Tomatensaft

Weil auch Tomaten Gemüse sind.
Oder Obst. So genau kann und sollte ein
Junge das nicht wissen. Und weil Tomaten
sehr sensible und dauernd jammernde Lebewesen sind, die sich total aggro verhalten, wenn
sie mit Gewalt durch einen Mixer geprügelt werden. Davon abgesehen schmeckt Tomatensaft zum
Kotzen und wird aus unerfindlichen Gründen nur
auf Flugreisen getrunken. Es sollte auch nicht
außer Acht gelassen werden, dass alles, was aus
Tomaten besteht, tödlich ist: Der Saft von
lediglich 800 Tomaten führt bereits zu
einem qualvollen Ende durch Blau-
säurevergiftung!

21) Känguruhoden

Weil du schließlich deine eigenen
Klöten auch nicht mit Messer und Gabel
und Löffel bearbeiten würdest. Hoffen wir
wenigstens. Känguruhoden sollen gut für die
Potenz sein; was gleichermaßen auch für die Gehänge von Eseln, Schafen oder Sackratten gilt.
Diese Potenz-Theorie ist allerdings Unsinn. Das
Futtern von Hoden und Schwänzen anderer Lebewesen führt definitiv nicht zu einer »steiferen«
Lebensdauer eigener Genitalien. Wer von Tier-
hoden Abstand nimmt, möge dies bitte auch
in Bezug auf Penisse tun – kein aufrechter
Schwanz, egal von welchem Viech, hat
es ernsthaft verdient, auf einem
Teller zu landen!

22) Alles Veganische

Veganer, quasi die Könige unter den Gesundlebenden, essen nichts, was auch nur die Spur eines Schattens wirft, also auch keine Grashalme, auch nicht im Dunkeln, und trinken noch nicht einmal Wasser aus dem Hahn, weil Hähne total schöne Tiere sind, die man nicht durch dauerndes Melken ausbeuten sollte. Veganer haben zwar Superkräfte und können geräusch- und geruchslos furzen, sind aber entweder nur in weiblicher Form oder als männliche Komplettluschen anzutreffen.

23) Kinderteller

Stell dir mal vor, du gehst mit Kumpels in ein richtiges Restaurant und orderst allen Ernstes eine schöne Portion »Schweinchen Dick« (Schweineschnitzel mit süßem Senf) oder »Free Willy« (Fischstäbchen mit Kartoffelpü), wahlweise auch den spaßigen »Räuberteller für Kids« (leerer Teller – du darfst dafür alles bei deinem Tischnachbarn »räubern«). Kumpels denken vielleicht noch: »Lässig, weil billiger.« Mädchen hingegen bekommen einen Schäm-Flash und laufen an wie Ketchup. Fürs nächste Date werden sie sich jemanden suchen, der sich statt des »Donald-Duck-Überraschungstellers nach Art des Hauses« (eine halbe Grilltomate, gekocht) doch eher für einen »Gyrosteller doppelt« entscheidet.

24) Müsli

Weil man damit den Vögeln ihr Futter klaut. Und weil Männer genetisch bedingt nicht zur Müsliaufnahme geeignet sind — Kariesbefall ist garantiert, ebenso Funktionsstörung aller lebenswichtigen Organe. Gilt für fast alle Müslisorten, vor allem für solche mit von Mama selbst gepflückten Nüssen und/oder Hafer- beziehungsweise Weizenkleie. Einziges unbedenkliches Körnerfutter für Kerle: Müsli Hawaii. Die Zubereitung ist simpel: Bratwurst statt Nuss, Ketchup statt Milch! Wer will und ein wenig rebellischer veranlagt ist, kann — auch, um bei den Mädels Eindruck zu schinden — noch ein Ferrero Küsschen zur Verzierung draufschmeißen.

25) Stilles Wasser

Weil man genauso gut Wasser aus dem Klo trinken kann, vor oder auch nach dem Urinieren. Es gehört zu den großen Geheimnissen der Lebensmittelindustrie, warum man Wasser ohne Kohlensäure in Flaschen füllt, obwohl es das Zeug in jedem Hahn gibt — dazu noch in vernünftiger Qualität. Richtiges Wasser hat Blubber, Blubber führt zu Rülpsern, Rülpser sind männlich! Stilles Wasser hingegen ist dermaßen leise, dass man es noch nicht mal beim Pissen hören kann, und folglich in jeder Hinsicht feminin. Dann doch lieber ein schönes Glas Wurstwasser — natürlich lauwarm, da nur so die Reste der Pelle geschmacklich zur Geltung kommen. Wurstwasser ist erschwinglich für jedermann und liegt bei modernen Jugendlichen voll im Trend. Sei auch du Teil dieses neuen Hypes!

Es geschah einmal vor langer Zeit, irgendwann, als noch große, mächtige Mammuts büffelnd über die weiten Steppen der Eiszeit donnerten, dass ein junger Mann, mutig und von beeindruckender Gestalt, auf einer Lichtung von einer ganzen Herde solcher riesiger, fetter Mammuts umzingelt war. Macht nichts, dachte er, ich hab ja meine Steinschleuder. (Mammuts, da sind sich Archäologen einig, hatten nämlich voll Angst vor Steinschleudern.) Also griff der mutige junge Jäger beherzt in seinen aus Gras geschnürten, perfekt anliegenden Lendenschurz, suchte und suchte und musste zu seinem Entsetzen feststellen, dass er seine Schleuder offenbar morgens neben dem Toaster hatte liegen lassen. Die Mammuts, welche neben den Wiesenwichsern, einer Unterart der Gemeinen Küchenschabe, zu den intelli-

13. KAPITEL

25

Dinge,

DIE EIN JUNGE BESITZEN MUSS

gentesten Tiere der damaligen Zeit zählten, erkannten die Lage natürlich sofort und stürzten sich auf den auf einmal vor Angst schlotternden Jäger. Er wurde verputzt, noch bevor er »Scheiße« sagen konnte.

Spätestens seit diesem Moment wissen Männer, dass es Dinge gibt, die man einfach dabeihaben sollte. Aus diesem simplen »Dabeihaben-Müssen« wurde dann irgendwann ein »Besitzen-Müssen«, weil man schließlich nicht immer alle Dinge einfach so mit sich tragen kann. Mädchen haben Handtaschen, in denen notfalls auch mal Platz für einen ganzen Kleiderschrank ist. Jungs haben so was nicht, auch wenn sich in der Pariser Modeszene das Handtäschchen für den Mann immer mehr durchsetzt … Reden wir also über die - materiellen - Dinge, die jeder Junge einfach besitzen muss.

1 WAS ZUM TÖTEN

Auch wenn die Dinger an Schulen verboten sind, handelt es sich bei einem Taschenmesser um einen universell einsetzbaren und lebensnahen Gebrauchsgegenstand, von Männern, für Männer. Mit etwas Glück kann man es sich zum Geburtstag schenken lassen – oder man klaut halt gleich das von Papa. Einige Taschenmesser sind wirkliche Megatalente. Man findet an ihnen nicht nur ein Messer, sondern auch noch Schere, Korkenzieher, Flaschenöffner, Piksding, Nagelfeile und für einige Tausend Euro Aufpreis auch noch einen Porsche 911. Taschenmesser werden anders als vielfach gedacht nicht dazu verwendet, Taschen zu messen. Auch nicht dafür, andere Leute abzustechen. Sie sind Überlebenshilfen! Wenn es gerade mal nichts zu überleben gibt und man auch sonst nichts mit dem Teil anzufangen weiß, kann man es immer noch für Mutproben verwenden. Alle Werkzeuge ausfahren, inklusive Piksding, in die Luft werfen und mit verschiedenen Körperteilen oder -öffnungen wieder auffangen. Total gut, um Mädchen zu beeindrucken! Eltern reagieren allerdings eher als Spaßbremsen (wann mal nicht?). Sie nehmen dir das Messer weg und geben dir stattdessen einen Plastiklöffel aus Knete zum Spielen. Klar ist das unfair, aber wer sagt denn, dass das Leben fair ist?

WAS ZUM FINDEN

Ein Kompass (im Plural natürlich Kompanten) ist zuerst einmal ein Gerät zur Bestimmung einer festgelegten Richtung und wird wohl im Wesentlichen in der Seefahrt verwendet. Hat irgendwas mit dem Erdmagnetfeld zu tun, aber davon versteht sowieso niemand etwas. Ohne den Kompass jedenfalls hätte ein Knilch namens Kolumbus niemals Indien entdeckt. Wobei – hat er ja auch so nicht, was ihn nicht hinderte, die Leute Indianer zu nennen. Aber egal. Da nicht davon auszugehen ist, dass du in nächster Zeit zur See fahren wirst, ist die Frage »Was soll ich mit so einem Teil?« durchaus berechtigt. Die Antwort lautet ganz einfach: Auf Kurs bleiben!

Der praktische Nutzen hält sich in Grenzen – vielmehr ist so ein Ding eher geeignet, um dein Seelenleben auf Vordermann zu bringen, wenn die Dinge mal wieder so richtig schön moppelkotze laufen. Immer, wenn etwas kacke läuft, neigst du, so wie andere Menschen auch, dazu, vom festgelegten Kurs abzuweichen. Allein schon die Tatsache, dass ein Kompass dir *theoretisch* helfen kann, den richtigen Weg zu finden, oder ihn

WAS ZUM SCHREIBEN

3

Stift? Hab ich doch, eh! Guck mal in mein Etui, du Honk! – Ja, wissen wir, danke für die Info. Selber Honk! Es geht auch gar nicht um Stifte allgemein, sondern um einen ganz speziellen Stift. Den nämlich, den du *immer* benutzt. Nicht so ein Wegwerfstift – einmal leer und dann Mülltonne. Sondern einer, bei dem man nur mal die Mine oder Patrone austauschen muss. Ein stabiles Teil, etwas teurer (Geschenkidee!) und vielleicht sogar mit deinem Namen graviert. Sehr lässig wäre es, wenn dieser Stift, deiner, mit einer anderen Tinte schreiben könnte als dem üblichen langweiligen Blau. Vielleicht rot oder grün oder schwarz? Alles ist erlaubt – außer natürlich Mädchenfarben wie Rosa, Gelb oder Orange. Diesen einen Stift hast du immer dabei, du achtest darauf, dass du ihn nie verlierst. Oder, andere Möglichkeit, du lässt ihn zu Hause im Schreibtisch und benutzt ihn wirklich nur für ganz besondere Gelegenheiten: Kündigungsschreiben an die Schule, Erpresserbriefe … und natürlich Liebesgedichte.

wiederzufinden, ist manchmal eine Menge wert. Es reicht ein billiges Teil aus Plastik, das an deinem Schlüsselbund hängt. Solltest du kein Schlüsselbund haben, befestige den Kompass einfach mit Hilfe einer Büroklammer an deinem Geschlechtsteil – da solltest du dann aber wirklich einen aus Plastik nehmen und nicht aus Gusseisen.

Erfunden wurde der Kompass übrigens von den ersten indianisch-amerikanischen Fußballspielern. Da die Eingeborenen im Jahre 1492 null Check bezüglich der Regeln des modernen Fußballs hatten, musste Kolumbus, der glücklicherweise im Verlaufe der dreimonatigen Überfahrt den Trainerschein gemacht hatte, mit präzisen Befehlen für Ordnung auf dem Feld sorgen. Einmal schrie er einen Spieler mit den Worten »Komm, du Arschloch, pass endlich« an. Daraus wurde im Laufe der Zeit erst der Kommarschpass und später, quasi als Abkürzung, der Kompass, nicht zu verwechseln selbstverständlich mit dem Angriffsbefehl für geübte Kampfhunde: Komm, fass!

2

WAS ZUM PROTZEN

4

Taschenuhr: Spießiger Unsinn? Dreckskack für greise Gruftis? Nicht wirklich – eher ein Gegenstand mit unglaublich viel Stil für Jungs mit Niveau. Wer von deinen Kumpels hat eine vernünftige Uhr? Überleg mal. Der eine trägt ein Plastikteil, der andere trägt gar keine, weil er für alles, was die Uhr kann, sein Handy benutzt, wieder ein anderer trägt einen überdimensionalen, potthässlichen Chronometer mit 1.000 Funktionen, die man garantiert nie braucht. Oder gibt es irgendeinen Grund, unter Wasser die Temperatur von Fischen zu messen? Eine Taschenuhr, an einer Kette befestigt und in deiner Hosentasche, ist dagegen ein absoluter Hingucker und dient genau dem Zweck, für den Uhren einst erfunden wurden: Sie gibt dir die Zeit an, und manchmal, an guten Tagen, sogar noch das Datum. So ein Goldkettchenteil kommt übrigens super an bei Mädchen – sofern sie über ähnlich viel Niveau verfügen wie du selbst.

COOL!

WAS ZUM BRENNEN

Klar kannst du auch ohne Feuerzeug Feuer machen. Schließlich bist du ein Mann. Doch darum geht es nicht. Ein Feuerzeug ist ein Statusobjekt, ob du nun Raucher oder Nichtraucher bist. Richtige Männer besitzen im Regelfall kein Wegwerffeuerzeug, sondern eins aus Metall. Um Schleichwerbung zu betreiben: Besorg dir ein Zippo! Zippos laufen nicht mit guten Worten, sondern mit Benzin, das du selbst einfüllen musst. Eine wunderbare Kleckerei, die man morgens über dem Cornflakes-Teller erledigen kann. Bei dieser Gelegenheit ein pädagogischer Ratschlag: Fang nicht mit dem Rauchen an. Schmeckt beschissen, du riechst wie ein Aschenbecher, und teuer ist es auch noch.

5

WAS ZUM REINSCHREIBEN

Nicht für die Schule! Nicht für die Schule! Nicht für die Schule! Völlig schnuppe, worauf du dir in der Schule Sachen notierst, gerne auch auf Klopapier. Ein Notizbuch in irgendeiner Form (eckig, rund, mit oder ohne Papier) solltest du deshalb dabeihaben, weil irgendwann, wenn du schon lange tot bist, Historiker nach Beweisen dafür suchen werden, dass du schon in deiner Jugend ein Genie warst. Wie aber sollen sie das feststellen? Wenn sie irgendwann dein Notizbuch finden, irgendwo ganz hinten in deiner Sockenschublade, zwischen den Unterhosen mit Playmobil-Motiven, können sie sich ein viel genaueres Bild machen, was für ein Typ du warst, bevor du zum weltweit anerkannten Superstar wurdest (was natürlich nur noch eine Frage der Zeit sein dürfte ...). In diesem Buch finden sie alles Mögliche: Reflexionen über die Größe deiner Genitalien, Bemerkungen über Lehrer, Freunde, Eltern, dein beschissenes oder unbeschissenes Leben, übers Wetter, nicht übers Wetter, über das, was du gegessen und wieder in die Kloschüssel befördert hast, über Mädchen, die du toll findest, über Ideen, die du hast, um an diese Mädchen heranzukommen ... Kurzum: alles, was irgendwie interessant und wert ist, aufgeschrieben zu werden. Vielleicht sogar Fragen, die du dir selbst stellst, zum Beispiel: »Warum stehe ich vor einer roten Ampel und schreibe in mein Notizbuch?«

6

WAS ZUM ARSCHWÄRMEN

7

Es ist verständlich: Du willst frei sein! Und Unterwäsche ist natürlich ein Zeichen der Unfreiheit. Mit dem Tragen von Unterhosen schaffst du dir ein emotionales Gefängnis, aus dem es niemals wieder ein Entrinnen gibt – außer in den kurzen Momenten unter der Dusche oder beim Kacken. Letzteres allerdings nicht unter der Dusche, da es den Abfluss verstopft. Bis heute weiß niemand genau, wofür Unterwäsche eigentlich gut ist, es scheint sich also um ein typisches Produkt der Zivilisation zu handeln, so ähnlich wie Wetter: Keiner braucht es, aber da ist es trotzdem. Wenn du nun aber schon aus gesellschaftlichen Gründen gezwungen bist, Unterwäsche zu *tragen*, musst du sie dann auch wirklich auch noch *besitzen*? Kannst du sie dir nicht auch bei einem Kumpel leihen? Theoretisch schon. Praktisch aber hat dein Kumpel gar keine übrig, oder glaubst du ernsthaft, er besitzt tatsächlich zwei Schlüpfer? Richtige Kerle haben, wenn überhaupt, nur einen! Zwei sind dekadent, drei völlig absurd und schon aus Kostengründen nur den reichsten Königen Europas vorbehalten! Dir die Unterwäsche deines Vaters zu leihen, ist auch keine gute Idee: Der Mann ist bekanntlich deutlich älter als du, und es gehört sich einfach nicht, alte Leute ihrer wenigen Habseligkeiten zu berauben. Scherz beiseite: Geh in einen Laden und kauf dir was! Deine Mutter hat übrigens bei dieser Shoppingtour nichts zu suchen – stell sie so lange zu Hause in der Nähe der Putzmittel ab; sie wird dann schon wissen, wie sie sich die Zeit vertreibt.

WAS ZUM NERVEN

Logisch brauchst du ein vernünftiges Smartphone, da führt absolut kein Weg dran vorbei. Irgendein Gerät, an dem du dauernd irgendwas wischen und checken und downloaden kannst, ist schließlich total notwendig in dieser modernen Welt. Außerdem kann man das Ding im sturzbesoffenen Zustand super als Taschenlampe benutzen. Lade dir am besten eine App runter, die dich regelmäßig daran erinnert, eine App runterzuladen. Hier noch mal Mails checken, dort Statusmeldungen posten, noch das eine oder andere Video machen, entweder von nutzlosen Haustieren oder davon, wie du deinen Penis reibst, dann vielleicht noch einen Song herunterladen oder ein Spiel spielen mit wütenden Hühnern oder behaarten Bären, die mit oder ohne wütende Hühner durch ein Feld mit eher weniger behaarten Mohrrüben latschen und dabei, wie es schon in der Bibel steht, ordnungsgemäß erschossen werden. Alles total wichtig.

Auch in Alltagssituationen kannst du ohne Smartphone nicht überleben: Stell mir mal vor, du müsstest zu Hause ein Bild aufhängen. Was würdest du bloß ohne deine Wasserwaagen-App machen? Oder die Hammer-App? Ach, du wusstest nicht, dass man Handys auch zum Hämmern verwenden kann? Erschreckende Unwissenheit! Klar kannst du. Genauso wie zum Werfen, Tauchen, Gegen-die-Wand-Brettern

Ob Hund, Katze, Pferd, Ratte, Kellerassel, Meerschweinchen, Hamster oder Wellensittich – sie alle sind gut für dich. Klar kommt so ein Spruch von Eltern. Zumindest gibt es immer mehr Eltern, die allmählich auf diesen Zug aufspringen. Indem du dich nämlich um ein eigenes Tier kümmern musst (weil es sonst qualvoll verendet), lernst du automatisch so tolle Sachen wie Verantwortungsbereitschaft und Disziplin, zum Beispiel beim Füttern. Und nein, die Viecher füttern nicht dich – schön wär's natürlich. Zum Füttern ist die Nahrung (meist in Bröckchenform) in einen komischen Teller zu geben (wissenschaftlicher Fachbegriff: Napf). Wenn du keinen Napf hast, geht auch ein Bild von einem Napf. Tiere sind so dermaßen blöde, die merken den Unterschied gar nicht.

9 Ein Tier bietet dir, wenn du dich ihm gegenüber gut verhältst, seine ewige Freundschaft an. Es wird dir jede

etc. etc. Und wenn du ein Mädel anquatschen willst? Klar, dann holst du dir mal eben schnell die How-to-get-a-girl-App. Für Hausaufgaben? Natürlich die allseits beliebte Fuck-my-teacher-Anwendung.

Klartext: So ein Handy ist fein, gerne auch mit allen Funktionen, inklusive der Möglichkeit zu telefonieren. Moderne Smartphones können solch altmodische Sachen nämlich gar nicht mehr.

Davon abgesehen: Handys stören. Sie nerven. Verkleben den Verstand. Gehen auf den Sack. Auf sämtliche Eier, inklusive des Dotters.

Regel: Wenn jemand mit dir spricht, dann lass dein Wischdings in der Tasche und höre ihm oder ihr zu. Wenn *du* mit jemandem redest, und er oder sie spielt dauernd mit dem Handy herum, geh einfach! Und lade dir eine Kein-Schwein-interessiert-sich-für-mich-App runter. Am besten eine doppelte! Egal, was du mit deinem Handy so anstellst (anmalen, zerbeulen, wegwerfen): Du bist der Boss und das Telefon dein Sklave, nicht umgekehrt. Falls du dir das nicht merken kannst, einfach 'ne Gedächtnistraining-für-Spacken-App downloaden.

8

WAS ZUM STREICHELN

Menge Spaß und tolle Stunden bescheren. Alleine das Aufwischen von Katzenköteln ... Früher oder später wirst du anfangen, mit dem Hund, der Katze, der Kakerlake zu reden – und zwar wie mit einem ganz normalen Menschen, nur mit dem Unterschied, dass Hund, Katze, Kakerlake dir zuhören und dich am Ende ablecken. Wenn deine Eltern also mitspielen: Haustier! Falls deine Eltern Nein sagen, kann es a) mit der Idiotie deiner Eltern zu tun haben, b) mit der Tatsache, dass du Idiot allergisch gegen Tierhaare bist und bei Berührung sofort Schnappatmung bekommst und ins Koma fällst, oder c) mit dem bedauerlichen Umstand, dass in eurer Wohnung einfach keine Tiere erlaubt sind. In diesem Fall frag mal im Tierheim an, ob die fähige Hilfskräfte suchen. Dann kannst du das Angenehme (Tiere) mit dem Nützlichen (Schotter) verbinden.

10 WAS ZUM NAGELN

So mancher Junge läuft heutzutage rum wie Graf Dracula (lange Fingernägel) oder sein Bruder Graf von Rotz (ungepflegte Fingernägel), vielleicht auch Baron von Sieht-scheiße-aus (lange *und* ungepflegte *und* eckige *und* dreckige Fingernägel). War es früher normal, dass Jungs mit einer Schubkarre Schmutz unter den Nägeln herumrannten, so gelten heutzutage andere Standards. Deshalb: Kümmere dich um deine Nägel! Falls du eine Schwester hast, kann natürlich auch sie deine Nagelpflege übernehmen, sodass du dich nicht unnötig körperlich und geistig verausgaben musst, denn die Reinigung von Fingernägeln ist alles andere als ein Krippenspiel.

Öffnest du das erste Mal ein Maniküreset, dreht sich dein Gehirn im Kreis bei all den komischen Gegenständen darin. Halb so wild: Bei dem ganzen crazy Zeugs handelt es sich meist nur um Nagelfeile, Nagelknipser und Nagelbettentzündung. Wie man die Dinger benutzt? Keine Ahnung. Frag halt deine Mutter oder Räuber Hotzenplotz.

WAS ZUM SCHNÄUZEN

Nix da, nicht diese billigen Wegwerfteile zum Sperma-Aufwischen. Ein richtiges Taschentusch, tischdeckengroß, am besten noch mit dämlichen Muster und aus Leinen, Baumwolle oder Teppichresten. Kann gewaschen werden. Muss aber nicht. Derartige Taschentücher, very old school und extremely altmodisch, wurden jahrhundertelang von stilbewussten Männern mitgeführt, und dienen einem einzigen Zweck. Natürlich nicht dem Schnäuzen (eine volle Nase kann auch exzellent an Kleidungsstücken abgewischt werden), oder gar dem Wohnung-Putzen. Nein, sie sind natürlich dazu da, um sie einer Ische anzubieten. Wenn Mädchen weinen,

freuen sie sich über jede kleine Geste, und das Reichen eines *richtigen* Taschentuchs, am besten noch mit deinen Initialen drauf, kommt einfach weltklasse rüber!

Im Mittelalter hatte ein gutes Taschentuch sogar eine ganz besondere Aufgabe: Vor einem Turnier lieh sich Ritter X ein Tüchlein von seiner angebeteten Schickse und gab es ihr nach dem Turnier, also nachdem Ritter Y mit einer Lanze in der Fressluke auf der Erde lag, mit Blut und Schweiß getränkt zurück. Aus diesem spektakulären Verfahren entwickelte sich dann meist eine Liebesgeschichte zum Dahinschmelzen. Auch heute noch möglich.

Mit Taschentuch jedenfalls bist du ein absoluter Kavalier. Wahrscheinlich kennst du nicht einmal das Wort. Ein Kavalier ist jemand, der sich Damen gegenüber stets wie ein Gentleman verhält. Ach, du weißt auch nicht, was ein Gentleman ist. Hm ... in diesem Fall greif mal doch lieber zu Tempo & Co.

WAS ZUM KNISTERN

Schallplatten sind schwarze Scheiben, die man auf einen sogenannten Plattenspieler legt. Alsdann wird besagte Platte von einer Art Nadel abgetastet und es erklingt, sofern das Gerät eingeschaltet ist, herrliche Musik – je nach Geschmack des Zuhörers zumindest. Da der Autor dieses Buches nicht komplett hinter den sieben Bergen wohnt, ist ihm durchaus bewusst, dass die heutige Musikwelt digital abläuft. Und klar hast du jede Menge Songs auf deinem Telefon gespeichert, und dein Computer ist auch voll damit, außerdem benutzt du jede Menge Streaming-Dienste, um jederzeit an das aktuellste Zeug heranzukommen. Alles prima. Warum also noch Platten? – Antwort: Weil Vinyl schlicht und einfach Stil hat, weil es eine gewisse Aura von Relaxtheit mitbringt. Richtige Platten haben sogar ein Booklet mit Fotos oder Songtexten. Richtige Platten kann man in ein Regal stellen und sammeln. Richtige Platten kann man anfassen und ansehen. Klar kann man nicht von jedem Musiker und jeder Band sämtliche Alben kaufen. Aber ein paar LPs von deinem absoluten Lieblingsstar sind schon drin, oder? Musiker und Bands mit Klasse bringen ihre neuen Sachen immer noch als Platten in Umlauf, auch wenn die Dinger irgendwie old-fashioned rüberkommen.

Alt sind Vinylplatten wirklich, entstanden ungefähr vor der Erfindung des Feuers, gleich nach der Erfindung des Rads, wiederum aber vor der Erfindung von Tag und Nacht, als es noch nicht einmal CDs gab. Alt muss aber nicht schlecht sein. Außer bei Weißbrot mit Nutella. Bei Platten geht es zwar um die Musik, gleichzeitig aber auch um das wahnsinnig erotische Knistern, das ein Plattenspieler abwirft. Muss man nicht mögen. Kann man aber. Und zwar am liebsten in Gesellschaft eines heißen Girlies.

12

WAS ZUM BEWUNDERN

13

Hin und wieder willst und musst du sicherlich abchecken, wie sagenhaft gut oder schlecht oder grandios beschissen du eigentlich aussiehst. Dies hast du mit einem Mädchen absolut gemeinsam, und wahrlich ist es keine Schande, hin und wieder in einen Spiegel zu sehen – und sei es nur zur Selbstbestätigung, dass deine Optik doch noch ziemlich genial ist. Da es aber zugegebenermaßen recht schwierig ist, einen unförmigen Badezimmerspiegel mit sich herumzutragen, allein schon, weil man damit immer anderen unförmigen Leuten an die Glocke haut, tut es auch die kleinere Version: ein Taschenspiegel.

Ist so ein Ding wirklich und ernsthaft notwendig? Logisch ist es das! Wenn man sich vor einem Date noch mal eben einen Pickel zerquetschen möchte, aber keinen Spiegel hat, gestaltet sich die Matscherei ziemlich schwierig. Wesentlichster Grund für den Besitz eines Pocket-Mirror ist jedoch das Studium der eigenen Schönheit – und das fröhliche Grinsen, das einem ebenjenes auf die Lippen zaubert. Spiegel gibt es auch als App fürs Handy – und wenn du lange genug hineinstarrst, öffnet sich vielleicht sogar das Tor zu einem Paralleluniversum, denn wie allgemein bekannt sein sollte, können Spiegel durchaus als Portale in die Anderswelt dienen!

Verfügst du übrigens über eine sogenannte Spiegeleifigur (sprich, wenn du deine Eier aufgrund des riesigen Bauchumfanges nur noch im Spiegel betrachten kannst), solltest du eventuell zu einem Zerrspiegel greifen, der es auf fast magische Art schafft, auch die fettesten Leute irgendwie dünn erscheinen zu lassen.

14 WAS ZUM STÜRZEN

So ähnlich wie ein Auto, nur halt ein klein wenig langsamer. Der Legende nach wurde das Fahrrad sogar noch *vor* dem eigentlichen Rad erfunden, wahrscheinlich in Ägypten oder Timbuktu. Genaueres weiß man nicht, ist aber auch egal. Da du zu groß bist für den an sich durchaus praktischen Kinderwagen und zu klein für eine ordentliche motorisierte Karre, bleibt eigentlich nur das Fahrrad als Fortbewegungsmittel, vor allem in Ortschaften, die mit U-Bahn und Busnetz nicht ganz so viel am Hut haben. Fahrräder sind eigentlich kotzeöde, deshalb solltest du deiner Alugurke irgendeine Identität geben. Lässige Farbe, zynische Aufkleber mit zynischen Sprüchen, am besten auch noch den einen oder anderen Rostfleck. Ist ja schließlich ein Gebrauchsgegenstand. Ein Neufahrrad ist also Quatsch, die Kohle können deine Eltern besser in Nutten investieren. Oder eventuell auch in Nachhilfestunden in Physik, Mathe, Religion oder worin sonst du eher nicht so gut bist. Ach ja – niemals mit Korb fahren! Weder vorne noch hinten. Sieht in jeder Hinsicht schauderhaft aus. Gleiches gilt für einen Helm. Mag vielleicht in Notfällen dein Leben retten und kannst du auch gerne tragen, wenn dich niemand sieht, solltest du aber mindestens einen Kilometer vor der Schule absetzen und hinter irgendeiner Hecke verstecken.

WAS ZUM RIECHEN

Ob Rasierwasser, Aftershave, Parfüm oder Deo – als Junge kannst du nicht ewig herumexperimentieren und jede Woche eine andere Marke klauen, äh, kaufen. Ein Mann = eine Marke. Eine Marke = ein Leben lang! Wenn du dich einmal entschieden hast, wird dieser Duft bis in die Gruft dein Schicksal mit dir teilen, dein Freund sein in allen Lebenslagen, in guten wie in schlechten, in Armut und im Tod. Gerade deshalb ist die Entscheidung nicht ganz einfach: Auf alles, was nach Pfirsich-Maracuja-Mango oder Aprikose-Limone riecht, solltest du genauso verzichten wie auf Düfte mit »Indian Spirit«. Bekanntlich wurden die Indianer einst ausgerottet, was irgendwie ein schlechtes Omen sein könnte. Teures Zeug braucht kein Mensch, auch billige Plörre kann gut riechen. Schweiß wiederum hat zwar auch einen netten Geruch, aber keinen besonders guten und ist vor allem in Anwesenheit von Mädchen strikt zu vermeiden. Gleiches gilt für Salzseen unter den Achselhöhlen. Schweiß (normal) oder Premium-Schweiß (nach Sport, zum Beispiel Fußball, Handball, Masturbieren) ist zwar sagenhaft billig in der Herstellung, sieht aber in T-Shirts oder Hemden ziemlich proletarisch aus.

15

EIN MANN = EINE MARKE
EINE MARKE = EIN LEBEN LANG!

WAS ZUM SAUMÄSSIG-COOL-SEIN

16 Sonnenbrille: ein absolutes Muss-Accessoire. Auch tragbar, wenn es wolkig, grau, neblig oder Nacht ist. Sonnenbrille geht immer. Auch beim Schlafen. Wenn schon nicht im Gesicht, dann wenigstens vorne am T-Shirt hängend oder in die Haare gesteckt. Gibt der Welt zu verstehen: Ich bin so cool, dass ich Eiswürfel pisse. Sagt den Mädchen: Meine Augen bleiben dir verborgen. Ich bin mysteriös. Ein Macher. Ein Meister. Ein Mann. Wichtig: Keine Sonnenbrille in Pink oder Rosa. Gleiches gilt für Orange oder Gelb. Stets Schwarz. Eventuell noch Dunkelblau. Ansonsten nichts. Außerdem: Sonnenschutzfaktor ist völlig schnuppe. Es kommt bei Sonnenbrillen nun wirklich nicht auf die gesundheitliche Wirkung an, sondern einzig und allein auf eine gepflegte Optik.

WAS ZUM IN-DER-ARSCHTASCHE-TRAGEN

Sicherlich verdienst du dir hin und wieder ein wenig Taschengeld dazu? Nachhilfe? Rasen mähen? Prostitution? Wo auch immer der Schotter herkommt – er muss irgendwo gelagert werden. Zu genau diesem Zweck haben Portemonnaielogen erst vor wenigen Wochen das Portemonnaie erfunden. Hierin lässt sich Geld (auch Münzen, obwohl die eigentlich mit Geld nicht viel zu tun haben) prima transportieren, zum Beispiel in der Arschtasche. Bekanntermaßen ist ein Portemonnaie manchmal, zurückzuführen auf finanzielle Ebbe, miserabel gefüllt. Zum Glück ist es zu mehr nütze als nur zur Geldaufbewahrung: Du kannst Ausweise hineintun, geklaute Führerscheine, Notizen aller Art, Gießkannen, Reste vom Abendessen oder auch Fotos, zum Beispiel von Menschen, die du wirklich magst (also im Wesentlichen von irgendwelchen süßen Häschen und von dir selbst). Bei der Wahl des richtigen Portemonnaies gilt es natürlich vor allem auf die Farbauswahl zu achten. Auch solltest du unbedingt ein Herrenmodell kaufen. Leicht zu erkennen – sie sind stets kleiner als die für Mädchen, weil Mädchen ihre Geldbörse wiederum nicht nur für Geld und Ausweise und Fotos und Gießkannen und Essensreste verwenden, sondern auch für Lippenstift, Eyeliner, Puderzeugs, Spiegel, Labello, noch mehr Eyeliner, Damenbinden und/oder Tampons und Ersatzakku fürs Handy.

17

18 WAS ZUM WICKELN

Schals, Schäle oder Schälchen, was auch immer der Plural ist, braucht man nicht nur im Winter, wenn's kalt ist. Ein ordentlicher Schal gehört zur modischen Grundausstattung und kann auch im Frühling, Sommer, Herbst, in der Sauna oder unter der Dusche getragen werden. Außerdem eignet er sich ganz prima, um irgendwelche Schwachköpfe in deiner Nähe zu erdrosseln – vorausgesetzt, das Ding ist lang genug und du hast Spaß daran. Ein Schal ist ein Zeichen von Individualität und vermischt gekonnt Eleganz mit Rebellentum. Ob lang oder kurz, mit Punkten oder Streifen, ohne Punkte, dafür aber mit Karos und/oder mit ohne Einfarbigkeit, so ein Schal verleiht seinem Träger immer die Aura des Besonderen: Gerade deshalb schadet es durchaus nichts, mehrere Schals, Schäle oder Schälchen zu besitzen. Variabilität kommt bei Mädchen extrem gut an!

WAS ZUM KONTAKTIEREN

Kontaktlinsen haben Charme, unabhängig davon, ob du wirklich welche brauchst. Niemand sagt schließlich, dass du die Dinger nur zum Besser-Sehen verwenden sollst. Wichtig ist halt, dass du dir farbige Linsen besorgst, schlicht und einfach, um mit deiner ohnehin schon übernatürlich schönen und wundervollen und hocherotischen Augenfarbe herumzuexperimentieren. Handelsübliche Augen haben von Geburt an eine super Farbe – zum Beispiel Rosa. Da man aber bekanntlich nicht sein Leben lang mit rosa Augen herumlatschen will, packt man sich eben schwarze Linsen vor die Sehscheibe. Sieht geil aus und macht was her!

In diesem Kontext sei auch auf Linsen mit Symbolen verwiesen: So gibt es die Teile mit Smiley, Totenkopf, Stinkefinger oder Schwarzbrot.

19

WAS ZUM BEGLÜCKEN

20

Wenn Popcorn poppt, ist es glücklich. Würde dir wahrscheinlich genauso gehen. Aber Glück kann man nicht erzwingen, Poppen schon mal gar nicht, es kommt blöderweise immer erst dann daher, wenn sein übellauniger Drecksbruder, der/die/das Pech, ausnahmsweise mal im Urlaub oder besoffen ist. Zum Glück gibt es Glücksbringer: Wie schon der Name sagt, musst du dir mit dem Besitz eines Glücksbringers, am besten untergebracht im Portemonnaie, um Pech keine Sorgen mehr machen. Insgesamt ist so ziemlich alles ein Glücksbringer – sofern du eben sagst, dass es ein Glücksbringer ist. Spießer tragen zum Beispiel einen Glückscent bei sich. Große Spießer sogar einen Glückseuro. Diese und andere Glückssymbole werden vor allem von abergläubischen Trotteln herumgetragen in der Hoffnung, sie könnten wirklich was bewirken. Klar gehörst *du* nicht einmal ansatzweise zur Gruppe abergläubischer Trottel, deshalb ist es *dir* auch ganz explizit gestattet, solche Dinger mit dir herumzutragen. Neben Geldstücken bieten sich Marienkäfer an, auch wenn sie leicht mal im Portemonnaie zerquetscht werden, Hufeisen, wenngleich sie etwas unhandlich sind, Hasenpfoten (zur Not gehen auch Hamsterfüße oder Spinnenbeine) und natürlich Schornsteinfeger.

WAS ZUM RINGELN

Vor wenigen Jahren wären Jungs noch verprügelt worden, wenn man sie mit einem Ring am Finger angetroffen hätte. Übrigens völlig zu Recht. Inzwischen haben sich die Geschlechterrollen vertauscht und irgendein inzwischen stinkreicher Sack ist auf die Idee gekommen, Ringe für Männer zu erfinden. Selbiger stinkreicher Sack lebt seitdem steinreich in einem Harem in irgendeiner Wüste und lacht sich schief. Dennoch: So ein Ring sieht gar nicht mal so schlecht aus, wobei hier wieder mal die Devise gilt »Weniger ist mehr«. Es braucht also nicht jeder Finger mit 20 Kilo

Das Schöne am Mann-Sein ist, dass wir essen können, soviel wir wollen. Wir werden einfach nicht dicker. Ganz anders natürlich Mädchen, die schon nach dem Futtern einer einzigen Milchschnitte total aufquellen und sich in einen Ballon verwandeln. Blöd an unserem dauernden Fressen ist allerdings die nicht zu verleugnende Tatsache, dass wir danach manchmal so richtig schön herrlich männlich aus dem Mund stinken. An sich nichts Schlimmes. Kommt aber bei Mädchen überhaupt nicht gut an. Daher ist es unerlässlich, stets ein Mundspray in der Tasche zu haben. Egal, ob du gesoffen, geraucht, gekocht oder gekifft oder einfach nur Döner mit dreifach Zaziki in den Darm gestopft hast! Deine Mitmenschen, vor allem die weiblichen, mögen es total gerne, wenn Jungs eben *nicht* riechen wie Pommes rot-weiß mit abgenagtem Biberkotelett. Sie verlangen Frische! Also tu ihnen doch diesen kleinen Gefallen. Dir selbst tust du bei regelmäßiger Verwendung von Mundspray (oder Mundwasser) natürlich auch einen Gefallen, da das Zeug alle notwendigen Stoffe beinhaltet, die dein Körper zum Überleben braucht, zum Beispiel Propandiol, Salicylsäurephenylester, Sorbitanester, Natrium-Sacharin, Minze, Salbei, Kamille und, pro Pumpbewegung, ein halbes Dutzend frittierter Rattenkötel.

Metall beladen zu werden, sodass der Träger dauerhaft nach vorne überkippt, was wiederum ziemlich unpraktisch ist. Vielmehr solltest du folgende Gleichung beachten: 10 Finger = 1 Ring. Reicht völlig und gibt auch deinen Händen das nötige Etwas! Glaubt man den Herr der Ringe-Romanen von Tolkien, dient ein solches Schmuckstück übrigens nicht nur der eigentlich unnötigen Verbesserung der männlichen Optik, sondern vielmehr dem wohlverdienten Knechten der Menschheit!

21

23 WAS ZUM GESICHTMÄHEN

Hör auf zu jammern! Während sich Mädchen quasi überall rasieren müssen, müssen sich Jungs lediglich um ihr Gesicht kümmern. Rein biologisch gesehen beginnt Bartwuchs so ungefähr um das 14. Lebensjahr herum, wobei die Haarpracht anfangs kaum sichtbar ist, vor allem nicht, wenn du blond bist. Bei dunkelhaarigen Typen sieht man die ersten Stoppeldinger meist schon deutlich früher, und deutlich deutlicher. Um nun zu vermeiden, dass man irgendwann Speisereste im Bart durch die Gegend trägt, rasiert man das Zeug in angemessenen Abständen ab, wozu man eben nicht wie früher eine Sense, sondern einen Rasierer benutzt. Ob du nun ein elektrisches Gerät oder eher die Nassrasur bevorzugst, ist scheißegal, aber nimm immer dein eigenes Equipment. Einfach das Teil von Papa benutzen gilt nicht. Verlange also von deinen Eltern, dass sie dich entsprechend mit Materialien, inklusive Rasierschaum und Aftershave, eindecken und selbstverständlich dafür bezahlen. Dient schließlich der Körperhygiene und damit der Vermeidung ansteckender Krankheiten, was ihnen wohl einige Taler wert sein dürfte. (Falls du übrigens eine Schwester hast: Ihren Rasierer darfst du – allein schon als Zeichen brüderlicher Liebe – jederzeit gerne verwenden, auch für deine unteren Regionen!)

WAS ZUM REINTUN

Entweder du gehst mit einem klassischen Ranzen (am besten noch mit Leuchtpunkten und immer schön bunt) zur Schule. Bis zur 4. Klasse ist so etwas sogar einigermaßen angemessen. Spätestens ab dann solltest du etwas ändern. Lass dich von Mitschülern (Jungs!) inspirieren, checke dann sämtliche Internetkaufbörsen und drücke auf »Kaufen«. Bezahlt wird mit Papas Kreditkarte, welche du zuvor in weiser Voraussicht seiner Geldbörse entnommen hast, um sicherzustellen, dass sie nicht von bösartigen Halunken geklaut wird! Gerne dürfen Taschen auch verziert werden, ob mit Bildern, Aufnähern oder einfach selbst geschriebenen Sprüchen à la »Yo Teacher, Fuck Off!« oder einem zynischen »Ich mag Schule so sehr, dass ich sie am liebsten zerbomben würde«. Gerade Letzteres bringt dir einen gemütlichen Besuch im Büro deines Schulleiters ein und mit etwas Glück sogar einige freie Tage!

24

WAS ZUM BILDEN **25**

Ein Regal. Nein, schlimmer noch: ein Bücherregal. Am besten sogar mit Büchern drin oder drauf oder wenigstens drunter oder daneben. Bücherregale, im Endeffekt billige Schränke ohne Türen, machen vor allem dann Eindruck, wenn du in deinem Zimmer Besuch empfängst, ganz besonders bei weiblichen Klienten. Ein gefülltes Bücherregal (idealerweise mit Werken, die du tatsächlich gelesen und nicht auf dem Sperrmüll gefunden hast) verleiht dem Besitzer eine Aura von Intellekt gepaart mit Erotik.

Müssen ist generell schon mal kacke. Wenn man Sachen »muss«, dann meistens, weil ältere Menschen das eben so vorgeben. Sei's drum. Egal, ob du eher zu den Lesern oder zu den Nicht-Lesern gehörst: Es gibt einfach gewisse Bücher, die man als Junge kennen sollte. »Kennen« heißt übrigens nicht, sich Bücher schenken zu lassen, um sie dann ins Regal zu stellen. Kennen heißt Lesen. Zu diesem Zweck öffnet man das Buch am besten vorne und blättert die einzelnen Seiten nach und nach durch. Seiten übrigens sind die dünnen, bedruckten Einheiten zwischen den beiden Buchdeckeln. Während des Blätterns fallen dir sicherlich komische Symbole auf: Hierbei handelt es sich um sogenannte Buchstaben, welche, wenn man sie von vorne nach hinten, von links nach rechts also, zusammensetzt, praktischerweise Wörter ergeben. Wurde an anderer Stelle bereits erklärt. Wörter wiederum ergeben Sätze und Sätze ergeben noch mehr Sätze. Wurde ebenfalls schon erklärt (siehe Kapitel 10).

Dein Gehirn ist von Geburt an so programmiert, dass es aus all diesen Sätzen Inhalte bilden kann – und damit eine Story. Eigentlich alles ganz einfach. Das Blöde am Lesen ist, dass es Zeit in Anspruch nimmt. Zeit, die du doch sicherlich viel besser investieren könntest. Aber worin denn bloß? Hausaufgaben? Also bitte!

14. KAPITEL

25 BÜCHER,

die du unbedingt gelesen haben musst

Egal, was du über das Lesen denkst: Es kann riesigen Spaß machen, aber nur, wenn du genug Arsch in der Hose hast, dich darauf einzulassen. Alles in allem gibt es unabhängigen Schätzungen zufolge etwa 100 Bücher auf der Welt, manche sprechen sogar von 105. Niemand kann erwarten, dass du die bis zu deinem 18. Geburtstag alle gelesen hast. Deshalb stellen wir dir nunmehr eine kleine Auswahl von Büchern aus den verschiedensten Bereichen vor, wobei wir natürlich auf künstlerisch wertvolle Werke wie *Tom auf dem Bauernhof, Tom auf dem Bauernhof 2 – Wie das Ferkel ins Feld schiss* oder *Piratenalarm im Schulhofklo* genauso verzichten wie auf *Boy vs. Pickel – Das große Quetschmassaker*.

Irgendwer hat mal gesagt, dass Lesen ein Schlüssel zu einer anderen Welt ist. Logisch kann so eine Aussage nur von einem Lehrer kommen – ausnahmsweise könnte sie trotzdem stimmen. Dreh den Schlüssel um, öffne die Tür und stoße vor in Welten, die noch nie zuvor ein Mensch betreten hat.

Einige der hier aufgelisteten Bücher sind absolute Männerbücher, andere sind auch für Mädchen interessant, in wieder anderen können Jungs eine Menge über Mädchen lernen, einige sind sogenannte »All Ager«, das heißt, sie werden von deinen Eltern geklaut, wenn sie bei dir im Zimmer herumliegen. Lass dich überraschen!

1   So finster die Nacht (John Ajvide Lindqvist)

Auch wenn kein Schwein den Namen des Autors jemals richtig schreiben wird – das Buch hat es in sich. Stell dir mal vor, dass in der Bude nebenan neue Nachbarn einziehen, die du allerdings nie siehst. Die Fenster sind verdunkelt und nur nachts hört man hin und wieder Geräusche. Zur selben Zeit beginnt in der Stadt eine Serie von Morden. Die Hauptfigur, ein Junge namens Oskar, einen besseren Namen hatte man nicht, trifft irgendwann abends ein Mädchen, Eli, das offenbar irgendwas mit den Morden zu tun hat. Eli ist ziemlich total anders als andere Mädchen ... ganz schön blass nämlich, und spitze Zähne hat sie auch noch, und sie starrt Oskar die ganze Zeit auf den Hals, fast so, als ob sie ihn als Futter betrachtet ...

Falls du denkst, das ist ja genau derselbe Scheiß wie die Biss-Bücher, liegst du völlig daneben. Hier glitzern Vampire nicht im Sonnenlicht und die beiden Hauptfiguren sind tatsächlich richtige Typen mit Ecken und Kanten. Klar entwickelt sich zwischen Oskar und Eli eine Lovestory, aber eine, die den Leser wirklich in ihren Bann zieht und in der nicht dauernd romantisch durch die Gegend gefaselt wird. Macht wirklich Spaß, trotz der ziemlich bedrückenden Atmosphäre eines ziemlich tristen Stockholmer Vororts. Vampirgeschichte auf anders – und auf besser.

2   Zeit im Wind (Nicholas Sparks)

Klingt wie der Titel einer Seifenoper und ist eigentlich auch eine. *A Walk to Remember*, wie der Originaltitel lautet, kreist um, mal wieder, eine Liebesgeschichte, dieses Mal die von Landon und Jamie. Landon ist beliebt und Jamie ist unbeliebt. Landon sieht gut aus und Jamie nicht. Will uns das Buch jedenfalls erzählen. Landon ist ein Star, treibt sich nachts mit Freunden auf dem Friedhof herum und trinkt Bier, und Jamie ist in jeder Hinsicht eine Außenseiterin, und außerdem noch die Tochter des Pastors.

Landon kann Jamie nicht leiden und Jamie hält Landon für einen oberflächlichen Trottel. Irgendwie jedenfalls. Blöd nur, dass Landon irgendwann gezwungen wird, mit Jamie zusammenzuarbeiten, und sich, krasse Überraschung, langsam, aber sicher Gefühle zwischen den beiden entwickeln ...

Sparks schreibt in der Einleitung, dass du am Anfang lächelst und am Ende weinst. Der Mann hat recht – auch der härteste Typ wird mit den beiden mitfiebern und mitleiden, denn Jamie hat ein Geheimnis, das alles verändert. Die Geschichte spielt in einer amerikanischen Kleinstadt in den 1950er-Jahren, ist dabei aber zu keiner Zeit altmodisch. Falls du dich traust: Die Story kann man sogar perfekt auf Englisch lesen ... aber wir wollen mal nicht übertreiben.

3 Die Welle (Morton Rhue)

Nicht gerade selten wird dieses wässrige Werk auch in Schulen eingesetzt. Ist nicht mehr das jüngste und inzwischen wohl ein Klassiker. Iiiih, Klassiker! Klassiker sind alle langweilig. Oder scheiße. Manchmal auch in total alter und unverständlicher Sprache geschrieben. Nun ja. Kommt drauf an, wie dein Lehrer den Kram unterrichtet, mit 20 Arbeitsblättern pro Kapitel, die er natürlich vorher ganz alleine aus einem Lehrerband gezogen hat, oder mit Leidenschaft. In *Die Welle* gibt's auch einen Lehrer, was Sinn macht, denn die Geschichte spielt an einer amerikanischen Highschool. Zudem basiert sie auf tatsächlichen Ereignissen.

Die Figur des Lehrers ist insofern auffällig, als dass er sich, wahrscheinlich versehentlich, für seine Schüler interessiert und mit ihnen sogar ein Experiment durchführt. Allerdings weder ein sexuelles noch ein chemisch-biologisches. Es geht um die Frage, ob sich moderne Jugendliche noch von faschistischen Ideen (Hitler & Co) vereinnahmen lassen. – Laut Morton Rhue ja; das Experiment läuft nämlich ziemlich derbe aus dem Ruder. Wenn wir heute über Nationalsozialismus und den Holocaust sprechen, dann neigen wir gerne mal zu einem »Ist ja schon so lange her und passiert eh nicht wieder«. Lange her, ja. Passiert eh nicht wieder? Genau das ist die Frage, die das Buch aufwirft. Auch heute noch können Massenbewegungen entstehen, und es hängt sehr davon ab, welche Ziele diese Bewegungen verfolgen ...

Spannend wie ein Thriller, und dabei auch noch anspruchsvoll!

4   My Year with Girls (Stephan Borchers)

Der Autor des oben genannten Buches ist natürlich mit dem Autor des vorliegenden Buches in keiner Weise identisch. (Natürlich nicht!) Ganz im Gegenteil grenzt sich der Autor von *My Year with Girls* entschieden ab vom Autor von *625 Dinge, die ein Junge wissen muss und getan haben sollte, bevor er zum Mann wird.* (Aber sicher doch!) Es wäre doch ziemlich peinlich, wenn der Autor von *625 Dinge, die ein Junge wissen muss und getan haben sollte, bevor er zum Mann wird* in diesem Kapitel tatsächlich Werbung für sein eigenes Buch machen würde. (Erbärmlich sogar!)

Nein, nein, es gibt ganz viele Autoren auf der Welt, die Stephan Borchers heißen, mindestens zwei nämlich! Und *My Year with Girls* ist, egal von welchem Stephan Borchers geschrieben, schlicht und ergreifend ein Wahnsinn! Ein Knüller! Vielleicht das beste Jugendbuch, das jemals geschrieben wurde! Überall auf der Welt werfen sich die Menschen auf den Boden und beten das Cover an! Der Autor selbst – ein Mysterium! – zeigt sich nie in der Öffentlichkeit. (Was daran liegen mag, dass er potthässlich ist ... Aber das ist nur Spekulation.)

Im Verlauf dieses an Genialität grenzenden Romans, ganz klar ein Klassiker der modernen Weltliteratur, darf der Leser den romantischen, witzigen, hammermäßig spannenden Tagebucheinträgen eines einzigen Jungen folgen und dabei zusehen, wie der die ganzen Mädchen kriegt (die *du* natürlich niemals kriegen wirst! Ha!).

Fazit: Ein jetzt schon legendäres Buch, mehrfach unverfilmt und mit vollem Recht ohne Fortsetzung, weil sich Perfektion einfach nicht mehr steigern lässt.

5 Per Anhalter durch die Galaxis
(Douglas Adams)

Wahrscheinlich die absurdeste und gleichzeitig kultigste Science-Fiction-Story, die jemals geschrieben wurde. Der Inhalt ist total aus dem Leben gegriffen: Dein Haus wird eines Tages, ganz normal, von Planierraupen niedergewalzt. Praktisch aber, dass du nicht drin warst. Weniger praktisch, dass kurz darauf die ganze Erde explodiert, was Sinn macht, denn sie steht im Weg. Die Vogonen sind im Begriff, eine Hyperraumschnellstraße zu bauen, und Kurven sind in ihrem Plan nicht vorgesehen. Hättest du auch mal dran denken können. Die Menschen hätten natürlich vorher die Einspruchspflicht wahrnehmen können – wenn sie informiert gewesen wären. Doofe Menschen. Doofe Aliens. Gut immerhin, dass dein bester Kumpel ein nicht so doofer Alien ist und dich rechtzeitig wegschafft. Und damit beginnt der ganze Ärger erst.

Wichtigster Satz des Buches: »Keine Panik.« Passt immer und überall und ganz bestimmt auch dann, wenn du die Story zu Ende gelesen hast. Es gibt glücklicherweise Fortsetzungen und einen Film.

PS: Nie den Film zuerst gucken! Book first, movie later! Gleiches gilt auch für:

6 Harry Potter (Joanne K. Rowling)

An Harry kommt man nicht vorbei; er gehört inzwischen zur Popkultur und ist einer der ersten männlichen Helden, denen man wirklich einen Entwicklungsprozess unterstellen kann, da die Story lockere sieben Jahre – Schuljahre – umfasst. Insgesamt also sieben Bände lang kämpft Harriette, der als Kind deutlich zu heiß gebadet wurde, mit den ach so jämmerlich bösen Mächten der Finsternis (Voldemort! Voldemort! Voldemort!) und macht hin und wieder sogar einige Dinge auf Anhieb richtig. Ist aber eher die Ausnahme.

Sein Leben ist aber auch wirklich kein Ponyhof: Den Stein der Weisen muss er finden, irgendeine Kammer des Schreckens ausfegen, den Gefangenen von Askaban abführen, einfangen, frei lassen etc., aus einem feurigen Feuerkelch trinken, was doch bestimmt ziemlich heiß ist, den Orden des Phönix gründen, mit dem Halbblutprinz im Puff für teuer Geld einen trinken gehen und am Ende auch noch die Heiligtümer des Todes besuchen, die bekanntlich seit Generationen schon als Urlaubsorte für Zauberlehrlinge mit Narben auf der Stirn dienen. Harry hat also eigentlich genug zu tun. Glücklicherweise hat er einen Haufen guter Freunde, die auch alle nichts geschissen kriegen, und hin und wieder denkt er sogar mal an ein Mädchen, was in Hogwarts, der Schule für Zauberei und Weicheiertum, bekanntermaßen eine unerhörte Straftat darstellt.

Joanne K. Rowling lebte vor *Harry Potter* von Sozialhilfe, jetzt ist sie eine der reichsten Frauen der Welt. Wird also Zeit, dass auch du dir eine literarische Figur ausdenkst und damit jede Menge Kohle scheffelst. Wie wäre es mit *Kevin*? Ein ganz normaler Junge, der den ganzen Tag lang immer und immer wieder seinen Namen tanzt? Könnte man bestimmt auf wenigstens 700 Seiten ausbreiten (inklusive Prolog). Oder *Horst* – die Geschichte eines Jungen, der während eines von einem Erdbeben ausgelösten Sturmfluttsunamis, welcher die ganze Welt, die ganze Menschheit, das ganze Universum bedroht, zuallererst einmal gepflegt masturbieren geht? Oder *Paddy: Boy vs. Pimple* – die atemberaubende Erzählung über einen Jungen, der auf der Suche nach der perfekten Anti-Pickel-Creme um die

Welt reist und dabei über Leichen geht, nur um am Ende festzustellen, dass die Welt der Pickel viel zu schön ist, um sie zu zerstören. Sicherlich würde sich für all diese Geschichten ein beträchtlicher Leserkreis finden.

Allerdings: Das Ausdenken reicht nicht, du musst bedauerlicherweise auch noch aufschreiben, was du dir in deinem fiesen Gehirnstübchen so zusammengesponnen hast. Falls du ein solches Vorhaben ernsthaft erwägst, ist es zwingend erforderlich, die nächsten Wochen nicht mehr in die Schule zu gehen. Überrasche deine Eltern mit deinem Plan, auf akademischen Unsinn wie das Abitur zugunsten einer schriftstellerischen Laufbahn zu verzichten, die genau *jetzt* beginnt!

7 Fahrenheit 451 (Ray Bradbury)

Fahrenheit ist so was wie Celsius – und bei 451 Grad Fahrenheit fängt Papier an zu brennen. Die Info ist zwar falsch, aber Bradbury glaubte daran. Bei 451 Grad brennen übrigens auch Goldhamster und Babys (obwohl dies nicht zweifelsfrei bewiesen ist). In Bradburys Roman geht es jedenfalls um einen Feuerwehrmann mit dem Namen Montag. Weil Dienstag irgendwie blöd klang und die anderen Tage zu Bradburys Lebzeiten noch nicht erfunden waren. Die Story, eine Dystopie, und somit das Gegenteil einer Utopie (das Erste böse, das Zweite langweilig), spielt in der Zukunft, und Montags knallharter Job ist es nicht, Feuer zu löschen, sondern Feuer zu legen – und zwar an Büchern. Kein Scherz. Bücher sind in dieser Zukunftswelt nicht gern gesehen, weil sie die dumme Angewohnheit haben, im Leser Emotionen wachzurütteln. Emotionen wiederum könnten die Menschen dazu bringen, sich gegen den allmächtigen Staat aufzulehnen. Deshalb, und weil Lesen blöd macht, sind Bücher verboten. Wie immer gibt es aber Leute, die sich nicht an die Regeln halten und sich trotzdem noch mit diesen komischen Dingern mit den komischen Seiten und den Buchstabenreihen abgeben. Montag zum Beispiel, verheiratet mit einer Dumpfnudel, verliebt sich ausgerechnet in ein Mädchen, das gerne liest, also eine Systemkritikerin ist. Für sie schmeißt er seinen Job über Bord und legt sich mal eben mit dem diktatorischen Staat an, was seiner beruflichen Karriere ziemlich schadet. Am Ende finden sich alle in einem Wald wieder und leben in alten Eisenbahnwaggons ... Was sie da machen? Na, was schon. Lesen und so.

8 Der Ruf der Wildnis (Jack London)

Die Geschichte spielt, anders als vermutet, nicht in London, sondern in Alaska zur Zeit des großen Goldrausches im 19. Jahrhundert und dreht sich, ums kurz zu machen, um einen Köter. Der Köter heißt Buck und lebt eigentlich bei einem Typen, dessen Name egal ist, in Kalifornien. Hier hat er viel Zeit, sich geschmeidig die Klöten zu lecken und sich des Lebens zu freuen. Bis er von bösartigen Hundeentführern gedognapped wird. Ausgerechnet ins arschkalte Alaska, wo er Schlittenhund werden soll, was damals genauso wie heute ein ziemlicher Knochenjob ist und eine radikale Umstellung seines Lebensstils bedeutet.

Klingt auf den ersten Blick natürlich sterbensöde und scheint eher eine Geschichte für Kinder zu sein. Ist es aber nicht. Es geht ums Überleben und darum, wie brutal schwierig dieses Überleben manchmal werden kann, vor allem, wenn das Wetter kacke ist, das Essen kacke ist, die Leute um einen herum kacke sind und man sich eigentlich am liebsten direkt in Kacke ertränken möchte. Buck aber zieht die Sache durch! Immer kurz vorm Aufgeben, kämpft er weiter. Für dich als Leser eine Höllenfahrt, während der du gar nicht anders kannst, als mit dem Viech zu zittern, zu leiden, zu hungern und schließlich den Ruf der Wildnis zu hören. Abenteuerroman mit simpler Botschaft: Reiß dir den Arsch auf!

9 Dracula (Bram Stoker)

Anders als bei *Twilight* haben wir hier noch einen richtigen Vampir und keine in der Sonne schimmernde Dumpfbacke mit Verliebtheitssyndrom. Dracula ist ein Vampir alter Schule, der am liebsten böse guckt. Zu seinen Hobbys gehören unter anderem: Blut trinken, böse gucken (hatten wir schon), durch die Welt reisen und dabei Blut trinken (macht er wirklich häufiger) und in einem Sarg schlafen (auch häufiger). Das Buch ist eine Ansammlung von Tagebucheinträgen der verschiedenen Figuren, was für moderne Leser ziemlich merkwürdig aussieht. Genau das aber macht den Reiz des Ganzen aus, da man die Story aus ganz unterschiedlichen Blickwinkeln miterlebt. Heimlicher Star der Geschichte ist übrigens der in einer Londoner Irrenanstalt lebende Renfield, dessen Speiseplan aus Fliegen, Spinnen und Sperlingen besteht und der Dracula als seinen Meister ansieht. Wie es sich für einen vernünftigen Vampirroman gehört, braucht Dracula natürlich einen Gegenspieler. Aus irgendeinem Grund hat Bram Stoker hierfür einen Holländer gewählt (vermutlich, weil er keine Belgier kannte), der dann mit spitzen Stöckern die Jagd aufnimmt.

Abraham Van Helsing und Graf Dracula sind das legendärste Paar der Literaturgeschichte. Stokers Story wurde bereits 1897 veröffentlicht, weshalb die Sprache natürlich hin und wieder etwas alt wirkt. Aber genau diese Sprache verleiht der Geschichte eine Klasse, die den heutigen Teenager-Vampir-liebt-Schnitte-Schnulzen völlig abgeht.

10 Die Wolke (Gudrun Pausewang)

Schulausfall ist eine tolle Sache. Hitzefrei ist prima. Nicht so toll allerdings, wenn du im Unterricht gerade langsam wegdöst und auf einmal die Glocken läuten. Und zwar alle. Katastrophenalarm! Außerirdische? – Fast: Das hübsche Bauwerk zwei Kilometer entfernt, ein Kernkraftwerk, ist in die Luft geflogen. Ein GAU, Super-GAU sogar – Größter Anzunehmender Unfall. Die 14-jährige Janna hat eigentlich andere Sorgen, richtiges Make-up zum Beispiel und Typen, aber die Reaktorkatastrophe reißt sie aus ihrem normalen Alltag raus, und wir folgen ihr, wie sie verzweifelt versucht, aus dem Strahlengebiet zu entkommen. Alle staatliche Ordnung ist im Arsch und für Janna geht es nur noch ums nackte Leben.

   Mal abgesehen davon, dass die Protagonistin offenbar ein Mädchen ist, wobei Janna-Berta, so ihr voller Name, nicht gerade ein Knüller ist, durchaus ein Buch für Jungs, mit klarer Fragestellung: Was machst du, wenn die Welt, wie du sie kennst, gepflegt den Bach runtergeht? Wenn sich um dich herum alle Strukturen auflösen und du ganz allein bist. *Die*

Wolke ist eine Anklage gegen Atomkraft und gleichzeitig ein verdammt spannender Roman über den Tod, das Verderben — und die Hoffnung, die einen immer weiterrennen lässt. Mit etwas Glück nicht gleich ins nächste Kernkraftwerk.

11 Carrie (Stephen King)

Wenn Mädchen ausrasten, dann hat die Welt bekanntlich nichts zu lachen. So auch in diesem Schinken: Carrie ist ein ganz normales Mädchen, abgesehen davon, dass sie ziemlich hässlich ist, oder sich, wie jedes Mädchen, so fühlt, und eine ziemlich durchgeknallte, religiös-irre Mutter hat. Carrie ist in der Schule das klassische Opfer, unfähig, sich zur Wehr zu setzen. Praktischerweise hat Stephen King ihr allerdings telekinetische Fähigkeiten gegeben, mit denen sie unglaublich spaßige Sachen machen kann. Ihr Bett bewegen. Ihren Spiegel kaputt machen. Und, ach ja, die Schule anzünden, die für sie ohnehin nichts anderes als ein Terrorladen ist, und die Stadt gleich mit. Bei dieser Gelegenheit mischt sie auch all die Mädels auf, die sie gemobbt haben, inklusive ihrer Mutter.

Das ziemlich kurz geratene Buch ist glaubwürdig, äußerst spannend und ganz schön böse dazu. Für einen Moment wünscht man sich sogar, an Carries Stelle zu sein, freilich nicht als Opfer, sondern als Täter. Dass man sich auch als Junge ziemlich gut mit ihr identifizieren kann, liegt an der Art und Weise, wie Herr König (= King! Falls du mit Englisch nicht so ganz klarkommst) uns mit ihr vertraut macht. Kein Moment, in dem du nicht mitfieberst. Wir mögen Carrie. Wir wollen sogar, dass sie ausrastet und den ganzen Spaßbremsen in ihrer Umgebung endlich gibt, was sie verdienen! Ungewohnt ist sicherlich die Tatsache, dass das Ende der Story bereits am Anfang mitgeteilt wird. So weiß man zwar, dass etwas passiert, hat aber keine Ahnung, *wie* es passieren wird. Genau das macht *Carrie* zu einem erschreckend genialen Leseerlebnis, das du nicht so schnell vergessen wirst. Auch wenn die Story auf den ersten Blick nach reinem Horror aussieht, geht es vielmehr um die Sehnsucht eines eigentlich ganz normalen Teenagers, endlich dazuzugehören. Du als Leser bekommst diese Trostlosigkeit in Carries Leben komplett mit und möchtest sie am liebsten sofort zum Essen einladen. (Stellt sich nämlich heraus, dass sie doch nicht so abgrundtief hässlich ist ...)

Natürlich hat das Buch auch einen Lerneffekt für dich als männlichen Leser: Mädchen niemals reizen! Absolut niemals. Never! Erstens, weil es schlechter Stil ist, und zweitens, weil einige, vor allem, wenn sie durchgeknallte, fanatisch-religiöse Eltern haben, dich allein mit der Kraft ihrer Gedanken töten können, was aus deiner Perspektive vielleicht doch eher suboptimal wäre.

12 The Walking Dead – Gute alte Zeit (Robert Kirkman/Tony Moore)

Das Buch ist eigentlich ein Graphic Novel. Eine Graphic Novel ist dasselbe wie ein Comic. Nur deutlich teurer. Davon abgesehen ist *The Walking Dead* ein Zombieroman mit »Realismus«. Stell dir vor, du wachst morgens auf und die Welt um dich herum gibt es nicht mehr. Zombies haben endlich die Weltherrschaft an sich gerissen. Die Städte sind menschenfreie Zonen, also ist es logisch, dass du deinen Arsch aus der Stadt hinausbewegst, was allerdings nicht ganz so simpel ist, wie es sich anhört. Auf dem Weg hinaus darfst du a) dich mit weiteren Überlebenden anfreunden und b) jede Menge Zombis töten. Blut spritzt dabei in Hektolitern und Därme fliegen auch gerne mal durch die Gegend. Wie es sich für einen vernünftigen Zombie-Comic gehört. Noch wichtiger aber sind Fragen wie: Was machst du, wenn du auf alle Annehmlichkeiten des normalen Lebens verzichten musst? Keine Dusche, kein Klo, beziehungsweise keines mit Spülung, kein Handy, kein Fernseher, kein Kühlschrank, kein Fast Food. Es sei denn, man röstet Zombieköpfe frisch über dem Lagerfeuer. *Gute alte Zeit* ist der erste Band einer ziemlich ewigen Reihe ... inzwischen gibt es 16 davon. Damit sollten für die nächsten Geburtstage also genügend Geschenkideen zusammenkommen.

13 Der Junge, der Träume schenkte
(Luca Di Fulvio)

Falls du mal wieder Zeit für 800 Seiten hast, nimm dir dieses Machwerk vor. Wenn dämlich glupschige Kinderaugen vom Cover lächeln, weiß der normale Mann, dass es sich um schmalzigen Schrott handelt. Ausnahmsweise ist diese Annahme hier falsch: Der Roman dreht sich um einen Knilch namens Natale, genannt Christmas, weil Ostern irgendwie schon aus war, der ab 1909 in den Straßen New Yorks seinem Lieblingshobby nachgeht. Überleben nämlich. Christmas kommt mit seiner Mutter aus Italien und hofft in der Neuen Welt Amerika auf ein besseres Leben. Schauplatz ist ein stinkendes und schmutziges New York, in dem Straßengangs das Sagen haben, folglich ist Durchsetzungskraft das A und O, und das muss unser Christmas erst einmal entwickeln.

Dabei geht es angemessen brutal zur Sache. Es gibt aber auch Stellen, an denen sogar männliche Leser durchaus mal losheulen können. Wenn Christmas, Ostern oder Himmelfahrt, wie auch immer er nun genannt wird, und seine Schnitte Ruth sich auf einer Parkbank unter einer Laterne treffen, ist das jedenfalls ganz großes Tennis. Ruth übrigens ist die Tochter verdammt reicher Eltern ... und Christmas ist verflucht arm und pleite und außerdem noch ein Einwanderer. Ob die beiden wirklich zueinanderfinden ... Klar doch, oder?

14 Tote Mädchen lügen nicht (Jay Asher)

Lange bevor es MP3 gab, benutzten Menschen CDs. Und lange, bevor es CDs gab, gab es sogenannte Walkman-Geräte, die man mit riesigen Kassetten befüllte. Extrem geringer Speicherplatz. Eines wunderbaren Tages kommt Clay Jensen nach Hause und findet genau solche Kassetten, besprochen von einer gewissen Hannah Baker, auf die er volle Axt steht. Blöd nur, dass Hannah sich vor Kurzem erst umgebracht hat. Und Clay hat damit zu tun. Allerdings weiß er nichts davon, was noch blöder ist. Auf den Kassetten nennt Hannah 13 Gründe für ihren Selbstmord, und neben Clay noch elf weitere Leute, die daran einen Anteil hatten. Der Clou der Sache: Außerdem legt Hannah noch eine Karte bei, auf der sie wichtige Stationen markiert hat. Also macht Clay sich mit Karte und Walkman auf den Weg durch die Nacht und versucht, Hannah zu verstehen – und nebenbei auch noch sich selbst. Geniale Grundidee!

Hüte dich also vor dem Tag, an dem auch du eine Ladung Kassetten geliefert bekommst. Wobei, wahrscheinlich wüsstest du in Ermangelung eines Walkman gar nichts mehr damit anzufangen. Kannst ja mal versuchen, die Dinger in dein Handy zu stopfen ...

 **15** Das Tagebuch der Anne Frank (Anne Frank)

Ein Mädchen schreibt Tagebuch. So weit erst mal nichts Neues. Nur – Anne Frank war ein Mädchen, das in düsteren Zeiten lebte, denen von Hass und Verfolgung, in denen Adolf Hitler sich praktisch ganz Europa untertan gemacht hatte. Mit ihrer Familie musste sie während des Zweiten Welt-krieges im von den Deutschen besetzten Amsterdam untertauchen und schrieb in der Enge ihres Versteckes auf, was sie bewegte.

Sie schreibt von den Lasten des Krieges, aber auch von alltäglichen Problemen. Wir begleiten Anne durch die dunklen Stunden ihres Lebens bis zu dem Punkt, wo sie und ihre Familie entdeckt werden und alle Hoffnung endgültig erlischt.

Anne, hochbegabt, sensibel und in jeder Hinsicht ein wunderbarer Mensch, starb 1945 im Konzentrationslager Bergen-Belsen. Sie war 15 Jahre alt und wollte, wie sie selbst in ihrem Tagebuch schreibt, einfach nur geliebt werden.

Warum ein solches Buch lesen? Weil die Geschichte wahr ist, und groß ist, und weil sie von einem Menschen erzählt, der auch heute noch leben könnte, der in kompletter Dunkelheit immer wieder das Licht sah.

Alaska ist einerseits irgendein arschkalter Staat irgendwo im Norden Amerikas. Irgendwo ganz hoch im Norden soll laut Augenzeugenberichten der Weihnachtsmann wohnen. Mehr weiß man über diesen Staat allerdings nicht. Andererseits, und schon sind wir in der Story, ist Alaska ein ziemlich ungewöhnlicher Mädchenname – aber immer noch besser als North Carolina oder Mississippi oder New Mexico. Die Geschichte, bei der es um ein Mädchen namens, völlig überraschend jetzt, Alaska geht, und nicht um den arschkalten Staat, spielt in einem Internat, das neben Alaska noch weitere Schüler beherbergt. Zum Beispiel Miles, der gerade erst die Bildungseinrichtung gewechselt hat, was gut ist, denn an seiner alten Schule war Miles ein ziemlicher Verlierer (soll heißen: Opfer, Nullnummer, Mobbingempfänger Nummer eins). Im neuen Internat verliert er allerdings auch – und zwar sein Herz. An Alaska. Mit Alaska kann man tolle Sachen machen: Nachts rauchen, philosophieren, bis der Arzt kommt, oder sich einfach von ihr durch die Gegend wirbeln lassen. Sie wird das Zentrum von Miles' Sonnensystem, er ist hin und weg und hoch und runter und verzaubert und will sie (lieben, haben, küssen, vögeln etc.). Da Miles sich in Liebesdingen nur bedingt auskennt (also mal gar nicht), ist er überfordert ohne Ende, was auch daran liegt, dass Alaskamaus, typisch für Mädchen, das eine oder andere Geheimnis hütet.

Nette kurze Kapitel, großartig geschrieben, immer pendelnd zwischen Witz und Melancholie. Taugt so einiges, und wenn bei dir die Liebe auch schon mal eingeschlagen hat wie eine Bombe mit Selbstauslöser, dann kannst du zumindest erahnen, wie Miles emotional so drauf ist. Wenn nicht – hier lernst du, was Liebe mit dir machen kann und wie sie dich und dein ganzes Leben souverän auf den Kopf stellt. Und was passiert, wenn das Geheimnis des Mädchens noch größer und bedeutender für dich ist, als du es dir jemals vorgestellt hast. Nach dem Lesen wirst du mit Sicherheit einige Zeit rumsitzen und einfach nur über das Buch nachdenken. Versprochen!

Moby-Dick (Herman Melville)

Melvilles Walfänger-Roman erschien bereits 1851, was ihn nicht weniger aktuell macht. Der Icherzähler Ismael entschließt sich aus lauter Langeweile, am Walfang teilzunehmen. Dabei heuert er ausgerechnet auf dem Schiff von Kapitän Ahab an, der im Kampf mit einem Wal (eben Moby Dick) vor Ewigkeiten ein Bein verlor – und deshalb bis heute ziemlich angepisst ist. Tatsächlich täte er nichts lieber, als Moby durch die Knoblauchpresse zu quetschen ...

Das Buch ist ewig lang, dabei aber unverschämt spannend – und man erfährt außerdem noch etwas über den Walfang und das Leben an Bord eines Schiffes im tiefsten 19. Jahrhundert. Um die Jagd auf Moby Dick geht es eigentlich nur in den letzten Kapiteln, viel wichtiger ist die Suche selbst, und zwar nicht nur nach dem deutlich zu fett geratenen Säugetierfischdings, sondern nach Selbsterkenntnis. Ismael versucht zu lernen, über den Walfang, das Leben und alles andere, während Ahab lediglich darauf wartet, es endlich mit Moby Dick aufnehmen zu können. Er merkt nicht, dass er sich bei dieser fanatischen Suche selbst zerstört, und seine Mannschaft gleich noch mit.

Moby Dick ist ein absolutes Männerbuch, erstens wegen des Themas und weil jede Menge Blut fließt, und zweitens, weil Frauen an Bord eines Walfangschiffes eh nichts zu suchen haben.

18   Morgen war Krieg (John Marsden)

Der erste Teil einer Romanreihe, wobei nicht alle Teile ins Deutsche übersetzt worden sind. Eine perfekte Chance also für einen Mann von Welt (ja – wir sprechen von dir), mit der *Tomorrow, When the War Began*-Serie dein Englisch aufzupolieren. Die Story spielt in Australien, was erstaunlich ist, da bis zum Erscheinen dieses Buches wohl niemand jemals gedacht hätte, dass in Australien abgesehen von hoppelnden Kängurus überhaupt etwas passiert. Hier jedoch passiert eine Menge: Sieben Freunde kommen von einem Campingausflug zurück (man hat ordnungsgemäß geflirtet und gesoffen) und stellen fest, dass ihre Heimatstadt in der Hand feindlicher Truppen ist. Ach ja, und das ganze Land auch noch. Es ist Krieg. Genau mit diesem Hammer beginnt die Geschichte. Die sieben Freunde, Mädchen und Jungs, ziehen sich erst zurück, müssen klarkommen, und beschließen irgendwann, Widerstand zu leisten. Nur sprechen wir hier nicht von Helden, sondern von ganz normalen Teenagern, die langsam, aber sicher über sich hinauswachsen.

Die Geschichte könnte jetzt eigentlich ins Beschissene kippen, tut sie aber nicht, weil es Herrn Marsden gelingt, die Kids als Menschen darzustellen und nicht als Verwandte von Superman, Spiderman und anderen Typen in engen Strümpfen. Insgesamt ein ärgerliches Buch, da man nach dem Lesen merkt, dass man versehentlich seine Nägel abgekaut hat!

19   Tintenherz (Cornelia Funke)

Tintenherz, *Tintenblut* und *Tintentod* bilden zusammen die *Tintenwelt*-Trilogie. Auf so bescheuerte Titel muss man erst mal kommen ... Als Einsteiger solltest du mit Teil eins beginnen. Worum geht's? Ganz einfach!

Darum, dass Geschichten lebendig werden. Vielleicht hast du beim Lesen manchmal den Wunsch, den einen oder anderen Charakter aus einem Buch treffen zu wollen, vor allem, wenn es sich um ein Mädel handelt. In *Tintenherz* haben wir exakt diese Situation: Personen aus Storys fangen an zu leben. Mal sind sie gut drauf, mal eher nicht. Die Protagonisten sind Meggie (Mädchen) und Mo (Vater von Mädchen). Mo ist »Bücherarzt« von Beruf mit der Fähigkeit, Charaktere aus Geschichten »herauszulesen«. Dabei hat er blöderweise jemanden erwischt, der eigentlich besser zwischen den Buchdeckeln hätte bleiben sollen ...

Märchenwelt und Albtraumwelt geben sich die Hand und das Böse in Gestalt von Capricorn ist Mo und Meggie immer einen Schritt voraus. Oder zwei.

20 Die unendliche Geschichte (Michael Ende)

Keine Sorge – die Geschichte hört dann doch irgendwann auf, und bis sie das tut, hast du als Leser einiges erlebt und vor allem die Anderswelt Phantásien kennengelernt. Dort ist ein Mädel die Chefin, die Kindliche Kaiserin. Phantásien nun hat ein klitzekleines Problem, denn das Land wird vom Nichts bedroht. (Immer noch besser, als wenn es von Allem bedroht würde.) Natürlich gibt es nur einen einzigen Typen, der den Laden retten kann, wobei die Wahl ausgerechnet auf den dicken Bastian Balthasar Bux fällt. Bastian betritt also die Anderswelt, muss Phantásien retten und dann wieder in die Realität zurückkehren, was sich insgesamt gesehen gar nicht mal so einfach bewerkstelligen lässt. Schon gar nicht, wenn man die Körperfülle eines Großraumflugzeuges hat.

Endes Roman spielt mit Realität und Vorstellungsvermögen und entführt in fantastische, eben unendliche Traumwelten. Was aber ist Traum? Was Wahrheit und Realität? Praktischerweise ist die Geschichte sogar in zwei Farben gedruckt, grün für die Anderswelt, rot für das »normale« Leben. Es zeigt sich, dass diese Orientierungshilfe nicht doof ist, wird doch die Geschichte ganz schön komplex und herausfordernd. Auf den ersten Blick erscheint das Buch vielleicht wie eine dämliche Märchengeschichte für Mädchen im Prinzessinnenalter, es geht aber weit darüber hinaus und sollte in deiner Bücherei nicht fehlen, und zwar in der »Gelesen«-Abteilung.

21 Beastly (Alex Flinn)

Du siehst gut aus, bist hypermäßig beliebt in der Schule, dein Vater ist scheiße reich, du hast die hübscheste Freundin von allen – und bist außerdem ein riesengroßes, arrogantes, oberflächliches Arschloch, das mit seinen Mitmenschen, vor allem, wenn sie optisch nicht so super viel hermachen, nicht gerade zimperlich umgeht. Du begegnest Kendra. Kendra ist eine Hexe. Kendra verwandelt dich in ein potthässliches Monster. Blöde Sache. Kendra lässt dir aber einen Ausweg: Du musst innerhalb eines Jahres jemanden finden, der dich liebt – trotz deiner monstermäßigen Fresse. Noch blödere Sache. Vor allem, weil deine »hübscheste Freundin von allen« auf einmal gar nichts mehr von dir wissen will, die eingebildete Schnepfe! Aber, hey, gibt es da nicht dieses eine Mädel, das du sowieso irgendwie interessant findest? Klar gibt es die! Was also tun? Na, logisch: Die Schnitte muss entführt werden! Dann wird sie schon lernen, dich zu lieben! Ha! Clevere Strategie. Ein wenig verwunderlich jedoch, dass die dumme Nuss mal so gar nicht auf Entführungen steht und noch weniger darauf, sich in ihren Entführer zu verlieben! Typisch Mädchen mal wieder. Du hast nun also das Mädchen, das absolut nichts von dir wissen will (siehe oben: weil du ein Arschloch bist). Gleichzeitig hast du das Ultimatum der Hexe, und genau dieses Ultimatum läuft allmählich ab. Oh Mann!

Beastly ist eine Adaption des uralten französischen Märchens *Die Schöne und das Biest*, verlegt ins moderne New York. Kann so was funktionieren? Kann es. Die Story ist nun wirklich nicht neu, neu ist aber, dass sie aus der Sicht des Biestes erzählt wird, in der Ich-Perspektive. Sehr reizvolle und ziemlich einmalige Umsetzung!

22 Slam (Nick Hornby)

Leben ist geiler Scheiß! Alles läuft nach Plan! Bis mal wieder alles ganz gepflegt in die Hose geht. Sam ist ein Skaterstar, er liebt Skaten über alles, fast noch mehr als seine Freundin Alicia. Könnte also alles richtig perfekt sein, wenn nicht Alicia mit einer Katastrophennachricht vorbeikommt. Herzlichen Glückwunsch, Sie bekommen ein Kind. Gegen Kinder ist generell nichts einzuwenden, doof ist halt, dass Sam gerade mal 15 Jahre alt ist ... In solchen Momenten bleibt gar nichts anderes übrig, als Auswege und Lösungen zu suchen, was Sam auch tut. Er quatscht nämlich mit einem Poster. Kennen wir ja. Tun wir doch alle. Aber mit dem Poster eines Skateboard-Gottes? Alles voll Standard!

Hornbys Roman ist absolut am Puls der Zeit, sehr modern, sehr frischer Stil, sehr witzig – und trotzdem ganz schön traurig. Als männlicher Leser erfährst du so einiges über die Schwierigkeiten des Erwachsenwerdens und darüber, was für ein Typ Mann man eigentlich sein muss, um mit der Welt klarzukommen. Auch wenn *du* vielleicht nicht gerade schwanger bist, lohnt es sich, in Sams Welt einzutauchen, alleine schon, um zu verstehen, wie er mit seinen Problemen umzugehen gedenkt. Eigentlich will Sam nämlich nur eins: seine Ruhe. Was aber irgendwie momentan nicht infrage kommt. Kommt dir bekannt vor? Ruhe haben wollen und keine bekommen? Besprich die Sache doch einfach mal mit einem Poster und lerne dabei fürs Leben ...

23 127 Hours – Im Canyon (Aron Ralston)

Aron Ralston erzählt hier eine wahre Geschichte. Seine eigene. Und die ist so spektakulär, dass man sie kaum glauben möchte. Aron Ralston ist ein Extrem-Alles: Extremwanderer, Extremkletterer, Extrembergsteiger und vor allem: extrem am Arsch, als er bei einer Bergtour von einem 500-Kilogramm-Felsbrocken eingeklemmt wird. Handyempfang ist nicht vorhanden, kein Schwein weiß, wo er ist, und langsam, aber sicher gehen auch die Wasservorräte aus. Da bleibt nur noch Beten. Oder das Unmögliche tun ... Was das ist, wird aber hier nicht verraten. Klar könnte er den Felsbrocken langsam in kleine Stücke zernagen und die Reste fressen. Klar könnte er sich auch einfach zu Tode masturbieren, um wenigstens einigermaßen würdevoll draufzugehen. Aron entscheidet sich für etwas anderes, was auf den ersten Blick absolut absurd ist. Auf den zweiten Blick auch. Gleichzeitig kann man manchmal wohl nur mit absurdesten und extremsten Maßnahmen sein eigenes Leben retten.

Zugegeben, *127 Hours* steht nicht gerade unter Verdacht, jemals den Literaturnobelpreis zu bekommen. Die Story hat es trotzdem in sich, ist intensiv und ganz schön verstörend. Interessant ist, dass sich der Leser unweigerlich selbst die Frage stellt: Wie weit würde *ich* gehen, um zu überleben? Vielleicht nicht weit genug. Ralston liefert uns hier nichts anderes als ein Motivationsbuch! Glaube an dich und kämpfe! Eine Botschaft, die so blöde ja nun auch wieder nicht ist.

24 Zehnte Klasse (Joseph Weisberg)

Mal wieder eine Schulgeschichte, mag man denken. Mal wieder alles wie gehabt, mag man denken. Immer schön mit pädagogischem Zeigefinger, sodass der Leser auch ganz bestimmt eine moralische Botschaft mit nach Hause nimmt. Mag man denken. Und liegt falsch. *Zehnte Klasse* ist eine irre Achterbahnfahrt, die in der Ich-Perspektive aus der Sicht von Jeremy den Verlauf eines ganz normalen (ziemlich schrägen) Schuljahres an einer amerikanischen Highschool erzählt. Dabei geht es um jede Menge Mädchen, um Knutschen, Drogen, Alkohol und, wer hätte das gedacht, hin und wieder sogar um Schule.

Das Buch schafft es, absolut null Höhepunkte zu haben und keinerlei Spannung zu vermitteln. Keine einfache Leistung – trotzdem liest man immer weiter und weiter. Warum? Weil die Geschichte realistisch ist, was schon damit beginnt, dass dem Autor Grundlagen von Grammatik offenbar ziemlich schnuppe sind. Er arbeitet ohne Punkt und Komma und mit realistischer Ausdrucksweise, zumindest in der englischen Version (*10th Grade*). Die Verleger der deutschen Ausgabe halten Leser offenbar für Idioten und geben uns Punkt, Komma, Semikolon, Doppelpunkt und alles andere, was man nicht braucht. Trotzdem: alles in allem ein ungewöhnlicher Roman, der keinerlei Anspruch hat, außer, das Leben so darzustellen, wie es eben ist in der 10. Klasse.

25 Alle Bücher des Autors von »625 Dinge, die ein Junge wissen muss und getan haben sollte, bevor er zum Mann wird«

Weil sie a) atemberaubend gut sind. Weil sie b) sonst keiner kauft. Und weil du c) arme, unterschätzte Autoren unterstützen solltest!

15. KAPITEL

25

bekloppte

ZUNGENBRECHER, ...

... DIE DU MAL ÜBEN KÖNNTEST

1. Brautkleid bleibt Brautkleid und Blaukraut bleibt Blaukraut.

2. Griesbrei bleibt Griesbrei und Kriegsbeil bleibt Kriegsbeil.

3. Hinterm dicken dichten Fichtendickicht *icken dicke Fichten tüchtig. (Viel Spaß!)

4. Es klebt in meinem Kannenset Kartoffelpufferpfannen-fett! (Was natürlich blöd ist...)

5. Max wachst Wachsmasken. Was wachst Max? Wachs-masken wachst Max.

6. Wenn der Benz bremst, brennt das Benz-Bremslicht. (sofern es nicht kaputt ist...)

7. Testtexte texten Testtexter, Testtexter texten Test-texte.

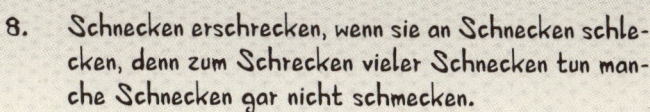

8. Schnecken erschrecken, wenn sie an Schnecken schlecken, denn zum Schrecken vieler Schnecken tun manche Schnecken gar nicht schmecken.

9. Der Krabbenfischer knabbert Knabberkrabben, Knabberkrabben knabbert der Krabbenfischer. (mit Pommes...?)

10. Furcht vor Fruchtfleisch führt zu Flucht vor Fruchtfleisch. (Merke: Obst ist gefährlich!!!)

11. Der Flugplatzspatz nahm auf dem Flugplatz Platz. Auf dem Flugplatz nahm der Flugplatzspatz Platz. (Schön für ihn!)

12. Ein sehr schwer sehr schnell zu sprechender Spruch ist ein Schnellsprechspruch! (Ach, so schwer ist das nicht!)

13. Klitzekleine Katzen kotzen klitzekleine Kotze. (Jeder braucht eben ein Hobby!)

14. Krötenkotzende Köter treten Bröckchen kotzende Kater kräftig in die Klöten! (Auaaah!)

15. Peter's Pimmel pinkelt Prima, prima pinkelt Peter's Pimmel. (Congratulations!)

16. Tausend tropfnasse Trogträger trugen triefende Tröge treppauf und treppab. (Fahrstuhl wäre praktischer!)

17. Wer anderen eine Bratwurst brät, hat wohl ein Bratwurstbratgerät. (Blödester Spruch der Welt!)

18. Zwanzig Zwerge zeigen Handstand, zehn im Wandschrank, zehn am Sandstrand. (Seit wann können Hobbits turnen???)

19. Fat frogs flying past fast. (Als ob Frösche fliegen könnten...)

20. A rabbit ran around a rock, Around a rock a rabbit ran.

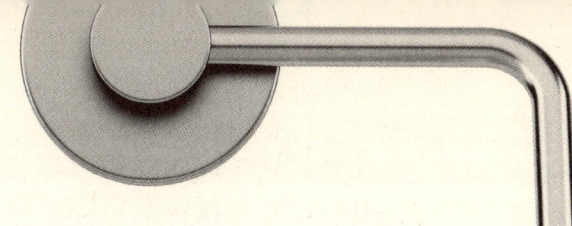

21. Besser auf kaltem Boden hocken, als mit kalten Hoden rocken. (alte chinesische Weisheit!)

22. Das Schleimschwein schleimt schweinisch im Schleim, im Schleim schleimt schweinisch das Schleimschwein

23. Fussballweltmeisterschaftsendrundenteilnehmer (Holland ist's schon mal nicht...)

24. Der Cottbusser Postkutschenkutscher bepisst Cottbusser Postkutschenkutscherbriefkästen. (aber warum denn bloß?)

25. In Ulm, um Ulm und um Ulm herum.

Als Junge bist du bekanntlich kein Waschlappen. Mit unter 18 Jahren wärest du im Mittelalter bereits Ritter gewesen, oder Knappe, oder der Knappe eines Knappen, oder Prinzessin, oder würdest auf irgendeinem Feld Kartoffeln ernten. Allerdings gab es im Mittelalter noch gar keine Kartoffeln, sodass du ziemlich lange und vergeblich geerntet hättest. Wie dem auch sei: Dein Leben wäre gänzlich anders abgelaufen. Als Mitglied der »Jugend von Heute« fehlen dir solche Erfahrungen natürlich, was aber nicht heißt, dass du den ganzen Tag einfach nur den Schwanz hochlegen sollst. Die Welt ist voll mit Abenteuern, die gerade für Jungs wichtig sind, und wir reden nicht darüber, wie abenteuerlich doch Vokabellernen sein

16. KAPITEL

VOLLKOMMEN ABSURDE MUTPROBEN

kann. Schließlich ist bei Jungs genetisch festgelegt, dass sie sich immer wieder beweisen müssen, was für geile Säue sie sind. Du kannst dich gegen diesen Ruf der Natur nicht wehren – und sollst es auch nicht. Vielmehr musst du den Gefahren direkt ins Auge blicken. Da aber das moderne Leben immer weniger Gefahren bietet, außer natürlich beim Schließen des Reißverschlusses, musst du inzwischen regelrecht nach vernünftigen Challenges suchen. Um dir das Leben etwas einfacher beziehungsweise schwieriger zu machen, hier eine kleine Auswahl von Mutproben, die man a) nicht nur machen, sondern b) auch noch bestehen sollte, weil man ansonsten c) doch ein Waschlappen ist.

1)

Mach dem Besitzer eines Kampfhundes mit präzisen Worten klar, dass er volle Kanne hässlich ist und aussieht wie ein Specht mit Blähungen.

2)

Hau dir auf der Sitzung einer Diätgruppe einen Doppel Whopper mit extra Speck rein und lobe dabei vor allem den vollmundigen Geschmack des Salates!

3)

Spring mit einer Badehose, die dir locker drei Nummern zu groß ist, vom Zehnmeterbrett. Abwandlung: Verzichte auf die dämliche Hose!

4)

Geh in die Kirche und rufe während des Gebets »Satan ist unter uns«. Zeige dabei auf einen Unbeteiligten.

5)

Erzähle deiner Freundin, dass du nur deshalb zu spät bist, weil sich der Penis deines Kumpels mit deinem eigenen verknotet hat. Natürlich absolut versehentlich …

6)

Frage einen Holländer, warum er sich nicht einfach mal die Mühe macht, die deutsche Sprache korrekt zu lernen.

7)

Frage jede dicke Frau auf der Straße, wie das Kind denn heißen soll und ob du bei der Geburt dabei sein darfst.

8)

Sag deiner Mutter, dass du den dir vorgesetzten Schweinefraß nicht essen, sondern lieber als Spende nach Afrika schicken willst – als Klebstoff für Sandkuchen.

9)

Halte im Biologieunterricht ein Referat zum Thema »Die Nachteile von kleinen Brüsten«. Bewahre dabei stets Augenkontakt zu den Mädchen mit den kleinsten Wölbungen und natürlich zu deiner Lehrerin. Tituliere sie als »Anschauungsobjekte A bis C«.

10)

Überrasche deine Eltern mit der erquickenden Mitteilung, dass du Sex mit Tieren ziemlich spannend findest und total gern eine Katze hättest, am liebsten eine weibliche.

11)

Geh in ein vegetarisches Restaurant und bestell ein Schweineschnitzel mit Pommes. Falls sie keines haben, hol das mitgebrachte Exemplar aus der Tasche und bestell Zigeunersoße mit Hackbällchen dazu.

12)

Frag ein beliebiges Mädchen auf dem Schulhof, ob sie sich beim Blasen auch mit Luftballons zufrieden gibt.

13)

Besuch ein Heimspiel von Bayern München und stell dich in die Fankurve. Trag dabei dein brandneues Borussia-Dortmund-Trikot!

14)

Frag einen deiner Lehrer, warum er nicht lieber einen richtigen Beruf ergriffen hat und ob es normal ist, wenn Leute mit extremen Minderwertigkeitskomplexen an einer öffentlichen Schule arbeiten.

15)

Nimm an einer Demonstration von Greenpeace teil und halte ein Banner in die Luft mit der Aufschrift: »Der Regenwald nimmt Platz für Golfplätze weg«.

16)

Setz dich in einen Bus und frag den Fahrer, ob man eine Bombe am besten auf der Ablage oder unter dem Sitz verstaut. Falls der Fahrer zweifelt, zeig ihm eine maßstabgerechte Zeichnung der Bombe.

17)

Verkünde deinen Eltern, dass du offenbar im falschen Körper geboren wurdest und ab sofort nur noch pinke Klamotten tragen wirst.

18)

Frag in einem Seniorenheim nach, ob du mit einem der Insassen Gassi gehen darfst und wie viel man dir dafür zu zahlen bereit wäre.

19)

Gehe zu einer Veranstaltung der mit etwas Pech in deiner Nachbarschaft ansässigen nationalsozialistisch-strammer-als-rechtsorientierten Ortsgruppe (Braune Brut e.V.) und halte den gaffenden Glatzengesellen einen Vortrag über den Zusammenhang zwischen ausländerfeindlichen Verhaltensweisen und extrem kleinen Pimmeln.

20)

Biete der örtlichen Tageszeitung deine Dienste als freiberuflicher Pornofotograf an.

21)

Erfreue deine Eltern mit der Mitteilung, dass du auf Taschengeld nicht mehr angewiesen bist, da du mit Drogen und Prostitution an einem Tag mehr verdienst als Papa im ganzen Monat.

22)

Geh in einen Buchladen und schreibe in jedes Buch: »Für Mama«.

23)

Mache ein Selfie von deinem Penis, stelle es unter deinem eigenen Namen auf Facebook rein und sei der Erste, der »Gefällt mir« klickt.

24)

Frage deinen Lehrer mitten im Unterricht, ob er noch mal Lust hätte, mit dir 'ne Cola trinken zu gehen, am selben Ort wie gestern und vorgestern …

25)

Erzähle deinem Zahnarzt, kurz bevor er zum Bohren ansetzt, dass du es direkt vor der Sprechstunde im Wartezimmer mit seiner Tochter getrieben hast.

17. KAPITEL

25

VORURTEILE ÜBER LEHRER,

DIE EINFACH NUR GEMEIN *und* FALSCH SIND

Es ist wissenschaftlich bewiesen, dass die Lehrer-Jungs-Beziehung manchmal nicht so ganz super funktioniert, was daran liegen mag, dass Mädchen natürlich viel angepasster sind und immer brav ihre lächerlichen Hausaufgaben erledigen. Außerdem haben sie im Regelfall eine deutlich schönere Handschrift. Deshalb neigen Jungs dazu, ihre Lehrer nicht zu mögen, und fallen leicht auf Vorurteile herein. Doch merke: Vorurteile sind Mädchensache. Jungs halten sich an klare Fakten und/oder an ihre besondere, männlich-göttliche und damit unfehlbare Beobachtungsgabe.

1) LEhRER MöGen KindER

Dieses besonders schlimme Vorurteil hört man immer wieder. Was es aber nicht besser oder richtiger macht. Tatsache ist: Kein Lehrer auf dieser Welt, egal in welchem Land, hat jemals Kinder gemocht, noch mag er Kinder, noch wird er jemals Kinder mögen. Gleiches gilt übrigens für Eltern! Jeder halbwegs denkende Lehrer betrachtet Kinder als bedauernswerte Ballastexistenzen ohne Lebensberechtigungsschein, die er (oder sie) nur unterrichten muss, weil irgendwelche ärgerlichen Gesetze es so vorschreiben. In diesem Kontext ist anzumerken, dass Lehrer zu exakt 100 Prozent die Abschaffung der Prügelstrafe scheiße finden! Auch 100 Prozent der Schüler würden sie durchaus gerne wieder einführen ... bloß nicht für sich selbst ...

2) LEhRER sind Menschen

Eine solche im Alltagsdenken noch häufig auftretende Behauptung entbehrt jeglicher biologischer Grundlage. Wären Lehrer Menschen, würden sie dir schließlich nicht ohne Unterlass nutzlose Aufgaben stellen und dich damit deiner wohlverdienten Freizeit berauben, einer Freizeit, in der du viel besser mit Mädchen flirten oder wenigstens von Mädchen träumen könntest, oder dir irgendwelche Mädchenbilder im Internet ansehen ... Lehrer sind – so viel ist inzwischen festgestellt – keine Menschen. Allerdings weigern sie sich beharrlich, als Maschinen bezeichnet zu werden, weil sie meinen, eine solche Bezeichnung würde sie »kalt« erscheinen lassen.

3) LEhRER MÖGEN FREiES DenKen

Stimmt. Aber nur bei sich selbst. Bei Schülern, und vor allem bei männlichen Schülern, wird freies und individuelles Denken als anmaßend und frech betrachtet. Deshalb ist es unbedingt erforderlich, stets die Meinung des Lehrers zu teilen, welche, wie allgemein bekannt sein dürfte, auch immer die richtige ist. Natürlich darfst du denken, kein Thema! Nur solltest du deine Denkorgien nicht öffentlich kundtun. Dein Lehrer verdient absoluten Respekt und hat nun wahrlich nicht die Zeit, die Geduld oder den Verstand, sich das Hirngeschisse eines schwanzgesteuerten Jugendlichen anzuhören.

4) LEhRER MÖGEN KLassenFAhRTen

Für dich ist eine Klassenfahrt die ideale Gelegenheit, um dich einmal ganz ungezwungen an irgendeine Singlemaus ranzuschmeißen oder wenigstens mit deinen Kumpels einen draufzumachen, je nach Alter mit oder ohne viel oder wenig Alkohol. Für Lehrer gelten diese Qualitätskriterien eher weniger. Erstens, weil sie die Singlemäuse nicht anbaggern dürfen, und zweitens, weil sie keine Kumpels haben. Weder auf der Klassenfahrt noch in der Schule noch sonst wie im realen Leben.

Frag dich selbst: Möchtest du allen Ernstes in einer gottverlassenen Jugendherberge am Arsch der Welt und natürlich in der Nähe irgendeiner sterbenslangweiligen Ausgrabungsstätte für altrömische Toilettensitze oder einer »beeindruckenden Parklandschaft mit brütenden Warzenschweinen« eine ganze Woche lang Zeit mit deinem Lehrer verbringen? Eben! Dein Lehrer mit dir auch nicht!

5) LEhRER KÖNnen ALLE FächeR

Nein. Stimmt schon wieder nicht. Lehrer sind absolute Fachidioten. Sie sind zu blöd für alles, was über ihren Tellerrand hinausgeht. Ein Geschichtslehrer, der den Satz des Pythagoras erklärt? Eine Religionslehrerin, die etwas über Goethe erzählt? Ein Sportlehrer, der fehlerfrei auf Englisch »Hallo« sagt? – Absurde Vorstellungen! Die meisten Lehrer haben exakt zwei Fächer studiert. Mehr oder weniger zumindest. Meistens können sie beide nicht. Deshalb werden sie auch »Fach«-Idioten genannt. Noch weniger als diese beiden Fächer beherrschen sie alle anderen, geschweige denn ihr eigenes Leben. Dumm nur, dass die meisten Lehrer glauben, sie hätten Ahnung von den Dingen, die sie tagtäglich unterrichten. Seien wir ehrlich: Die meisten sind bereits in der 5. Klasse ohne Lösungsbuch komplett aufgeschmissen. Nicht umsonst zeigen sie an Tagen, an denen sie das Lösungsbuch zu Hause vergessen haben, einen Film, der hundertprozentig zu allem passt. Bloß nicht zum Thema.

6) LEhRER sind UNPüNKTLich

Definitiv nur die halbe Wahrheit. Lehrer bemühen sich sehr, zu jeder Unterrichtsstunde absolut zeitnah zu erscheinen. Aber schließlich ist es nicht ihre Schuld, wenn sich im Lehrerzimmer ausgerechnet kurz vor dem Gong eine riesige Schlange an der einzigen und günstig im Antiquitätenladen erstandenen Kaffeemaschine vorbeiquält. Außerdem gibt es immer noch total wichtige Gespräche, die geführt werden müssen, zum Beispiel darüber, was für einen schweren Tag man doch hat und was für einen schweren Beruf und womit man diese verdammten Drecksblagen eigentlich verdient hat. Ein weiterer Grund für – ungeplante – Unpünktlichkeit ist vielleicht auch, dass nur die wenigsten Lehrer genügend Geld verdienen, um sich eine sogenannte »Uhr« zu leisten. Selbst wenn sie sich aber eine leisten könnten – die meisten Lehrer wüssten nicht, was man damit anfangen soll, da sie – neben vielen anderen Dingen – nie gelernt haben, mit einer solchen fürchterlichen und zeitraubenden Höllenmaschine umzugehen.

7) LEHRER VERdienen ZU VIEL GELd

Wenn sie wirklich zu viel Geld verdienen, warum sammeln sie dann in ihrer Freizeit Pfandflaschen aus Mülleimern? Warum suchen sie in den Pausen in den Brotdosen ihrer Schüler (ja, auch in deiner!) nach Nahrung? Sogar nach Obst und den Möhrenscheibchen, die dir deine Mama morgens noch voller Liebe in Herzform geschnitten hat? Warum werden ausgerechnet in deiner Schule so unglaublich viele Portemonnaies gestohlen? Eben – Lehrer sind chronisch pleite. Sie müssen sogar ihre Korrekturen und Unterrichtsvorbereitungen unter Brücken erledigen, weil im Winter kein Geld mehr für Kerzen da ist. Nein, wenn Klassenarbeiten nass sind, handelt es sich wahrlich nicht um Tränen, wie vielfach angenommen, sondern stets um Regen, im Falle von undichten Brücken. Clevere Pädagogen allerdings sind mit derartigen Lebensumständen unzufrieden – weshalb man nachts häufig Licht in der Schule sieht. In diesem Fall sind deine Lehrer einfach in deinen Klassenraum gezogen. (Daher auch der wenig erquickende Geruch zur ersten Stunde ...)

LEHRER VERDIENEN ZU VIEL GELD!!!

8) LEhRER sind ALLE GLEich

Vor allem Jungs neigen aufgrund ihres enormen logischen Denk-vermögens dazu, Dinge und Personen miteinander gleichzusetzen. Daher glauben sie auch manchmal, jeder Lehrer wäre gleich be-schissen, was nun wirklich eine Untertreibung epischen Ausmaßes ist. Vielmehr sind einige noch scheißer als andere, was kaum vorstellbar ist, da Stuhlgang eigentlich keine Steigerungs-form hat. Es ist also notwendig, dass du dir die verschiedenen Lehrertypen einmal ganz genau ansiehst, sie verstehst, sie analysierst, ihre Schwächen auslotest ... und dir dann überlegst, wie du sie am besten ausnutzen kannst. Soll heißen: Nur, wer seinen Feind kennt, kann ihn besiegen.

9) LEhRER sind obJEKTiv

Nun ja. Das wäre so, als würde man sagen, fünfmal täglich Span-ferkel mit Kartoffelpüree führt zu Gewichtsverlust. Also, die Fakten: Lehrer haben Schubladen, in der ganz genau sortiert ist, wen sie mögen und wen sie nicht mögen. Selbiges Mögen oder Nicht-Mögen wirkt sich, wie du zweifelsfrei bereits erkannt hast, auf deine Zensuren aus. Falls du der Meinung bist, dass du nicht gemocht wirst, liegst du a) wahrscheinlich richtig, hast b) die potthässliche Schublade im Keller erwischt, was wiederum c) darauf zurückführen ist, dass du dich a) häufig wie ein Arsch-loch, b) wie ein Schleimer oder c) wie ein Vollpfosten benimmst und folgerichtig bei allen noch so gut gemeinten Bemühungen, ganz neutral gesprochen, einfach erledigt bist. Sobald du exakt diese Tatsache des gepflegten Am-Arsch-Seins erkannt hast, was übrigens Mädchen mit ihrem lächerlichen Jammergedöns niemals begreifen werden, lebt es sich gleich viel leichter und du kannst deine Bemühungen einstellen. Die Fronten sind geklärt. Die Schlacht ist verloren. Der Krieg noch lange nicht. Denn mit etwas Glück hast du trotzdem noch eine Zukunft. Vor allem Lehrer werden schließlich immer gebraucht ...

10) LEhRER MAcHen FEhLER

Seit Erfindung der Schule (an einem besonders schönen Sommertag um 6.01 Uhr morgens, einem nicht näher definierten Tag ohne jegliche geschichtliche oder sonst welche Bedeutung) ist nach übereinstimmenden Urteilen sämtlicher aktiver und inaktiver Lehrerkollegien kein Lehrer jemals bei einem Fehler erwischt worden. Das ist nicht zurückzuführen auf mangelnde Kontrollen, sondern schlichtweg darauf, dass Lehrer – genetisch bedingt – nicht geeignet sind, sich mit Fehlern auseinanderzusetzen. Sie erkennen zwar *deine* Fehler, haben zu ihren eigenen aber ein eher gestörtes Verhältnis, was wiederum daran liegt, dass sie weder welche machen noch welche haben.

So gesehen müssten also alle Pädagogen männlich sein. Denn wie bereits die antikesten der antiken Uralt-Philosophen berichten, gilt die Fähigkeit des Non-Mistaking-Making ausschließlich für Personen mit baumelndem Geschlechtsteil. (Kann auch sein, dass man die Quellen einfach falsch übersetzt hat ...) Rein theoretisch – eventuell und ganz vielleicht – gilt diese besondere Fertigkeit auch für Mädchen. Zumindest ist, wenn weibliche Fehler auftreten, die Frage der Schuld geklärt: Selbige hat nämlich stets einzig und allein der Mann. Also du! Dazu herzlichen Glückwunsch!

11) LEHRER MÖGEN FERIEN

Mag auf Schüler zutreffen, auf Lehrer in keiner Weise. Ferien sind für Pädagogen brutal harte Zeiten voller Selbstmordgedanken. Viele Lehrer irren in diesen schullosen Wochen der härtesten Unterbeschäftigung ever wie auf Drogen durch die Straßen und tragen dabei tagtäglich dieselben Klamotten. Also ähnlich wie während der Schulzeit. Solltest du einen derart verzweifelten Pädagogen sehen, eventuell mehr oder weniger bekleidet auf einer Restmülltonne sitzend, wäre es unmenschlich, einfach wegzugucken. Sei ein Mann, schau nicht weg! Schau stattdessen dem Elend lange und tief in die Augen, leide mit, fühle den Schmerz, und bewirf es (*das* Pädagoge) erst *anschließend* mit Steinen, Tomaten, Eiern oder, wenn vorhanden, aufgeplatzten Bratwürsten. Keine Sorge – ein normaler Pädagoge wird sich nach den Ferien an nichts mehr erinnern können. Du handelst auch überhaupt nicht falsch, sondern genau so, wie man es von einem Mann erwartet: Ohne Rücksicht auf die Konsequenzen zeigst du dem Feind, wo der Hammer hängt, und wer ihn hingehängt hat!

12) LEHRER brennEN füR ihRen BERuF

Tatsache ist – viele von ihnen haben tatsächlich mal gebrannt, sind inzwischen aber eher zu Asche mutiert. Die Gründe dafür sind vielfältiger Natur und müssen hier nicht aufgezählt werden. Wichtigster Grund, neuesten wissenschaftlichen Erkenntnissen zufolge: Sie haben keinen Bock. Weder auf Schule noch auf Schüler und schon mal gar nicht auf dich. Ja – dich persönlich! Du bist aufgrund deiner Verhaltensweisen, deiner Leistungen, im Endeffekt deiner ganzen minderwertigen Existenz schuld daran, dass so viele Lehrer scheitern! (Obwohl sie trotzdem noch die endlos-gähnende Leere in ihrem Kopf für einen kreativ-pädagogischen Wirbelsturm halten.)

Ausgebrannte Lehrer erkennt man ganz simpel daran, dass sie während der Unterrichtsstunden dauernd rausgehen, um zu rauchen (also quasi um das Feuer neu zu entfachen), oder einfach einen Belanglosfilm nach dem anderen zeigen. Manchmal zeigen sie sogar denselben Film zweimal hintereinander, mit der Begründung: »Der wird ja nicht schlechter!« Womit sie natürlich recht haben!

13) LEHRER sind NachMittaGs auf dEM GolfplatZ

Bis vor einigen Jahren hätte man diese Aussage noch unterschreiben können. Golf galt stets, seit Anbeginn der Zeit, als Tätigkeit für ganz besonders coole und lässige Leute – und bekanntlich ist niemand, nicht einmal ein Eiswürfel, cooler als ein Lehrer! Inzwischen aber hat sich die Sachlage geändert: Auf Golfplätzen treiben sich mehr und mehr normale Menschen herum, solche mit Verstand und Hirn, aber komplett ohne Coolness-Faktor, weshalb der gemeine Lehrer blöderweise gezwungen war, sich eine andere Oase des gepflegten Abchillens zu suchen.

Folglich ist er nachmittags (spätestens ab 13 Uhr) am Jacht-
hafen anzutreffen – auf einer mindestens zehn Meter langen
weißen Rennmaschine namens »Holiday«.

14) LEhRER haben KEinE HoBbYs

Weil ihr Beruf für sie Leidenschaft *und* Freizeitvergnügen zugleich ist? Seien wir realistisch: Jeder Lehrer, wirklich jeder,
wünscht sich nichts sehnlicher, als endlich aus der Bekloppten-
anstalt herauszukommen. Da aber allseits bekannt ist, dass
Lehrer außer Schule nichts können (und natürlich auch das
nicht), versuchen sich die meisten in ihrer Freizeit (also praktisch dauernd), wenn sie nicht gerade auf der Jacht sind, an
einer Schriftstellerkarriere, denn Schreiben kann schließlich
jeder. Muss ja nicht gleich gut sein. Jeder Lehrer, männlich oder
weiblich oder neutral, hofft auf einen Bestseller und jede Menge
Schotter, bricht sein hochliterarisch angehauchtes dementes
Geschwurbel aber meist schon nach der ersten Seite ab, weil er
schlicht und einfach keine Ideen hat – wie im Unterricht also.

15) alLE LEhRER sind Männlich

War früher mal tatsächlich so. Zu einer Zeit, als Lehrer noch
mit gepanzerten Pferden und in glänzender Ritterrüstung in die
Klassenburg geritten sind und jeden, der nicht spurte, einfach
mal mit dem praktischen Rundschwert die Rübe absäbelten.
Im Zuge der Emanzipationsbewegung allerdings haben sich die

Dinge grundlegend (und grundlos) geändert: Auch Frauen dürfen unterrichten – im Regelfall so was wie Religion, Musik oder Textiles Gestalten. In Kurzform: Beten, Singen und Nähen.

Weibliche Lehrkräfte sind insbesondere für männliche Schüler ein ernst zu nehmendes Problem. Wenn Jungs schon nicht den Hauch einer Ahnung haben, wie ganz *normale* Mädchen funktionieren, wie sollen sie dann jemals verstehen, wie eine ausgewachsene Lehrerin tickt? Solltest du also viele Lehrerinnen haben und dabei schlechte Zensuren einfahren, so handelt es sich keineswegs um fehlenden Intellekt deinerseits, sondern schlicht und einfach um Betriebsstörungen zwischen Mann (du) und Frau (es). Mit einer solchen tragfähig-fundierten Erläuterung deiner Zeugnisnoten sollten sich deine Eltern durchaus zufriedengeben!

16) ALLE LEHRER haben studiert

Ein Gerücht, das sich sehr hartnäckig hält und offenbar nicht tot zu kriegen ist, was insofern bedauerlich ist, als dass die konsequente Betrachtung einer ganz beliebigen Unterrichtsstunde selbst dem unkundigsten und doofsten Betrachter zu verstehen geben sollte, dass die Gleichung nicht aufgeht. Sicherlich, einige Lehrer haben bestimmt schon einmal von einer Universität gehört oder sogar schon mal eine gesehen. Ganz wenige mögen eventuell sogar mal eine betreten haben, versehentlich natürlich, oder aber, weil das Essen dort meist billig ist – und deutlich leckerer als in deiner Schulmensa. Andere Lehrer wiederum kennen vielleicht zumindest jemanden, der jemanden kennt, der jemanden kennt, dessen Vetter mal jemanden kannte, der aber längst tot ist, der auch schon mal von 'ner Uni gehört hat. Auf jeden Fall gilt: Ein Universitätsstudium wird vollkommen überbewertet!

17) LEHRER hassen SCHLEiMER

Ganz im Gegenteil! Das gekonnte Schleimen wird bei Lehrern gleich welchen Geschlechts nach wie vor als Paradedisziplin angesehen und mit ordentlich knackigen Zensuren vergolten. Aufgrund ihrer genetisch-psychischen Andersartigkeit sind vor allem Mädchen zum Schleimen berufen und dir damit haushoch überlegen. Dir als vernünftigem Mann würde es natürlich niemals ernsthaft in den Sinn kommen, irgendeinem halb toten Lehrermuckel die Tasche zu tragen. Sollte es aber. Auch ein Junge muss mit den Basistugenden lockerer Arschkriecherei vertraut sein: morgens um sechs vor dem Lehrerzimmer stehen und warten, nur um dem Pädagogenpack »einen wunderschönen strebsamen Morgen« zu wünschen, dann Tasche tragen, Tafel putzen, selbst gebackene Kekse aufs Pult stellen (immer schön mit Namensschild), Extrahausaufgaben machen, den Lehrerstuhl vor Stundenbeginn mit Desinfektionsspray reinigen ... etc. etc. Merke: Was Mädchen können, kannst du auch. Und zwar erst recht und besser! So!

DER LEHRER IST (K)EIN FEIND!!!

18) LEhRER hAben HUMOR

Erstens: Sie zeigen ihren Humor nicht! Zweitens: Weil sie keinen haben! Dass Humor und Wissensvermittlung eine wunderbare Symbiose eingehen können, hat sich noch lange nicht zu jedem Wissensvermittler herumgesprochen. Wahrscheinlich halten sie bereits irgendeine Karikatur, natürlich schwarz-weiß und sowieso unverständlich, auf irgendeiner Kopie aus irgendeinem Lehrerhandbuch für witzig und unsagbar motivierend. Und falls doch mal ein Lehrer einen flotten Spruch bringt, so hat er mit Sicherheit die ganze Nacht dafür geübt.

Bekanntlich gibt nichts so sehr Auskunft über die geistige Entwicklung eines Menschen wie sein Humor ... Null Humor bietet somit das Intelligenzäquivalent zu entweder einer Kellerassel oder einem Stück Toast mit abgelaufener Erdbeermarmelade. Lehrer haben keinen, entweder haben sie ihn verloren, oder sie hatten einfach nie welchen. Gerade für dich als Jungen – stets zu einem lockeren, zynischen, frechen oder provokanten Spruch aufgelegt, manchmal mit Sinn und häufig ohne – stellt die »Ich kann's einfach nicht«-Humorhaltung deines Lehrers natürlich ein Problem dar, da hier verhärtete Fronten aufeinandertreffen. Also: Coole Sprüche und Jokes besser auf dem Schulweg loswerden und sie lieber einem seelenlosen Laternenpfahl erzählen als einem Lehrer, der damit definitiv weniger anzufangen weiß als benannter Lichtmast.

19) LEhRER KoRRiGiERen GERnE

Der unwissende Beobachter mag dies sogar glauben. Wie toll muss es sein, sich nachmittags und abends und nachts mit dem stellenweise wie rückwärts gefrühstückt aussehenden Texten zu befassen, die vormittags irgendwelche Gestalten ohne nennenswerte Zukunft zu Papier gebracht haben! Wie großartig, Berge an Zetteln in einer Handschrift, Rechtschreibung und Grammatik lesen zu müssen, die nicht einmal im Kindergarten ein Versetzungszeugnis garantieren würden, um sich nach ewigem Kampfe für eine finale Note zu entscheiden!

Manchmal reicht allerdings ein Blick auf den Namen des Prüflings (erste Seite oben rechts), um eine objektiv tragfähige Bewertung zu ermöglichen. Männliche Schüler mit »Problemnamen« wie Kevin, Brendon-Neo, Fynn-Steven oder Reno-Sheilo-Dylan haben folglich verschissen. Solltest du also aus unerfindlichen Gründen zu dieser Problemgruppe zählen – es wird höchste Zeit für einen coolen Spitznamen: Namen wie zum Beispiel »Horst-Maximilian« zeugen von einem gewissen Bildungshintergrund, und die Nase mit dem Rotstift erklärt sich vielleicht doch noch – ausnahmsweise – bereit, deine Gedankenfürze mehr oder weniger fair zu benoten, auch wenn ihm oder ihr die ganze Korrekturtortur, ums höflich zu sagen, souverän auf die Eier geht.

20) LEhRER sind MEdien-PRoFis

Sie können mit jeder Art von Medium problemlos umgehen. Sie sind gewitzt und geschickt und können selbst die absurdesten technischen Probleme jederzeit und ohne Hilfestellung beheben. Sie können beispielsweise ganz alleine einen Computer, einen OHP oder einen Beamer einschalten, ein mediales Feuerwerk ablassen, und die entsprechenden Geräte meistens auch wieder ausschalten. Ebenso beherrschen sie sämtliche Office-Programme, die es gibt. Sie brauchen keinerlei Anleitung oder Klugscheißersprüche – ihr angeborener pädagogischer Instinkt verschafft ihnen dauerhafte Dominanz. Und auch das Einlegen einer DVD, selbst für Medienprofis immer wieder eine Aufgabenstellung im hohen kognitiven Anforderungsbereich, ist für sie nicht mehr als das Wegwischen eines Fliegenschisses auf dem Weg zur »perfect lesson«.

PS: Da du ein Junge bist und somit anders als Mädchen fließend Ironisch sprichst, dürfte das Verständnis der vorangegangenen Ausführungen keine ernsthafte Schwierigkeit darstellen.

21) LEhRER sind ALLE öKo

Aber natürlich nicht. Nur weil sie alle Birkenstocksandalen aus artgerechter Haltung tragen? Weil sie sich ausschließlich von Tomatensaft aus biologischem Anbau und Hackbällchen aus Tofu, gegebenenfalls auch aus vermoderter Dachpappe, ernähren? Weil alles, was sie essen, ganz bestimmt nicht-tierischer Natur

ist? Weil sie Angst haben, auch nur einem Grashalm wehzutun?
Weil sie stets mit einem Fahrrad zur Schule kommen und dabei
auch noch einen Helm tragen? Weil sie an jeder noch so lächerlichen Demonstration teilnehmen? (Am Montag eine Demo für,
am Dienstag eine Demo gegen den Klimawandel, Mittwoch eine
Demo gegen Massentierhaltung, Donnerstag eine für die Errich-
tung eines Stadtwaldes neben dem Wald, der bereits als Stadt-
wald gekennzeichnet ist, Freitag dann gegen Fische, frische
Fische, Fischers Fritze, Fischer generell und Hochseefischerei
im Allgemeinen, Samstag für oder gegen den Weltfrieden und am
Sonntag dann für ein Demonstrationsverbot.)

Und nur aufgrund solcher Freizeitspäßchen sind alle Lehrer
Ökos? Lächerliche Beweisführung. Weil sie sogar ihre Rotstifte
mit biologisch abbaubarer Tinte von freilaufenden Tintenfischen
befüllen? Weil sie sonderbare Sandalen tragen, die sich normale
Menschen nicht mal zum Spaß um die Füße wickeln würden?
Weil sie Mitgliedschaften in mindestens zwanzig verschiedenen
Tierschutzvereinen beantragt haben, nur von Moos begrünte
Baumrinde futtern und außerdem niemals, absolut niemals, ihren
Rasen mähen, in der nicht gänzlich bescheuerten Hoffnung, dort
ein neues Biosystem zu erschaffen? Also bitte, all dies deutet
nun wirklich noch lange nicht auf Ökotum hin. Und wenn doch:
Was bitte wäre eigentlich so falsch daran?

22) LEhRER VERfolGen Einen PLAN

Nein. Verfolgen sie nicht. Einen Plan verfolgen nämlich würde
voraussetzen, überhaupt einen Plan zu *haben*. Einen Plan haben
wiederum kann nur der, der auch Ideen hat. Aufgrund ihrer
knallhart durchgetakteten Arbeitstage verfügen Lehrer aber,

durchaus verständlich, auch nicht über den kleinsten Batzen Zeit für die Entwicklung von Ideen, geschweige denn für die Realisierung irgendeines übergeordneten Unterrichtskonzeptes. Falls Unterrichtsstunden also tatsächlich einmal irgendwie geordnet rüberkommen, so handelt es sich stets und immer um einen bedauerlichen Zu- und/oder Unfall, der sich so bald nicht wiederholen dürfte. Natürlich ist es Männern aus biologischer Sicht unmöglich, im Chaos zu enden. Männliche Lehrer allerdings sind, theoretisch hergeleitet, keine Männer mehr im eigentlichen Sinne – sie sind gewissermaßen erschreckend unkoordinierte Mutationen eines an sich perfekten Geschlechts. Demnach ist auch die Beschreibung »männlicher Lehrer« nicht zielführend und wissenschaftlich gesehen schlicht und ergreifend falsch.

23) es Gibt zu Wenig Lehrer

Auch falsch! Lehrer gibt es wie Flöhe auf einem Rattenpenis. Oder wie Sand am Meer, um einen spießigeren Vergleich zu bemühen. So ziemlich jeder zweite Abiturient studiert irgendwas mit Lehramt. Nicht, weil er wirklich Lehrer werden will oder daran interessiert ist, die Gesellschaft zu verändern, sondern weil er zu allem anderen zu blöde ist. Auch an Pommesverkäufer werden in der heutigen globalisierten Welt immer härtere Anforderungen gestellt. Allein der Eingangstest (Ketchup oder Majo? Die Currywurst als Bock oder Brat?) stellt viele vor ungeahnte Herausforderungen. Warum also nicht den einfachen Berufsweg wählen? Einen Beruf voller Charme und Aufstiegschancen? Neben Fritteusenboy bei einer Fast-Food-Kette oder

Farbenverteilungstechniker (also Maler) und gegebenenfalls noch Handy-Designer-Assistent drängt sich der Lehrerberuf da doch geradezu auf. Man muss quasi nichts können, wird von jedem dahergelaufenen Niemand als Faulpelz bezeichnet, ist stolz auf genau diese Tatsache und verdient auch noch Geld dabei.

24) LEHRER sind ZU 100 PROZENT dämlich

Falsch! Neuere Studien belegen, dass es eine Fehlerquote von 0,1 Prozent gibt und damit deutlich weniger Lehrer Idioten sind als gemeinhin angenommen. Oder eben mehr. In diesem Zusammenhang sei erwähnt, dass der Terminus »Idiot« durchaus auch auf andere Berufsgruppen anwendbar ist, mit ähnlich hohen Werten, zum Beispiel auf Autoren von Büchern, die nicht einmal eine sinnvolle Storyline haben, geschweige denn kreative Ideen, sondern lediglich irgendwelche stupiden Listen aneinanderkleistern.

25) LEHRER ist dER PERFEKTE BERUF FüR DiCH

Kein Vorurteil. Sondern Fakt! Viel Spaß dabei!

18. KAPITEL

25

SIMPLE TIPPS,

um auch als Junge

IN DER SCHULE

ERFOLGREICH ZU SEIN

1 ▷ SEI MAL ZEITIG:

Egal, was passiert, ob es regnet oder schneit, die Hölle zufriert oder ein Raumschiff mit gigantischen Amöbenwesen vor deinem Haus landet – sei pünktlich! Nicht nur morgens zu Schulbeginn, sondern zu jeder einzelnen Stunde. Sei selbst dann pünktlich, wenn deine Lehrer allem Anschein nach (mal wieder) das Klingeln zur Stunde überhört haben beziehungsweise sich noch einen weiteren Kaffee (gerne auch mit Rum) gönnen.

2 ▷ ZIEH MAL AN:

Auch wenn beachtliche Teile der Lehrerschaft offenbar keinen Klamottengeschmack haben, musst du dich dieser Misere noch lange nicht anpassen. Kleidung kommt von Klasse – und du hast Klasse, selbst wenn du glaubst, sie irgendwo verloren zu haben. Auch an heißen Tagen gilt demnach: Der Leopardentanga, ganz egal, wie toll er dir steht und wie schön er deine Formungen und Rundungen zur Geltung bringt, bleibt bitteschön zu Hause!

3 ▷ MACH MAL:

Egal, wie bescheuert dir Hausaufgaben auch vorkommen. Einfach ransetzen. Machen. Fertig. Klar ist es sinnlos, ein Bild von Gott zu malen. Oder mathematische Aufgaben zu lösen, die eh keiner versteht. Oder Vokabeln zu lernen, die du sowieso nie brauchst. Aber wenn dein Lehrer Freude dran hat, tu ihm doch einfach den kleinen Gefallen!

MACH MAL SAUBER:

Es spielt dabei keine Rolle, ob es einen Tafeldienst gibt oder nicht, wer von deinen Mitschülern dran ist und wer nicht. Wenn du im Raum bist, hat das Ding sauber zu sein. Um besonderen Eindruck zu schinden, kannst du von zu Hause eines von Mamas Fleckenbeseitigungssprays mitbringen! Reinigungsschwamm inklusive!

HALT MAL'S MAUL:

Auch wenn dich das ewige Geschwurbel des Pädagogenkauzes vorne zum Erbrechen langweilt – vielleicht verzichtest du ja mal darauf, mit deinem Sitznachbarn Sportergebnisse zu diskutieren oder die Mädels der Klasse nach Tittengröße einzuteilen. In diesem Sinne gilt auch:

HÖR MAL ZU:

Die Nase, die da vorne steht, hat – zumindest theoretisch und mit etwas Glück – voll die Ahnung, und du kannst jede Menge von ihm oder ihr lernen. Das Zeug, was in deine Ohren reinkommt, muss also bitte nicht durchgelassen, sondern mit dem Hirn (Kopfmitte, hinter den Augen) in Kontakt gebracht werden.

7 BLEIB MAL STEIF:

Beim Sitzen nicht grenzdebil herumzappeln wie ein Zitteraal, der gerade seine erste Steckdose entdeckt hat. Nicht die Füße hochlegen, nicht mit dem Stuhl kippeln. Einfach nur sitzen – genau wie auf dem Klo, nur ohne das freudvolle Gestöhne.

8 SEI MAL WACH:

Vor lauter Videospielen mal wieder nicht zum Pennen gekommen? Es ist ja auch wirklich nicht deine Schuld, dass die Nacht mal wieder so verfickt kurz war. Trotzdem: Halte dich wach – notfalls mit einer Wagenladung Kaffeebohnen, die du problemlos während des Unterrichts lutschen kannst.

9 PACK MAL EIN:

Alles, was für den nächsten Tag benötigt wird. Alle Bücher, alle Hefte, alles Sonstige (Zirkel, Taschenrechner, Gleitcreme). Wenn L. sagt: »Wörterbuch mitbringen«, dann bringst du eben das Wörterbuch mit, auch wenn es das, was in dem Teil drinsteht, inzwischen tausendfach besser im Netz gibt.

10 KAU MAL GAR NICHT:

Und schon gar keine Kaugummis. Auch nicht die leckeren Teile mit Cola-Geschmack. Gleiches gilt für Lollis, Honigmelonen,

Zigaretten oder Möhren. Für den Lehrkörper ist es aus irgend-welchen Gründen unangenehm, dauernd Leute anzugucken, die mit ihren Fresswerkzeugen im Häschenstil Nahrung zerkauen. Wahrscheinlich hat er selbst Hunger – durchaus darfst du ihm also am Ende der Stunde dein gebrauchtes Kaugummi in die Hand drücken! Uii, wird der sich vielleicht freuen, vor allem, wenn es das leckere Ding mit dem Cola-Geschmack ist.

BACK MAL WAS: 11

Lehrer haben, weil sie dauernd nach Filmen recherchieren müssen, die sie im Unterricht zeigen können, bekanntlich keine Zeit zur Nahrungsaufnahme, geschweige denn zur Herstellung derselben. Wäre es da nicht eine feine Sache, einmal selbst gebackene Kekse mit in die Anstalt zu bringen und sie in einem mit Schleife versehenen Schäl-chen auf dem Lehrerpult aufzustellen? Kommt supergut an – bestimmt auch bei deinen Freunden!

LERN MAL MIT PLAN: 12

So viele deiner mittelmäßigen Mitschüler lassen einfach alles auf sich zukommen und wissen höchstens, was für ein Wochentag ge-rade ist. Du hingegen hast den Plan nicht nur für heute, sondern auch für morgen und übermorgen und überübermorgen und überüberübermorgen im Kopf und weißt somit jederzeit, welcher Schwachsinn wann und warum und zu welcher Zeit wieso und weshalb und sowieso erledigt werden muss! Großartig!

13 ▷ **MACH MAL NACH:**

Morgens irgendeinen Scheiß nicht verstanden? Nicht weiter schlimm – kümmere dich eben nachmittags darum. Gerne darfst du zur Vertiefung der Problemstellung auch deinen Lehrer anrufen, am allerliebsten spätabends oder nachts. Lehrer haben ohnehin weder Leben noch Sex und somit immer Zeit für ihre Schüler. Hiermit zeigst du außerdem dein besonderes Interesse am Unterrichtsgegenstand!

14 ▷ **UND MAL VOR:**

Morgen Geschichte? Super! Direkt noch mal gucken, was man letzte Stunde so alles gemacht hat. Und sicherheitshalber auch noch die nächsten zwei Seiten im Buch lesen. Macht der Lehrer schließlich genauso.

15 ▷ **KLAU MAL WAS:**

Und zwar das Lösungsbuch deines Großmeisters! Gerade in sprachlichen Fächern oder Mathe bietet so ein Lösungsbuch ungeahnte Möglichkeiten. Klar ist Klauen falsch und eine absolut megaschlimme Todsünde und so, aber ausnahmsweise heiligt vielleicht der Zweck die Mittel! Davon abgesehen ist es total witzig zu sehen, wie aufgeschmissen Lehrer heutzutage ohne ihr Zauberbüchlein sind. Da stellen sie lieber überhaupt keine Fragen mehr.

MACH MAL MIT MAPPEN: ⟨16⟩

Mappen? Die Dinger, in die man Zettel reintut? Genau die! Alles, was du an Zettelmist bekommst, kannst du mit Hilfe eines ganz einfachen Lochers relativ easy einheften, was den Vorteil hat, dass du den Kram auch findest, wenn du ihn denn tatsächlich mal wieder brauchen solltest. Finden klappt aber nur, wenn du *verschiedene* Mappen führst – also für jedes Fach eine. Außer natürlich für Sport. Oder hast du schon mal versucht, einen Ball zwischen zwei Pappdeckel zu quetschen?

MACH MAL CHARMANT: ⟨17⟩

Gerade für Jungs ist es überhaupt kein Problem, weibliche Lehrkräfte um den Finger zu wickeln. Ein Augenklimpern hier, ein zärtliches Wort da – und schon hast du gewonnen. Dein enormer Sex-Appeal sollte problemlos dafür sorgen, dass du auch ganz ohne Leistung eine vernünftige Zensur bekommst. Sicherheitshalber hin und wieder mal mit dem Hintern wackeln! Ob diese Taktik auch bei männlichen Lehrkräften funktioniert, gilt es selbst herauszufinden.

18 ▷ PASS MAL AN:

Nämlich dich selbst an andere. Ist dein Physiklehrer dominant und ein Arschloch? Dann sei auch du dominant und ein Arschloch. Deine Religionslehrerin ist total sensibel und sieht in allem nur das Beste? Dann sei auch du total sensibel und finde selbst in der Klärgrube noch Sonnenstrahlen! Dein Französischlehrer ist dumm wie schimmeliger Toast ohne Butter? Kein Problem – mit etwas Aufwand kannst auch du dich in geballte Hohlheit verwandeln! Alles eine Frage des Willens!

19 ▷ HILF MAL HOHLIES:

Viele deiner Mitschüler sind abgrundtief blöd. Dafür können sie nichts, man ist eben so geboren. Und da man *dir* beigebracht hat, Trotteln und Nichtskönnern (also schwachen Kreaturen) stets eine helfende Hand zu leihen, solltest du deinen Klassenkameraden in ihrem geistigen Elend beistehen. Dein Lehrer wird erquickt sein – dank deiner Hilfe kann er sich wichtigeren Dingen widmen (Eierschaukeln, Aus-dem-Fenster-Starren, Selbstmordfantasien durchspielen) als der Erziehung dieser Nullnummern.

20 ▷ LERN MAL WAS:

Klassenarbeiten, Klausuren, Lernkontrollen, Tests oder wie die Dinger sonst noch heißen: Natürlich handelt es sich dabei um Teufelswerk, erstellt von einem pädagogisierenden Einfaltspinsel mit fragiler intellektueller Notversorgung – trotzdem brauchst du gute Ergebnisse, was entweder enorm viel Intelligenz und/

oder enorm viel Lernen und/oder das Abschreiben von einem Mitschüler verlangt. Lernen zwei Minuten vor Beginn der Arbeit ist ziemlicher Murks, Profis beginnen ihr Lernharakiri mindestens eine Woche (ggf. auch Monate oder Jahre) vor dem eigentlichen Ernstfall. Falls deine Ergebnisse trotzdem dauerhaft miserabel sind, mag der Grund dafür sein, dass du einfach dumm bist. Schade, lässt sich aber nichts dran ändern.

MACH MAL MIT:

21

Der Mumpitzmoppel, der sich vornehmlich vor der Tafel aufhält, hat wieder total spannende Fragen im Gepäck? Prima – dann beantworte sie doch gefälligst! Sei dir auch nicht zu schade für Billigfragen. Selbst wenn du nicht den Hauch einer Ahnung von der Antwort hast, gibt es keinen Grund, dich nicht zu melden. Im Regelfall hat dein Lehrer sogar noch weniger Check!

AKZEPTIER MAL:

22

In Bio nur eine 4? Klar ist das eine erschreckende Note, vor allem, weil du doch extra noch alle Bestandteile der weiblichen Geschlechtsorgane auswendig gelernt hast. Aber: Leb damit! Akzeptiere jede Zensur, die dir der Kümmelknilch zugedacht hat. Er wird schon wissen, was er tut. Es besteht wirklich kein Anlass, sich um Nachkommastellen zu zoffen – dafür sind Mädchen da!

SCHREIB MAL SCHÖNER:

Die Grundlagen von Schönschrift sind dir als Jungen natürlich nie vermittelt worden. Wozu auch? Das Lesen deiner Schrift verlangt schließlich lediglich ein klein wenig Fantasie. Trotzdem solltest du dich bemühen, deine Schrift wenigstens einigermaßen leserlich zu gestalten. Falls du zum Beispiel irgendwann einmal Arzt wirst, ist es durchaus ein Unterschied, ob auf dem Behandlungszettel »Blinddarm-OP« oder »Genitalbeschneidung« steht. Wenn Krankenschwestern das Gewirre aber nicht dechiffrieren können, hat dein Patient unter Umständen zwar immer noch einen heißen Blinddarm, dafür aber nichts mehr, woraus er pissen kann.

SPRICH MAL RICHTIG:

Indem du hin und wieder mal ein cooles Fremdwort benutzt, nötigst du Lehrern und Mitschülern gleichermaßen Respekt ab. Wenn also der Protagonist einer Kurzgeschichte aus dem Fenster springt, dann sprich gefälligst von »Defenestration«. Wenn es in

der Religionsstunde (mal wieder) um moralische Metaphern (Kotz und Würg) geht, darfst du durchaus sprachliche Geniestreiche ablassen wie »Populanten von transparenten Domizilen sollten mit fester Materie aus Erdrückständen keine transzendenten Bewegungen durchführen«. Klingt hundertmal lässiger als das altbekannte »Wer im Glashaus sitzt, soll nicht mit Steinen werfen«. Versteht zwar keiner, aber wenigstens hält man dich für saumäßig gebildet! Andere Beispiele finden sich im Netz: Such! Lern! Kling klug!

LÄCHLE MAL:

25

Gleichgültig, wie sehr dich der Laden auch anödet, er ist ziemlicher Mittelpunkt deines Lebens. Die Hütte ist äußerlich und innerlich potthässlich, was aber noch lange kein Grund ist, das Gebäude gedanklich mit Kuhkot zu bewerfen. Freu dich stattdessen, dass du Freunde siehst, jede Menge Mädchen um dich herum hast und mal aus der familiären Bruchbude herauskommst!

19. KAPITEL

25

Männer,
die die Welt veränderten

Natürlich ist bereits die Überschrift ein Witz, denn in Wahrheit ist jeder Mensch, der das Glück hat, mit Penis und ohne Brüste geboren zu werden, ein Weltenveränderer. Er bringt so viel Glück und Frohsinn und Intelligenz unter uns, dass seine Existenz, ohne zu übertreiben, definitiv göttlichen Ursprungs sein muss. Bedauerlicherweise müssen wir uns aus Platzgründen aber auf die lächerliche Anzahl von 25 Männern beschränken — eine Liste, die nicht einmal ansatzweise vollständig ist. Außerdem handelt es sich hier nicht um eine Rangliste; du kannst, darfst und sollst also selbst entscheiden, wer wichtiger oder weniger wichtiger war.

GOT

(EWIGKEIT – EWIGKEIT)

1

Leider ist weder über die Geburt Gottes noch über dir Herkunft und den beruflichen Status seiner Eltern etwas bekannt. Als Geburtsort gilt daher generell »Ganz hinten rechts, beim Arsch des Universums links ab«. Sein Alter kann bis heute nur geschätzt werden (irgendwas zwischen »alt« und »verdammt alt«). Glücklicherweise gibt uns seine Biografie, ein sonderbares Machwerk, betitelt simpel als *Die Bibel*, zumindest einige Infos über sein Wirken. So hat er laut besagter Bibel innerhalb von sieben Tagen die Welt erschaffen, wobei er offenbar nach einem zuvor festgelegten, architektonisch perfekt ausgetüftelten Plan vorgegangen ist und somit das ökonomische Prinzip des »effizienten und durchdachten Schuftens« erfunden hat.

Er schuf also zum Beispiel das Wasser und freute sich und wartete bis zum nächsten Tag, um wieder etwas zu schaffen (zum Beispiel die Sonne), und freute sich und wartete und schuf und freute sich und wartete etc. – bis er am siebten Tag die Schnauze voll hatte und sich mit einem Wurstbrot irgendwo hinter eine Wolke verkroch. (Hatte er Gott sei Dank schon vorher geschaffen!)

Wichtig zu wissen ist, dass a) seine Wege immer (!) unergründlich sind und zumindest aus unserer intellektuell begrenzten Wahrnehmung meistens absolut null Sinn ergeben, b) er als Allmächtiger alles weiß und alles sieht und alles hört und sowieso viel klüger ist als all seine Verwandten, von denen allerdings kaum etwas bekannt ist, und c) er als Vater eines gewissen Bartträgers namens Jesus von Nazareth gilt, mit dem er auch die Fähigkeit teilte, Wasser in Wein und Brot in Hackbällchen zu verwandeln. Zusätzlich, da sich sind die alten und die neuen Teile der Bibel ausnahmsweise mal einig, gilt Gott als Erfinder des »Wunders«, nicht aber als Erfinder des Katzenkratzbaums, wie anfänglich und fälschlicherweise vermutet.

Ob und inwieweit Gott inzwischen tot ist, wie vor einiger Zeit ein Philosoph namens Nietzsche behauptete, ist unklar. Falls er tatsächlich tot sein sollte, sind weder Todesort noch Todesart bekannt. Möglicherweise macht er auch einfach nur Urlaub. Falls Interesse an einer Urlaubsvertretung besteht, oder eventuell sogar einer Ausbildung zum »Systemadministrator Universum«, solltest du deine Bewerbung, möglichst mit Passbild, einfach im Büro deiner Kirchengemeinde abgeben. Eine Liste mit vollbrachten Wundern möge bitte als Anlage 1a beigefügt werden.

DER TOD 2
(VOR LANGER ZEIT – ???)

Der Tod (auch: Gevatter Tod, Schwarzer Mann, Darth Vader) ist ein muckelartiger Eumel, der am allerliebsten mit seiner Sense spielt und beim fröhlichen Herumtollen trotz Verbotes seiner Mutter immer eine schwarze Kutte trägt. Seine Erfindung des »Lebensendes« ist nach wie vor eine der größten Erfindungen der Menschheit. Obwohl er im Freundeskreis als sympathisch und liebenswert, manchmal sogar als

»herrlich bekloppt« gilt, haben viele Menschen immer noch eine gottverfluchte Angst vor ihm – was unter Umständen an seinem wenig einladenden skelettartigen Gesichtsausdruck liegen könnte.

Berichten zufolge macht es ihm schwer zu schaffen, dass er immer wieder als Massenmörder bezeichnet wird. Dies ist in der Tat eine falsche Beschreibung seiner Tätigkeit. Er macht schlicht und einfach seine Arbeit, und das ohne ordnungsgemäße Bezahlung der Überstunden und mit miserabler gesundheitlicher Versicherung; insbesondere die fehlenden Zahnersatzleistungen sind nicht leicht zu verkraften! Der Tod ist weder verwandt noch verschwägert mit einem gewissen »Teufel«; beide sind sich aber freundschaftlich verbunden. Mit Gott spielt der Tod an jedem zweiten Mittwoch im Monat Schach oder Mensch ärgere dich nicht. Anders als Gott, dem eine gewisse absolute Geizhalsigkeit nicht abzusprechen ist, übernimmt er dabei sogar die Pizzarechnung!

Im Leben des Todes wechseln sich Phasen extremer Relaxtheit mit solchen hoher Arbeitsbelastung ab: Da sein Kumpel Gott (unergründliche Wege etc.) den Menschen dummerweise einen freien Willen gegeben hat und sie diesen freien Willen unter anderem zum Kriegführen benutzen, hat der Tod manchmal ganz schön zu knüppeln, um Gottes Fehler auszubügeln. Nicht zuletzt deshalb fehlt ihm auch die Zeit für soziale Kon-

takte: Obwohl er in seiner geringen Freizeit am liebsten romantisch-erotische Liebesgedichte schreibt und Rosen züchtet, hat es für eine Freundin noch nicht gereicht. Da sein Penis lediglich aus einem knorrigen Knochen besteht und er sowieso keine Gefühlsregungen empfinden kann, scheidet auch Masturbieren als Freudenquelle leider aus.

PLATON
(428/427 V. CHR – 348/347 V. CHR)

3

Platon oder Plato – nicht zu verwechseln mit Pluto, dem Planeten, der kein Planet mehr ist – war beruflich im Bereich der Philosophie tätig, das heißt, er verbrachte seine Tage mit Herumlungern und Denken. Wo er schon mal dabei war, erfand er auch gleich den perfekten Staat: Niemand darf etwas besitzen (noch nicht einmal Unterwäsche), schwächliche Kinder werden getötet (weil sie der Entwicklung des Staates einfach nicht dienlich wären) und der Staat darf bestimmen, wie viele Kinder überhaupt geboren werden dürfen (im Idealfall also gar keine).

Den Großteil seiner Ideen entwickelte Platon, im Nebenberuf Lehrer, in Dialogform. Da nämlich kein Mensch mit ihm direkt sprechen wollte (vielleicht wegen seines extremen Geruches), erfand er unsichtbare Freunde und schrieb auf, was sie zueinander sagen würden, wie sie selbst Fragen entwickeln und Antworten darauf formulieren würden. Klingt übrigens genauso langweilig, wie es ist! Trotzdem ist diese Denkweise alles andere als dämlich, will sie doch verdeutlichen, dass die Welt eben nicht immer ist, wie wir glauben, dass sie ist, sondern dass wir im Gespräch mit anderen erkennen, dass das, was wir glauben, wie sie ist, gar nicht so ist, wie wir glauben, sondern anders, was wiederum anders ist als das, was unsere Freunde vielleicht glauben oder eventuell auch nicht glauben, nicht wissen oder nicht verstehen, obwohl sie anfangs unseren Glauben und unser Wissen teilen oder nicht teilen, dann aber anderes zu glauben beginnen, obwohl sie vorher geglaubt hatten, dass nur ihr eigenes Geglaubtes das eigentlich zu Glaubende wäre.

Die Kernthese des ganzen Gefasels ist simpel: Die Welt ist veränderbar! Oder mit anderen Worten: Sie ist ein Schiff, und *du* stehst am Steuer. Und du solltest alles versuchen, um nicht blind oder besoffen gegen einen Eisberg zu brettern wie einstmals Edward John Smith, Kapitän eines lächerlich kleinen Schiffchens namens Titanic, voll die Axt unsinkbar und so. All diesen Kram von wegen »Du kannst dein eigenes Schicksal bestimmen« (Herr Smith hatte leider nicht zugehört) brachte Platon auch seinem Lieblingsschüler bei, einem ulkigen Onkel namens Aristoteles, der wiederum mit seinem Gedankengut kurzerhand den Aristotelismus erfand.

JESUS VON NAZARET
(4 V. CHR. – 31 N. CHR.)

4

Hatte ein absurdes Geburtsdatum, konnte Wasser in Wein verwandeln, an guten Tagen (oder bei Ebbe) grinsend über das Meer latschen, auferstehen und Gutes tun, und war ansonsten ein ziemlicher Melancholiker, der stets in weiße Lumpen gehüllt und in Begleitung seiner Kumpels (genannt Jünger) durch Galiläa und Judäa zog, Länder, die bis heute als Knaller-Urlaubsziele gelten. Bei dieser Gelegenheit gründete er, quasi nebenbei, das Christentum, wohl auch aus Frust darüber, dass sein Geburtstag ausgerechnet auf Weihnachten fiel, was geschenketechnisch natürlich ziemliche Moppelkotze war. Dieses zeigte sich auch direkt am Tage seiner Geburt, als drei Mümmelmänner aus dem Morgenland ihn mit Hammerspielsachen wie Minze, Myrrhe und Salbei beglückten. Jesus hielt das Zeug erwartungsgemäß für Schrott und war entsprechend sauer, weshalb er aus lauter Frust Ravioli in Bandnudeln verwandelte.

Seit diesem eher missglückten ersten 24. Dezember beten wir an Weihnachten auch nicht mehr den bis dahin allseits beliebten Weihnachtsmann an, sondern den bereits an anderer Stelle erwähnten Typen namens Gott, der irgendwie, genau wie Jesus, total tolle Sachen gemacht haben soll. Genaueres steht in einem schwer lesbaren Lexikon namens Bibel. (Wir erwähnten es bereits.) Die Bezeichnung »Sohn Gottes« soll laut übereinstimmenden Aussagen der Jünger auch auf seiner Facebook-Seite gestanden haben – was zeigt, dass Jesus und besagter »Gott« offenbar in einem näheren verwandtschaftlichen Verhältnis zueinander standen. Andererseits kann die Aussage »Sohn Gottes« durchaus als arrogantes Statement gewertet werden: Da Jesus nämlich ein Produkt der »unbefleckten Empfängnis« (also kein Sex) war, kann er schließlich auch keinen biologischen Vater haben.

MOHAMMED
(570–632)

5

Auf seinem Schülerausweis, ohne Bild, da es damals noch keine Kameras gab, findet sich immerhin der vollständige Name: *Abū l-Qāsim Muhammad ibn ʿAbd Allāh ibn ʿAbd al-Muttalib ibn Hāschim ibn ʿAbd Manāf al-Quraschī*. Es versteht sich, dass seine Mitmenschen damit so ihre Probleme hatten; allein schon, weil die Begrüßung mitunter vom Frühstück bis zum Mittagessen dauerte.

Mohammed, geboren in einem sympathischen Städtchen namens Mekka, verfügte im Wesentlichen über zwei Berufsqualifikationen, welche er zum Teil mit dem Besuch einer Waldorfschule erworben hatte: zum einen Prophet, zum anderen Gottgesandter. Diese zwei Jobs brachten einen ganzen Batzen Arbeit und wenig Urlaub mit sich. Außerdem soll die Bezahlung zur damaligen Zeit gerade für Gottgesandte doch eher mager gewesen sein.

Da nun das Christentum bereits erfunden worden war, Mohammed aber auch beruflich etwas mit Gott machen wollte, erfand er kurzerhand den Islam, und Gott hieß dort eben nicht Gott, sondern Allah, bei gleicher Allmächtigkeit. Grundlage für diesen Islam ist dann auch nicht die Bibel, sondern der Koran. Genau wie in der Bibel wird im Koran total viel von Frieden gesprochen – offenbar handelt es sich dabei um ein ziemlich relevantes religiöses Thema. Und auch wenn viele moderne Zeitgenossen und/oder religiöse Fanatiker nach wie vor der Meinung sind, dass der Islam eigentlich nur auf Krieg und Terror steht, so stellt sich beim Lesen des Korans und der Lehren Mohammeds glasklar heraus: Nee! Man muss halt einfach mal *richtig* lesen! – Eine Info, die auch Islamisten (der radikale und eher ungemütliche Teil des Islams) sich vielleicht mal reinpfeifen sollten.

Mohammed, Chef von Ganzes, wurde 632 nach Christus für tot erklärt. Ob auch er eine Wiederauferstehung geschafft hat, ist fragwürdig. Auf jeden Fall können wir Ostern als Termin ausschließen. Auch wenn Jesus mit seinem Christentum nach wie vor auf Platz 1 der Best-Religions-Charts steht (2,1 Milliarden Follower), so ist Mohammeds Islam-Idee mit immerhin 1,3 Milliarden Likern (auch Moslems genannt) ihm ziemlich dicht auf den Fersen und dürfte ihn spätestens am 24. Dezember eingeholt haben. Wieder so ein Geschenk, das Jesus nicht unbedingt zu fröhlicher Heiterkeit Anlass geben wird.

CHRISTOPH KOLUMBUS
(1451–1506)

6

C. C. (englische Schreibweise, gesprochen Zi-Zi) war ein italienischer Seefahrer, der sich seine Schiffe bei der spanischen Königin Isabella schnorren musste, weil er selbst sein Geld für billigen Schnaps ausgegeben hatte, obwohl er überhaupt kein Trinker war. Wenngleich sein Ziel eigentlich eine Hafenstadt in China war, störte es ihn nicht die Bohne, als er auf seinem Seeweg nach »Indien« (China/Indien, Indien/China, so genau nahm man es damals nicht) mal eben so Amerika entdeckte und klugerweise die dortigen Bewohner, die aufgrund einer Wirtschaftskrise nackt herumliefen, »Indianer« taufte.

Er begann dann ziemlich fix, diesen Indianern zu »helfen«, sprich sie mit christlichem Eifer auszubeuten und zu versklaven, sodass sie wenigstens einen regelmäßigen Tagesablauf hatten. Zi-Zi konnte zum damaligen Zeitpunkt nicht ahnen, dass dieses Sklavenland binnen weniger Jahrhunderte die Welt mit Coca-Cola und Big Macs überfluten und sich so (*und* mit Hilfe Justin Biebers) an der Zivilisation Europas bitter rächen würde.

Tatsächlich entdeckt hat den Seeweg nach Indien übrigens Vasco da Gama, und zwar 1498. Ein Portugiese, der sich seine Boote anders als Kolumbus vom eigenen König – Manuel I. – bezahlen ließ und insgesamt ein ziemlicher Langweiler war, zu erkennen daran, dass er Indien tatsächlich »Indien« nannte und nicht Amerika. Somit gab es einige Jahre lang zwei »Indiens« und demnach doppelt so viel Indianer wie anfangs angenommen.

LEONARDO DA VINCI

(1452–1519)

7

Leonardo war, kurz zusammengefasst, so eine Art Gottvater des Mannes. So ähnlich wie Zeus, nur ohne Olymp. Er konnte absolut alles. Inklusive seinen Namen in den Schnee pissen – rückwärts und in mehreren Sprachen. Er war außerdem Maler, Bildhauer, Architekt, Mechaniker, Ingenieur, Naturphilosoph und Putzfrau von Papst Leo X. und kann somit getrost als »Universalgenie« bezeichnet werden.

Zu seinen wichtigsten Werken gehört natürlich die *Mona Lisa*, die nun wirklich jeder kennt, wenn auch nicht persönlich. Es ist aber sowieso nicht klar, wer die Alte eigentlich war. Da Vincis Geliebte? Freundin? Urgroßtante? Fischverkäuferin aus der Nachbarschaft? Wir wissen es nicht – was das Bild umso spannender macht. Nicht umsonst gilt das Lächeln der *Mona Lisa* als »berühmtestes Lächeln der Welt«.

Wenn Leonardo, übrigens in seiner Kindheit ein Mitglied der Ninja Turtles, nicht malte, baute er irgendwas, oder erfand irgendwas, oder dachte irgendwas. So entwarf er tatsächlich eine Taucherausrüstung mit Schnorchel, welche im Krieg eingesetzt werden sollte. Auch einen Panzer hat er erfunden, immerhin mit acht Kanonen im Inneren, und eine Art Fluggerät. Beides wurde aber damals ebenso wenig richtig getestet wie sein Fallschirm, der allen Ernstes aussieht wie eine Pyramide. Letzterer wurde allerdings im Jahre 2000 in der Praxis ausprobiert – und siehe da, auch Pyramiden können fliegen.

Als da Vinci starb, ganz normal und ohne Flugzeugabsturz, hinterließ er Tausende von Zeichnungen mit Erläuterungen in Spiegelschrift. Warum? Keinen Schimmer! Genies brauchen halt immer eine Spur von Exzentrik. Auf jeden Fall war er seiner Zeit immer einen gewaltigen Schritt voraus – was wiederum klar zeigt, dass er über die theoretisch jedem Mann innewohnende Fähigkeit des prophetischen Denkens auch praktisch verfügte.

Luther glaubte an Gott, was auf den ersten Blick nicht schlimm ist. Auf den zweiten auch nicht. Er glaubte allerdings eher nicht so sehr an die katholische Kirche, die nämlich mal wieder komplett pleite war. Der Papst kam also auf die Idee mit dem Ablass: Demnach konnten Menschen, die gesündigt hatten, sich von genau diesen Sünden freikaufen, um nach dem Tod nicht im Fegefeuer zu landen. Das Fegefeuer gilt, damals wie heute, als ziemlich heiße, dabei aber wenig erotische Veranstaltung, die mit viel Geschrei und Geflenne zu tun hat.

Luther fand diesen Ablasshandel, gelinde gesagt, ziemlich moppelkotze und protestierte dagegen mit seinen *95 Thesen*, die er – zumindest laut Legende – 1517 an die Tür der Schlosskirche zu Wittenberg ballerte, was wiederum Papst Leo X., gelinde gesagt, ebenfalls moppelkotze fand (Zerstörung kirchlichen Eigentums und so!), sodass er Luther im Endeffekt für »vogelfrei« erklärte. Heißt also, Luther durfte jederzeit frei fliegen wie ein Vogel – und dabei von jedem dahergelaufenen Bekloppten getötet werden. Mit Hilfe guter Kumpels konnte er aber auf die Wartburg fliehen und übersetzte, weil die Burg nicht an das Internet angeschlossen war und es folglich außer Rausgucken nicht viel zu tun gab, mal eben die Bibel vom Lateinischen ins Deutsche, eine Tätigkeit, die irgendwas zwischen zwei Stunden und 20 Jahren dauerte. Damit nahm die Reformation ihren Lauf: Die Kirche spaltete sich in einen katholischen und einen protestantischen Teil. Das wiederum führte zu nicht gerade wenigen Kriegen zwischen Vertretern der beiden Glaubensrichtungen. Gott jedoch, davon kann ausgegangen werden, spaltete sich nicht!

WILLIAM SHAKESPEARE
(1564–1616)

9

Jemand, der im Wesentlichen nichts anderes geleistet hat, als Theaterstücke zu schreiben, soll also die Welt verändert haben? – Klingt albern, ist aber so! Mit *Romeo und Julia* hat er eines der berühmtesten Liebespaare überhaupt aufs Papier gebracht, wobei er sowohl dem Jungen als auch der Braut ein ziemliches Splatter-Ende gönnt, Kettensägen und so. Steht zwar nicht direkt drin im Stück, kann man aber mit ein wenig Vorstellungskraft hineininterpretieren. Shakespeares Werke inspirieren die Menschen noch immer – sogar, wenn sie die Teile gar nicht lesen. Ein Hollywood-Blockbuster wie *Thor* (der Typ mit dem Hammer von den Avengers) ist an sich nichts anderes als eine aufgebrezelte Version von *Henry V* (zu erkennen am fehlenden Hammer!), der wiederum nichts anderes ist als ein Typ, der ohne Unterlass damit beschäftigt ist, seine Feinde zu besiegen und dabei selbst nicht den Löffel abzugeben. Eine klassische Story für Männer, mit klassischer Botschaft: »Don't give up! Be a man!«

Shakespeare selbst war dabei genauso interessant wie seine Stücke: Er hatte sein eigenes Theater (Globe), war ein nicht ganz talentloser Schauspieler und brachte in seinen Stücken immerhin 13 Selbstmorde unter. Sein Wortschatz umfasste für damalige und heutige Verhältnisse sagenhafte 7.000 Wörter – somit gilt er praktisch als Erfinder des englischen Vokabulars. Bevor Shakespeare nach London kam, haben sich die Leute dort noch mit Zeichensprache und Grunzlauten verständigt. In seinen Tragödien sterben die Menschen im Schnelldurchlauf, allein in *Othello* werden Othello selbst,

Emilia und Roderigo erdolcht – Letzterer wegen seines bescheuerten Namens; außerdem geht noch die liebliche Desdemona drauf – erstickt von einem Kissen.

Wenn Shakespeare nicht gerade mit literarischem Leute-Umbringen beschäftigt war, kümmerte er sich mit Vorliebe um die Vernichtung englischen Rotweins: Trotz oder aufgrund seines stets gut ausbalancierten Alkoholpegels entstanden immerhin 37 Theaterstücke, wobei allein *Hamlet* eine vierstündige Veranstaltung ist. Historiker gehen davon aus, dass es sogar noch mehr Stücke waren; sie sind allerdings verschollen; entweder, weil der Meister selbst nicht mehr wusste, wo er sie hingelegt hatte, oder weil sie aufgrund der Papierknappheit des ausgehenden Mittelalters als Klopapier herhalten mussten.

10
GALILEO GALILEI
(1564–1641)

Ein Mann, der sich total gerne mit Mathe, Physik und Sternen beschäftigt, muss sich nicht wundern, wenn er bereits in der Hasengruppe der Kinderkrippe verprügelt wird. Galilei war es egal – er fand alles spannend, was irgendwie mit der Welt und der Erde und der Sonne und den Planeten und den Monden der Planeten zu tun hatte, und dabei vor allem die Frage, was eigentlich im Mittelpunkt des Universums steht: Erde, Sonne oder Galilei selbst. Er entwickelte das Fernrohr (welches bereits von einem Holländer erfunden worden war) weiter und schuf Linsen mit 33-facher Vergrößerung. Er nutzte das Ding aber nicht etwa, um sich scharfe Weiber näher heranzuzoomen, sondern um den Himmel zu beobachten – auf diese schlitzohrige Idee war vor ihm noch nie jemand gekommen!

Auf diese Weise stellte er zum Beispiel fest, dass die Milchstraße weder aus Milch noch aus Kinderriegeln besteht, sondern schlicht und einfach nur aus Sternen. Allein das war schon eine Revolution! Die katholische Kirche allerdings reagierte eher mit einer »Halt's Maul, Galileo«-Attitüde auf die meisten seiner Entdeckungen, da diese der Lehre des Papstes widersprachen, derzufolge immer nur der Papst im Mittelpunkt aller Weltaller zusammen stand!

Endgültig überspannte G. G. den Bogen mit seinem Buch mit dem leicht zu merkenden Titel *Dialogo di Galileo Galilei sopra i due Massimi Sistemi del Mondo, Tolemaico e Copernicano* – und hatte das große Glück, sich vor Gericht für seine Behauptungen (Erde dreht sich um Sonne) rechtfertigen zu dürfen. Am Ende des Prozesses, bei dem er zu so ziemlich ewigem Hausarrest verurteilt wurde, soll er laut Augenzeugenberichten gesagt haben: »Und sie (die Erde) bewegt sich doch!« (Eppur si muove) Ob dies wirklich der Fall war, ist zweifelhaft. Andere Augenzeugen berichten, dass sein Gemurmel sich eher angehört hat wie ein »Mi scappa la pipì«, zu Deutsch: Leckt mich, ich geh jetzt kacken! (Übersetzung ebenfalls zweifelhaft.)

Im Endeffekt hatte Galilei trotzdem keine Wahl: Er musste seine Ideen widerrufen, um sein Leben zu retten, was man ihm aber nicht wirklich verübeln kann. Besser weiterleben (unter Hausarrest übrigens – welcher ihm wiederum viel Zeit zum Schreiben gab) als auf dem Scheiterhaufen zu landen und geröstet zu werden. Letzteres galt auch im 17. Jahrhundert schon als Gesundheitsrisiko! Anders als andere Turnbeutelvergesser hat Galilei aber immerhin *versucht*, für seine Überzeugungen einzustehen. Heutzutage glaubt sogar die Kirche, dass die Erde sich um die Sonne dreht und nicht umgekehrt.

Merke also: Manchmal braucht es halt ein klein wenig länger, um wirklich beachtet zu werden. Im Falle der katholischen Kirche sogar noch ein bisschen länger als lang; 1992, lockere ganz, ganz viele Jährchen später also, bemühte sich der Papst um eine Entschuldigung. Inwieweit Galilei diese akzeptiert hat, ist allerdings nicht bekannt.

GEORGE WASHINGTON
(1732–1799)

11

George Washington hat, wie jeder weiß, die amerikanische Hauptstadt gebaut. Unbewiesenen Gerüchten nach auch noch die englische, die französische und die von Turkmenistan. Warum? Weil er es konnte! Und zwar ganz alleine, nur mit einem Eimer und einer halben Schaufel, die er sich selbst aus LEGO-Steinen zusammengezimmert hatte. Als er irgendwann mit Washington fertig war – so ungefähr nach zwei Wochen, vor der Erbauung von London und Paris und Hodenhagen und nach dem Bau von Krätze (Kreis Üetze) sowie der wunderbaren Ortschaft Kotzen in Brandenburg –, krönte er sich selbst zum König. Oder zum Präsidenten. Diesbezüglich sind sich Historiker nicht ganz sicher. Sicher sind sie sich allerdings, dass all dies 1789 passierte, dass Washingtons Hunde True Love und Sweet Lips hießen und dass er (anders als die Köter) total auf Erdnusssuppe stand. Inwieweit die im Unabhängigkeitskrieg gegen die bösen Engländer half, ist jedoch wiederum unbekannt.

Ob nun mit oder ohne Erdnuss: Washington konnte als willensstarker und geschickter Oberbefehlshaber der Kontinentalarmee (Amis) die Teesäufer (englisches Gesocks!) zurückdrängen und voller Freude die Unabhängigkeit der USA vom Unterdrückervolk der Engländer verkünden. Zu diesem Zeitpunkt sogar noch ohne zu lispeln; erst später, mit 57 Jahren, wurde ihm auch der letzte Zahn aus der Kauleiste entfernt, was bei Gesprächen stets sympathische Regengüsse mit sich brachte. Aufgrund der fortschrittlichen Behandlungsweisen des 18. Jahrhunderts musste George aber glücklicherweise nicht lange nackt im Mund herumlaufen. Man setzte ihm kurzerhand Beißer aus Elfenbein ein. (Wobei diese vorher auf angemessene Größe zurechtgestutzt wurden ...)

Falls du jemals die Stadt Washington besuchen solltest und vor dem Washington Monument stehst, einer Art in den Himmel ragenden Banane, nur nicht ganz so krumm, so kannst du dir ungefähr vorstellen, wie groß dieser Präsident war. Das Ding wurde eindeutig im Maßstab 1:1 gefertigt, aber nicht, wie irgendwelche Klugscheißer fälschlicherweise annehmen, von Washington selbst, sondern natürlich von seinem besten Kumpel Darth Vader, auch so eine Art oberster Befehlshaber, allerdings nicht von der Kontinentalarmee, sondern vom Todesstern, der bekanntlich aus Elfenbein gefertigt ist, wie Washingtons Ersatzzähne. Und so schließt sich der Kreis.

WOLFGANG AMADEUS MOZART

(1756–1791)

Kannst du dich noch dunkel erinnern, was du so getrieben hast, als du sechs Jahre alt warst? Das erste Mal auf einem Fahrrad gesessen und dabei alle zehn Meter auf die Nase geklatscht? Das erste Mal ohne Hilfe allein auf dem Klo gewesen und dann doch versehentlich ins Waschbecken geschissen? Das erste Mal den Hintern selbstständig abgewischt? Wahrlich große Momente!

Ein Typ wie Mozart kann da nun wirklich nicht mithalten: Er spielte zwar mit vier Jahren bereits Klavier und Geige und konnte Stücke komponieren, war dann mit sechs Jahren auf Konzertreise und wurde überall als Wunderkind gefeiert … aber ansonsten hatte er absolut nichts zu bieten. Seine lächerlichen Symphonien und Konzerte verfügen noch nicht einmal über richtigen Sound! Man hört keinerlei Stimmen, außer in den Opern, meistens aber nur irgendwelche Instrumente. Mit absoluter Berechtigung wurde »das Wolferl«, wie er von seinen Groupies in der Wiener Muckeszene genannt wurde, für seine musikalischen Ergüsse regelmäßig den Marktplatz rauf- und runtergeprügelt.

Trotzdem gilt Mozart nach wie vor als Erfinder des klassischen Kraches, verkörpert in Stücken wie *Die Zauberflöte*, *Die Hochzeit des Figaro* oder *Rückkehr vom Planet der Affen*. Er wurde sogar so was wie ein Rap-Star seiner Zeit: Er soff wie ein Loch, trieb es mit jeder Ische, die nicht bei drei auf dem Baum war, und konnte sogar sturzbesoffen noch Musik machen, die einem, sofern man sich die Mühe macht, genau hinzuhören, die Socken auszieht!

Mozart starb 1791. Entweder an Fieber, Durchfall oder sonst was. Er selbst glaubte, von einem gewissen Antonio Salieri vergiftet worden zu sein, was insofern Sinn ergibt, als dass A. S. auf W. A. M. stets neidisch war. Nicht weil Mozart die bessere Mucke machte, sondern weil er alle Weiber bekam. Beigesetzt wurde das Wolferl in einem Massengrab in Wien, wieder mal ein Beispiel dafür, dass die Welt zu blöde ist, um wahre Genies korrekt und angemessen zu behandeln. Eine Tatsache, die *du* sicherlich auch noch am eigenen Leibe erfahren wirst.

NAPOLEON BONAPARTE
(1769–1821)

13

Sicherlich sollte man nur mit einem gewissen Augenzwinkern ausgerechnet einen Franzosen in diese Liste aufnehmen. Franzosen sind bekanntlich nur zu sehr wenig nutze und können generell noch weniger als gar nichts. Das ist jetzt weder Rassismus noch Nationalismus, sondern eine Tatsache! Gleiches gilt natürlich auch für Holländer. Warum Napoleon trotzdem hier auftaucht? Weil er sich im Jahre 1804 in einem Anfall purer Machtbegeisterung – oder weil einfach gerade nichts in der Glotze lief – mal eben selbst zum Kaiser der Franzosen krönte und daraufhin Europa eroberte. Ab 1805 machte er außerdem noch auf »König von Italien« und schließlich auf »Chef des ganzen Kontinents«.

Insgesamt hätte es also nicht besser laufen können. Außerdem war er eigentlich kein wirklich böser Eroberer;

vielmehr kümmerte er sich in den »neufranzösischen« Staaten sogar um eine neue, fairere Gesetzgebung, was allerdings den meisten Bürgern ziemlich egal war. Sie wollten die Franzosen nur schnell wieder loswerden, weil sie schlicht und einfach genug hatten von trockenen Baguettebroten zum Frühstück, Mittag- und Abendessen. Napoleon tat ihnen den Gefallen. Sein Russlandfeldzug ab 1812 war ein Gegurke epischen Ausmaßes: Von 450.000 Soldaten der Grande Armée kamen gerade mal 18.000 wieder zurück. Historiker sind sich einig, dass es sich damit um eine sogenannte »Niederlage« handelte, in Fachkreisen auch bekannt als »Verfluchte Axt, wir haben verloren«.

Napoleons Zeit als Grand Boss war damit abgelaufen: Man verbannte ihn auf die Insel Elba (weil man den Kaiser der Franzosen nicht einfach so töten konnte). Da es ihm dort aber nicht gefiel und er noch einmal versuchte, die Macht zu übernehmen, was aber mit der Schlacht von Waterloo kläglich scheiterte, wurde er erneut verbannt (weil man den Kaiser der Franzosen etc. etc.), dieses Mal auf die Insel St. Helena. Ob es ihm dort gefiel, wissen wir nicht. Er starb (entweder selbst und natürlich oder natürlich durch Vergiftung), ohne dass man ihn danach hatte fragen können. Schade eigentlich. Napoleon ist bis heute der erste und einzige Franzose, der jemals die Weltherrschaft angestrebt hat!

CHARLES DARWIN 14
(1809–1882)

Giraffen haben lange Hälse, weil Gott es so will. Blauwale haben riesige Penisse, weil Gott es so will. Und Kängurus springen total gerne bescheuert grinsend in der Luft herum – natürlich, weil es gottgewollt ist. In diese leicht überzogene Darstellung der scheinbaren Realität des 19. Jahrhunderts platzte Charles Robert Darwin mit seinem Büchlein *Über die Entstehung der Arten* – einer sterbenslangweiligen, aber doch bemerkenswerten Erklärung der Entstehung des Lebens, die so simple Fragen wie »Warum sind bestimmte Arten von Tieren und Pflanzen anders als andere? Und wie verdammt noch mal sind sie zu dem geworden, was sie sind?« beantwortet.

Darwin war Naturforscher und hat nicht einfach nur dämliches Zeug aufgeschrieben, sondern dämliches Zeug, das er in ewiger Kleinarbeit mit Beweisen unterfütterte. Als er dann aber auch noch auf die geniale Idee kam, zu behaupten, dass der Mensch von einer »niederen Form« abstamme, soll heißen vom guten alten Urwaldaffen, waren beachtliche Teile der Londoner Gesellschaft arg empört und hätten vor Ekel fast ihre Bananen herausgewürgt, was freilich besonders für Theologen galt. Trotz dieser Kritik setzte sich Darwins Theorie immer weiter durch und ist so ein Beispiel dafür, dass sich Klugheit gepaart mit präzisen wissenschaftlichen Erkenntnissen nicht aufhalten lässt. Darwins geniale Idee, derzufolge in der Natur nur der Stärkste überleben kann (aka »Survival of the Fittest«), ist nach wie vor korrekt, wie du an deinem eigenen Leben jederzeit ablesen kannst! Falls du mit deinem Gewicht aber zufälligerweise unschuldige Waagen in Schweißausbrüche versetzt, solltest du noch mal genauer hinschauen: Survival of the *Fittest*! Nicht: of the *Fattest*!

Darwin ist auch heutzutage noch sehr populär, so ist er immerhin Namensgeber für einen der berühmtesten Preise der Welt, den Darwin Award. Selbiger wird seit 1994 verliehen, und zwar für den absolut peinlichsten Tod, wie zum Beispiel den eines Rechtsanwalts, der beweisen wollte, dass ein Fenster im 24. Stock absolut stabil sei ... War es dann aber doch nicht. Besagter Mann starb 24 Stockwerke tiefer.

THOMAS ALVA EDISON

15

(1847–1931)

Edison war Erfinder. Ziemlich blöd für andere Erfinder, die auch Dinge erfinden wollten, denn Edison hat praktisch alles erfunden, was überhaupt ging, und für seine Nachfolger blieben nur noch getrocknete Brotkrumen übrig. Ungefähr 2.000 Erfindungen stehen auf seiner Liste, darunter so geniale Sachen wie eine funktionierende Glühbirne (Sinn und Zweck bis heute allerdings zweifelhaft) oder der Phonograph – eine Maschine, die tatsächlich Ton aufnehmen und wieder abspielen kann. So gesehen eine Art erster iPod.

2.000 Erfindungen sind nicht schlecht für jemanden, der die meiste Zeit seiner Kindheit von seiner eigenen Mutter zu Hause unterrichtet wurde. Da er ohnehin vornehmlich Sachen erfand, die mit Strom zu tun hatten, bastelte er gleich noch den elektrischen Stuhl zurecht – zur bequemeren und menschlicheren Hinrichtung von Schwerverbrechern. Dieser erfreut sich in einigen US-Staaten noch immer größter Beliebtheit. Leider konnten Benutzer des Stuhls keine Aussagen mehr zu seiner Bequemlichkeit machen.

Laut Edison besteht Genie zu exakt einem Prozent aus Inspiration und zu 99 Prozent aus Schweiß, was wohl ein Euphemismus für »verfickt harte Arbeit« sein dürfte. Sein Lebensmotto gilt immer noch für Männer, die fest vorhaben, die Welt zu verändern: »Ich guck mir an, was die Welt braucht. Dann fang ich an und erfinde es.« – Simple, präzise, männliche Worte ohne Gebrubbel.

Was also braucht die Welt? Schau dich um und erfinde es! Wie wäre es zum Beispiel mit einer Pommes-Majo, die nach Ketchup schmeckt und trotzdem Pickel verursacht und die man außerdem frittieren kann? Oder mit einem Licht, das zwar nicht leuchtet, wo aber Musik rauskommt? Oder einer Kaffeemaschine, die aus Schokoriegeln Kakao macht? Oder – was ein wenig anstrengender sein dürfte – irgendeinem Gerät, das dir hilft, Mädchen zu verstehen ... Hierbei handelt es sich allerdings um eine Lebensaufgabe! Was immer du versuchst, von anfänglicher Kritik (Gelächter und Prügel) solltest du dich dabei nicht beirren lassen! Auch an Edisons Glühbirne haben ignorante Arschlöcher gezweifelt, bevor sie sich zu Hause ein Sonnenstudio damit einrichteten. Bedenke: ein Prozent Inspiration und 99 Prozent verfickt harte Arbeit!

WOODROW
WILSON 16
(1856–1924)

Mr Wilson war mal Präsident der USA, der 28. nämlich, was so besonders nun auch wieder nicht ist. Besonders ist jedoch, dass er Präsident der USA war, und *trotzdem* eine gute Idee hatte. Nach der Katastrophe des Ersten Weltkrieges beschloss er nämlich, dass sich Derartiges nie wiederholen dürfe und dass sich fortan Konfliktparteien nicht erschießen oder erwürgen oder sonst wie ermorden, sondern an einen Tisch setzen sollten. Nicht, um sich mit Eiern und Tomaten und Wattebäuschen zu bewerfen, sondern um ein schönes Tässchen Tee mit Fruchtaroma zu trinken und die Probleme in angemessener Art und Weise zu diskutieren.

Diese diskutierfreudige Teestunde nannte Wilson »Völkerbund«, weil der Begriff »Teestunde« von den Engländern bereits urheberrechtlich geschützt worden war. Allein schon für den genialen Namen gab man ihm den Friedensnobelpreis. Leider konnte Herr Wilson die amerikanischen Politiker nicht so recht von seiner Idee überzeugen; sie lehnten eine Mitgliedschaft ab. So gab es zwar den Völkerbund, die größte Nation aber machte dabei nicht mit, was ein wenig so ist, als würde eine Mutter vor der Geburt ihres Kindes sagen: »Das Baby kann gerne kommen, aber bitte schön ohne meine Hilfe!« Wäre es Ziel des Völkerbundes gewesen, neue Kriege zu schaffen, wäre er supererfolgreich gewesen, wie sich spätestens 1939 zeigte, als der Zweite Weltkrieg begann. Erst nach diesem neuerlichen Ärgernis erlebte der Bund eine Neuauflage, dieses Mal aber tatsächlich *mit* Amerika. Als internationale Friedensorganisation sorgen heute die UN (United Nations) dafür, dass es keine Kriege gibt. Zumindest scheint dies das Ziel des Ladens zu sein. Wieder mal gilt: Idee gut, Ausführung grottig!

Was wir also von Wilson lernen können: Wer Gutes will, sollte nicht nur den Anfang machen, sondern sich auch die Mühe machen, den Prozess zu begleiten. Ansonsten kommen zu viele Dumpfbacken daher und reden und reden und reden und machen am Ende alles nur noch kaputter, als es ohnehin schon war.

HENRY
FORD   17
(1863–1947)

Henry Ford hat nicht das Auto erfunden. Das war bekanntlich Hans Auto aus Duderstadt. Allerdings hat Henry Ford dafür gesorgt, dass Menschen das Auto wirklich benutzen. Er optimierte nämlich die Fließbandtechnik in der Autoindustrie. Laut Ford sollten nicht mehr hundert Leute gleichzeitig an *einem* Auto arbeiten. Vielmehr sollte *ein* Arbeiter *an einer*

Stelle am Auto arbeiten, sich also spezialisieren. Heißt: Der Typ, der den Spiegel anschraubt, ist dafür zuständig, dass er den Spiegel anschraubt. Für nichts sonst. Für alles andere sind jeweils andere Arbeiter zuständig.

Die auf diese Weise deutlich schneller millionenfach hergestellten Karren mit dem Namen »Ford Modell T« waren relativ günstig zu haben und erfreuten sich tierischer Beliebtheit, außer bei Entenfamilien, die schon damals immer mal wieder mehr oder weniger gern überfahren wurden. Außerdem gab es das Modell T in vielen modischen Farben. Also in Schwarz. Und nur in Schwarz. Dies lag aber weniger an Fords Null-Bock-Haltung gegenüber neuen Farbgebungen, sondern war lediglich der Tatsache geschuldet, dass noch keine anderen Farben erfunden worden waren.

Ford selbst hatte dazu keine Zeit, weil er neben seiner industriellen Tätigkeit viel zu sehr damit beschäftigt war, gegen Juden zu hetzen und Hitler geil zu finden, was im Übrigen auf Gegenseitigkeit beruhte: Hitler bezeichnete Ford als »Inspiration«. Tja. Nicht alle großen Männer sind automatisch auch große Menschen.

18 ALBERT EINSTEIN
(1879–1955)

Mann. Forscher. Föhnfrisur. Genie. Forschungen zur Struktur von Materie, Raum und Zeit. Relativitätstheorie. Die spezielle und die allgemeine. Quantenphysik. Relativistische Physik. Gesetz des fotoelektrischen Effekts. Bau der Atombombe. $E = mc^2$. Energie und Masse und Raum und

Zeit bewegen sich zueinander und krümmen sich. Oder auch nicht.

Alles, was der alte Zotterzausel sich so ausgedacht hat, ist vollkommen unverständliches Gefasel – zumindest für Mädchen! Mädchen haben bekanntlich null Check von Physik, hatten noch nie Check von Physik und werden selbigen Check auch niemals erwerben. Hat mit der unterschiedlichen Verwendung der Gehirnhälften zu tun. Während Jungs beide Hälften benutzen (eine fürs logische Denken, die andere fürs Masturbieren), können Mädchen normalerweise nur winzigste Fragmente des Kopfinhaltes aktivieren – zum Beispiel für Make-up oder Shoppen-Gehen.

Einstein, der trotzdem nichts gegen Frauen einzuwenden hatte, hat mit seinen Forschungen einiges dafür getan, dass man heutzutage zumindest ein klein wenig genauer weiß, wie die Welt, auf der wir dahinvegetieren, eigentlich funktioniert. Außerdem ist seine Arbeit *Zur Elektrodynamik bewegter Körper* heute noch ein funktionales Standardwerk im Prostitutionsgewerbe und kann jederzeit auch von normalen Menschen gelesen werden, die Anregungen im Bereich »Sex« und »Wie bewege ich mich dabei?« brauchen. Gleichzeitig ist Einstein ein gutes Beispiel dafür, dass auch grandios beschissene Schüler eine Karriere machen und sogar den Nobelpreis gewinnen können. Wobei allerdings nicht wirklich klar ist, wofür er ihn gewonnen hat. Nach allgemeiner Meinung hat man ihm das Ding nur gegeben, weil die Juroren glaubten, dass derart unverständliches Formelgeblubber irgendwie wichtig sein müsse.

Bildung übrigens, laut Einstein, ist das, was übrig bleibt, wenn man alles, was man in der Schule lernt, vergisst. So gesehen machst *du* auf deinem Weg zum Nobelpreis bereits beachtliche Fortschritte.

$$E = mc^2$$

RELATIVITÄTSTHEORIE

ADOLF HITLER

19

(1889–1945)

Adolf, wie ihn seine Freunde nannten, taugt eher nicht so zum Vorbild und soll hier als Beispiel dafür dienen, dass einige Männer zwar viel Macht *gewinnen*, dabei aber offenbar ihren Verstand *verlieren*, beziehungsweise selbigen nie ihr Eigen nennen konnten. Schlimm genug, dass Adolf Vegetarier war, er hatte auch abgrundtief bescheuerte Ansichten bezüglich »richtiger« und »falscher« Menschen, ohne zu merken, dass er selbst eigentlich zur letzteren Gruppe gehörte. In seinem hochgradig nicht-philosophischen und anti-intellektuellen Großwerk *Mein Kampf* versuchte er sogar, seine Sichtweisen auf die Welt zu legitimieren, was aufgrund eines kompletten Fehlens von Logik und Sinn allerdings schier unmöglich nachzuvollziehen ist. Der Folgeband *Mein Krampf*, die medizinische Analyse seines Lebens in der kopfinternen Irrenanstalt, kam leider ebenso wenig in die Läden wie *Mein Hanf*, ein historischer Abriss des Drogenanbaus in heimischen Dachgeschossen.

Da Adolf als Künstler und Schreiber insgesamt gesehen ziemlich gescheitert war, suchte er sich als neues Betätigungsfeld das des »Führers und Reichskanzlers« aus, ein wahrlich nicht ganz einfacher Job. Trotzdem traute Adolf sich die Aufgabe zu – und erfand sogar noch eine eigene Grußformel: »Heil Hitler« galt fortan unter gebildeten Deutschen als Aufruf, dem Adolf doch endlich die psychologische Hilfe zukommen zu lassen, die er so dringend nötig hatte. Leider fand sich aber keine Klapse, die den zu Heilenden aufnehmen wollte (Zitat: »Wir sind vielleicht 'ne Klapse, aber auch wir nehmen nicht jeden!«), wodurch Adi dann leider genügend Lebensraum hatte, um mit jeder Menge Blitzkrieg den Zweiten Weltkrieg zu beginnen.

In den kommenden Jahren wurde er völlig zu Recht »Grö-FaZ« genannt (Größter Feldherr aller Zeiten) – eine Bezeichnung, die sich irgendwie mit den militärischen Gegebenheiten nicht sonderlich gut vertrug. Jedenfalls beging GröFaZ (Größter Fersager aller Zeiten), wahrscheinlich aufgrund von Langeweile (»Diese dauernden Niederlagen machen depressiv«), im April 1945 Selbstmord (»Für mein Vaterland« – bla bla), womit eines der schäbigsten Kapitel der Weltgeschichte abgeschlossen war, zumindest für ihn.

ERICH SCHUMM
(1907–1979)

20

Schumm gilt allgemein als einer der unterschätztesten Erfinder der Welt. Er ist vielleicht das größte Genie, das jemals gelebt hat. Als Erfinder des wichtigsten Dings überhaupt, der mächtigen Fliegenklatsche, sollte man ihm Statuen bauen, ganze Städte und Staaten nach ihm benennen und für das gepflegte Liquidieren von Fliegen mit sofortiger Wirkung das Verb »schummen« benutzen. Bevor Schumm 1953 das Patent für die Fliegenklatsche anmeldete, mussten sich die Menschen allerlei irgendwie unbeholfen wirkender Mittel bedienen, um die lästigen Biester loszuwerden: Einige ließen Flugzeuge auf Fliegenkolonien abstürzen, andere versuchten verzweifelt, die fliegenden Ungetüme in ihre Mikrowellen zu locken, obwohl diese Dinger noch gar nicht erfunden waren. Wieder andere, besonders mutige Gesellen versuchten sogar, Fliegen mit Flammenwerfern beizukommen. Schumms »Klatsche« jedoch vereinfachte die Sache enorm. Einfach zielen – fertig!

Das vorherige Lesen der Gebrauchsanweisung mag hilfreich sein: Noch immer gibt es Leute, die den Fliegen einfach die Klatsche hinterherwerfen, was sich als wenig effiziente Tötungsvariation erwiesen hat. Zielen! Klatschen! Fertig! Dann nur noch mit Wasser und Eimer und Lappen die Gedärme von der weißen Tapete abkratzen und die Sache ist erledigt. Ob und inwieweit das »Schummen« eine humane Art der Scheiß- und Schmeißfliegenbeseitigung darstellt, muss noch bewiesen werden. Ist im Endeffekt auch scheißegal. Dass sich früher oder später die Fliegen auf das »Schummen« einstellen und zum weltweiten metzelartigen Gegenschlag ausholen werden, sollte allerdings klar sein!

MAURICE UND RICHARD MCDONALD
(1902-1971/1909-1998)

21

Vor dem 15. Mai 1940 durchlebte Amerika eine derbe Hungersnot. Es gab nur Gras und Baumrinde zu essen und lediglich die reichsten Amis konnten sich noch Milbenlarven leisten, herunterzuspülen allerhöchstens mit einem billigen Glas lauwarmen Wurstwassers. Dank der beiden Brüder McDonald aber wurde alles anders – ihre Hamburgerbutze war die erste und einzige und überhaupt tollste Butze, die es jemals gegeben hatte, vor allem, als man dort vom üblichen Kellnersystem auf Selbstbedienung umschwenkte.

Seitdem dürfen vor Hunger sterbende Typen wie wir uns also in endlosen Schlangen anstellen, uns dabei auf ein Mc-Menü freuen, natürlich mit Cola, wobei selbige eher nicht nach Cola, sondern verdächtig nach Wasser schmeckt, und uns von den dicken Menschen vor uns, welche sich offenbar ihr drittes McChicken-Menü mit sechsfach Majo gönnen wollen, die Sicht versperren lassen.

Gleichzeitig kamen Richard und Maurice auf die Idee, dass man so komplexe Gerichte wie Hamburger auch klüger zubereiten kann als normal: Also klarere Abläufe im Laden und dazu immer absolut identische Zutaten mit zum Beispiel einem Klecks Ketchup, der sich von Burger zu Burger zu Burger niemals auch nur um ein Milligramm verändern darf. Sprich, es wird Wert darauf gelegt, dass die überteuerte Nährstoffkloake, nach deren gepflegten Verspeisen man noch mehr Hunger hat als vorher, immer absolut gleich aussieht – nie aber wie auf den bunten Bilderchen über der Verkaufstheke.

McDonald's-Restaurants haben eine gänzlich neue Fresskultur mit sich gebracht. Heute spritzen wir unsere Majo auf ein verschmiertes Tablett und freuen uns, wenn wir unsere Pommes darin baden können. Teller gibt es schon lange nicht mehr, und Besteck gab es sowieso noch nie, außer vielleicht irgendwas aus Plastik, das gemeinhin schon beim Angucken kaputtgeht! Dennoch läuft das Geschäft prima. Die einst kleine Butze hat sich zu einem interstellaren Unternehmen mit 33.000 weiteren Butzen mit goldenem Doppelbogen entwickelt; insgesamt verkauft McDonald's 75 Hamburger. Pro Sekunde!

Noch immer glauben Personenkreise mit eher minimaler Schulbildung (Fachbegriff: Deppus Idiotae), dass Martin Luther King ein königlicher Nachfolger vom normalen Martin Luther ist. Bekanntlich ist eine solche Denke inkorrekt. Trotzdem hat MLK beinahe Königliches erreicht – dass nämlich die Menschen seiner Zeit langsam, aber sicher die bis dahin vor allem im Süden der USA geltende Rassentrennung überwanden. Damals durften schwarze Kinder nur »schwarze Schulen« besuchen, auch »weiße Restaurants« waren für Schwarze nicht zugänglich, um nur zwei Beispiele für diese Rassentrennung zu nennen.

King jedoch hatte einen Traum, wie er vor allem auf dem *March on Washington*, an dem 250.000 Menschen – inklusive 60.000 Weißer – teilnahmen, immer wieder formulierte. Seine Träume packte er dann in eine Rede (die er klugerweise und völlig überraschend die »I have a dream«-Rede nannte) mit der zentralen Aussage, dass alle Menschen gleich sind. Mit einer solchen hochkomplexen und durchaus tiefsinnigen Botschaft machte MLK sich zum Chef der Bürgerrechtsbewegung und kämpfte gegen die Rassentrennung, gegen Nutellabrote für ewig gestrige Arschkrampen und für ein Wahlrecht auch für Schwarze.

Offenbar war er dabei so erfolgreich, dass er 1964 den Friedensnobelpreis bekam und 1968 erschossen wurde. Letzteres ist ein klarer Beleg dafür, dass sich doch nicht jeder mit Kings Ideen einer offeneren Gesellschaft anfreunden konnte. Was also kann man von Martin Luther

King lernen? 1. Träume sind wichtig und notwendig. 2. Wenn man versucht, Träume zu realisieren, kann man die Welt ändern. 3. Mit etwas Pech können Träume zum baldigen Tod führen. 4. Man sollte trotzdem träumen!

BILL GATES

(1955)

23

Bill Gates ist in regelmäßigen Abständen immer mal wieder der reichste Mann der Welt. Mit einem geschätzten Vermögen von momentan schlappen 76 Milliarden Dollar liegt er noch über Onkel Dagobert. Mit 76 Milliarden kann man sich, so haben Mathematiker in langjährigen Studien errechnet, mindestens zwei Röhrenfernseher, einen Kleinwagen koreanischer Herstellung ohne Reifen und mit etwas Glück noch eine gebrauchte Waschmaschine kaufen. Gates ist Gründer einer kleinen Klitsche namens Microsoft Corporation und damit Erfinder von Windows. Windows wiederum ist ein Betriebssystem, das am ehesten durch die Werbekampagne »Windows funktioniert nicht mehr« ins öffentliche Bewusstsein drängte.

Obwohl Gates inzwischen nicht mehr aktiv in seinem Unternehmen knüppelt, nutzt er seine enorme Kohle, um weltweit gegen Krankheiten vorzugehen, zum Beispiel gegen Kinderlähmung oder Malaria. Gleichzeitig zwingt er andere Superreiche, bei diesem Projekt mitzumachen, was diese meistens auch tun. Gates und seine Buddys tun somit mehr für die Bekämpfung von Krankheiten als alle Regierungen der Welt zusammen, was bei näherer Betrachtung dann doch irgendwie eine ziemliche Schande ist. Bis zu seinem Tod gedenkt Mr Gates bis zu 95 Prozent seines Vermögens für derartige wohltätige Zwecke zu spenden. Für seine Kinder ist dies natürlich eine ziemlich schlechte Nachricht, denn mit dem dann noch zur Verfügung stehenden Erbe können sie sich wohl nicht mal mehr eine Bockwurst mit Senf leisten.

MARK ZUCKERBERG
(1984)

24

Ein kleiner Junge namens Mark hatte irgendwann einen Traum, der im Wesentlichen darin bestand, gut auszusehen und scheiße reich zu werden. Die Sache mit der Optik hatte sich fix erledigt, die mit der Kohle indes lief. Zuckerberg gilt mit einem persönlichen Klingelbeutel von 20 Milliarden Dollar als einer der reichsten Streber der Welt. Ein Streber ist er wirklich, er war besessen davon, etwas richtig Großes zu erschaffen. Da er selbiges auf dem Klo nicht hinbekam, erfand er (einige würden auch sagen: »klaute«, nämlich von zwei seiner Mitstudenten ...) kurzerhand Facebook, was nicht weiter schlimm gewesen wäre, hätte er nicht blöderweise auch den »Like«-und den »Share«-Button erfunden, dann auf »like« und »share« geklickt und somit das ganze Elend in die Welt hinausgetragen.

Billiarden Menschen auf allen Kontinenten und Planeten haben seitdem nichts Besseres zu tun, als irgendeinen Kack in die Welt zu »posten«, an dem kein Schwein wirkliches oder auch nur geheucheltes Interesse hat. Praktischerweise starb damit aber auch das Prinzip des »Sozialen Miteinanders« aus, da seitdem Menschen nicht mehr normal miteinander sprechen können, sondern wie bekloppte Irrenhausirre nur noch auf Bildschirme starren und andauernd irgendwas wegwischen müssen.

Seit die Plattform 2004 online ging, kommen praktisch jeden Tag mehrere Tausend neue Nutzer hinzu – und andere Online-Plattformen (zum Beispiel WhatsApp und Instagram), die Herr Zuckerberg dann wiederum aufkauft, um sie in sein dunkles Social-Media-Imperium einzugliedern, welches nichts anderes zum Ziel hat, als mit deiner Hilfe und der deiner Freunde und deren Freunden früher oder später (am besten früher) die universale Weltherrschaft an sich zu reißen! Like!

DU²⁵

Entweder du hast die Welt bereits entscheidend geprägt (durchaus Standard), oder du wirst sie noch entscheidend prägen (auch normal). Es ist zwar nett, allerdings nicht zwingend notwendig, dazu gleich ein ganzes Land oder gar einen Kontinent zu entdecken oder tolle Gedanken über Gedanken oder coole Theorien zu entwickeln, die eh kein Schwein versteht, oder bemerkenswerte Bücher oder Musik zu schreiben oder zu komponieren. Nicht alles muss gleich ein Geniestreich sein. Nicht alles muss gleich in Geschichtsbüchern vermerkt werden, auch wenn das natürlich dein Anspruch sein sollte. Auch der Erfinder des Wurstbrotes mit Butter, einer auf den ersten Blick wahrlich eher unscheinbaren Innovation, hat im Endeffekt gutes Geld verdient und der Welt vielleicht mehr gutgetan als zum Beispiel die Nase, die so unnützes Zeug wie Facebook oder Serviettenhalterbeschwerer erfunden hat.

Anstatt also gleich die ganze Welt verändern zu wollen, bietet es sich an, mit der eigenen Umgebung anzufangen. Und dazu braucht es noch nicht einmal eine Erfindung. Gönnen wir uns an dieser Stelle eine Spur Kitsch und Rotze und formulieren Folgendes: Ein einziges freundliches Lächeln kann das Leben eines anderen Menschen verändern. Vielleicht entsteht gar eine Kettenreaktion. Und wenn dieser andere Mensch vielleicht noch ein Mädchen ist, wird sich ihr Leben nach einer Begegnung mit einem Großmeister der Erotik wie dir ohnehin von Grund auf transformieren.

PS: All hier genannten Jungs können als Vorbild dienen. Zugegeben, Hitler ist ein wenig problematisch geraten. Alle anderen aber vermitteln eine klare Aussage: Männer sind großartig! Dass diese Liste nicht einmal im Ansatz vollständig ist, versteht sich. Allein aus Platzmangel ist es nicht möglich, einen Komplettüberblick zu liefern. Stattdessen können wir hier jedoch noch eine Liste der Frauen anführen, welche die Welt verändert haben. Allerdings ist sie aus nachvollziehbaren Gründen recht übersichtlich geraten.

FRAUEN, DIE DIE WELT VERÄNDERTEN:

DEINE MUTTER

Ende der Liste von Frauen, die die Welt veränderten.

ganz simple Do-Regeln

FÜR EIN STILVOLLES
BENEHMEN

Von Jungs mit Klasse wird erwartet, dass sie sich immer und dauernd und überhaupt ewig korrekt und angemessen benehmen. Richtiges Benehmen ist weder Spießerei noch Magie – es hat einfach mit Übung zu tun. Man benimmt sich nicht, weil es Eltern so wollen, sondern, weil es sich einfach so gehört.

Andere Leute ausreden lassen:

Weil andere Menschen etwas zu sagen haben, auch wenn du glaubst, dass alles, was aus ihrem Mund kommt, eigentlich überflüssiges Gebrabbel ist. Gib ihnen trotzdem die Chance. Halt die Klappe und lass sie erzählen. Wer weiß, vielleicht kommt doch noch etwas Gescheites dabei heraus. Falls sie dich langweilen, stell dir während des Gespräches innovative Tötungsrituale vor.

Immer pünktlich sein:

Komme niemals auf die idiotische Idee, die Lebenszeit anderer Menschen zu verschwenden. Sei zu einer Zeit X an einem Ort Y. Wähle dafür nicht die Zeit X + 10 Minuten. Betrachte das Problem aus der Perspektive des Wartenden: In zehn Minuten hättest du mindestens zweimal masturbieren können! Wenn es um Pünktlichkeit geht, ist Zuspätkommen also eher nicht so geil. Zumindest nicht für den Wartenden. Zufrühkommen wiederum ist ebenfalls ein Problem. Für dich nämlich. Oder willst du allen Ernstes als Erster auf einer Party auftauchen? Noch uncooler geht nun wirklich nicht. Immerhin hast du dann die Chance, bei den Vorbereitungen zu helfen.

Türen öffnen:

Gilt besonders für Glastüren, da ansonsten vielleicht jemand mit der Nase voran hineinbrettert. Gilt nicht, beziehungsweise nur in Ausnahmefällen, für Drehtüren. Gerade älteren Menschen mit Gepäck wird immer die Tür geöffnet. Also auch deinen Eltern, auch ohne Gepäck. Sinnigerweise wird die Tür erst dann wieder geschlossen, wenn besagte ältere Menschen auch wirklich hindurchgegangen sind. Nicht vorher!

Ellenbogen vom Tisch:

Weil alles andere so aussieht, als würde ein Schwein mit an der Tafel sitzen. Natürlich ist Essen ohne Ablagesystem für die Arme eine schwierige und bisweilen schweißtreibende Angelegenheit – aussehen tut es trotzdem besser! Apropos: Gleiches gilt für Füße und, je nach Ort, auch für den Penis.

Mund zu beim Futtern:

Niemand, wirklich niemand, auch niemand mit Hunger, hat ein ernsthaftes Interesse daran, in deine Futtertheke zu schauen und dich dafür zu bewundern, wie viele Kleinbestandteile Döner du auf, unter oder neben der Zunge lagerst. Daher: Erst schlucken, dann quatschen!

Besteck benutzen:

Egal, wer dir Essen hinstellt, er hat sich etwas dabei gedacht, wenn er Gabel, Messer und/oder Löffel dazugeliefert hat. Das Süppchen sollte also nicht getrunken, sondern gelöffelt werden. Die Spaghetti werden nicht klein geschnitten, sondern mit der Gabel aufgewickelt, und man nimmt auch für Kleinteile wie Reis oder Erbsen stets die Gabel, nicht den Löffel und schon gar nicht die Grapscher. Falls dir irgendein Idiot Stäbchen hinlegt (weil wegen chinesisches Essen), wirf die Dinger sofort weg; du willst schließlich satt werden. Greif in solchen Momenten zur Suppenkelle!

Serviette verwenden:

Klar gibt es Tischtücher und Kleidungsstücke, die den Job des Mund- oder Fingerreinigens ebenso gut erledigen könnten. Dennoch ist die Verwendung der Serviette vorteilhafter – weil dies nämlich ihre einzige Existenzberechtigung ist, derer man sie nicht berauben sollte! Servietten werden übrigens ausschließlich für Mund und Finger verwendet, nicht aber für dreckige Schuhe. Wichtig zu beachten ist auch, dass man damit ausschließlich den *eigenen* Mund und die *eigenen* Finger reinigen sollte, egal, wie viele Fleischbrocken dem womöglich älteren Gesprächspartner noch an der Kauluke haften.

Auch beim Pissen hinsetzen:

Mitten im Wald ist es wurscht, ob du stehst oder liegst oder beim Urinierstababrubbeln einen Handstand machst. Wenn du allerdings zu Gast bist, nimmst du Platz, weil sich ansonsten Tröpfchen deines lieblich gelben Urins auf die Badezimmerfliesen verteilen. Wäre doch schade, das gute Zeug dermaßen arrogant zu verschwenden! Beim Kacken übrigens wird gemeinhin nach dem Vorgang die Klobürste verwendet – nicht die Zahnbürste des Hausherrn!

Nicht öffentlich zerquetschen:

Diese Anweisung gilt für Pickel! Auch wenn die Dinger tierisch nerven und man sie natürlich mit brutaler Wucht zermalmen sollte, ist es gesellschaftlich nicht akzeptabel, dies in der Öffentlichkeit zu tun, was in erster Linie damit zu tun hat, dass beim Zerquetschen die Flugbahn des eitrigen Pickelinhalts nur schwer berechnet werden kann und dieser eventuell einer anderen Person direkt auf die Nasenspitze klatscht!

Handy aus:

Gilt generell immer, wenn man mit anderen Menschen zusammensitzt, zum Beispiel beim Essen. Im Kino oder Theater sollte das »Aus« sowieso selbstverständlich sein. Auch nicht vibrieren lassen, selbst dann nicht, wenn dich das Vibrieren in der Arschtasche irgendwie scharf macht. Einfach ausschalten. Falls du wirklich einen dringenden Anruf erwartest, solltest du dies vorher mitteilen, dich beim Klingeln entschuldigen und zum Telefonieren den Raum verlassen.

Mädchen hinterherpfeifen:

Es ist eine jahrhundertealte Tradition, dass Jungs mit Stil auch wildfremden Mädchen, zumindest dann, wenn sie einigermaßen gut
aussehen, hinterherpfeifen! Gerne auch mit lüsterner Melodie!
Dies ist entgegen der Meinung mancher verklemmter Spießer-
spastis keineswegs eine Herabwürdigung des weiblichen Geschlechts, sondern vielmehr eine Respektsbekundung!

Korrektes Anreden:

Dein Mathelehrer ist bekanntlich Herr Schmalz und nicht Schmalzi, der Vater deines Kumpels heißt für dich Herr Meyer und nicht Horst und auch die rattenscharfe Religionsreferendarin ist nicht »Geile Sau«, sondern Frau Wischnewski-Schnippowski. Merke: Du duzt nicht einfach drauflos, sondern wartest, bis dir das Du angeboten wird. Und falls dies nie geschieht, vielleicht, weil du ein verschissen unsympathischer Sack bist, dann ist es eben so.

Scheiß auf Smileys:

Wenn du nicht gerade an deinen Kumpel schreibst oder irgendeine Schnalle, dann haben Emoticons weder in Briefen noch in Mails etwas zu suchen. Also keine Smileys, keine Totenköpfe, noch nicht mal germanistische Knüller wie Rofl oder Lol oder mfG oder Hdgdl oder FdWa (Letzteres – Fick die Wand an – ist allerdings korrekt ausgeschrieben natürlich jederzeit in Ordnung).

Hilf rein:

Und zwar in die Jacke! Die Frau muss nicht über 80 sein, damit du ihr in Jacke oder Mantel oder BH hilfst. Kommt auch gut an, wenn das Mädel deutlich jünger ist. Jedes Mädchen, auch wenn es noch so dämlich ist, weiß gutes Verhalten zu schätzen!

Niemals vordrängeln:

Auch wenn du weißt, dass andere Menschen Idioten sind, und du selbst noch total viele viel wichtigere Dinge zu erledigen hast – warten musst du trotzdem, egal, ob nun an der Fleischtheke, der Supermarktkasse oder bei deiner eigenen Beerdigung. Wenn andere Leute vor dir dran waren: Pech gehabt! Rauch eine, halt die Klappe, sei geduldig, spiel Taschenbillard und stell dir die Leute vor dir in der Schlange splitternackt vor. Sollte genügen, um dir die Zeit zu vertreiben ...

Steh auf:

Alte Menschen haben nur noch wenig Zeit auf Erden. Gerade deshalb sollte man ihnen die ihnen noch zur Verfügung stehenden Minuten so angenehm wie möglich gestalten. Es ist also gefälligst selbstverständlich, dass du in einem vollen Bus aufstehst und deinen Platz anbietest (auch wenn du gerade gefurzt haben solltest). Platz anbieten gilt übrigens auch für hübsche Mädchen, nicht so hübsche Mädchen, verdammt hübsche Mädchen, sagenhaft hässliche Mädchen, Mädchen, die aussehen wie sagenhaft hässliche Jungs, Jungs, die aussehen wie noch tageslichtuntauglichere Mädchen, deine Lehrer (alle hässlich) und generell Typen, die deutlich stärker aussehen als du selbst ...

Hand vorm Mund:

Beim Gähnen nämlich. Zwar sehen deine Gedärme mit Sicherheit super aus, das ist aber kein Grund, sie anderen Leuten zu zeigen. Tatsache ist: Wenn du gähnst, kann man bis zu deinem Hodensack hinunterblicken. Kein Scherz! Will aber kein Schwein wirklich sehen.

Distanz halten:

Menschen stehen auf Privatsphäre und finden es normalerweise ziemlich ätzend, wenn man sich ihnen so sehr nähert, dass man sich gegenseitig die Mitesser zählen kann. Sprichst du also mit jemandem, solltest du darauf achten, dass zwischen euch mindestens ein Meter Platz ist. Ist natürlich was anderes, wenn du ein Mädchen anbaggerst – dann kann es gar nicht nah genug sein!

Menschen gleich behandeln:

Ob du mit deinem Schulleiter sprichst oder mit einer Putzfrau, die gerade die Schülertoiletten reinigt: Beide verdienen Respekt. Die Putzfrau wahrscheinlich sogar noch mehr als der Direktor. Mach dir die Mühe, die Namen auch von Leuten herauszufinden, die eher undankbare Jobs erledigen, und verwickle sie in ein Gespräch über das Wetter oder darüber, was ihre Tochter (wenn vorhanden) am liebsten für Unterwäsche trägt und ob sie bereits vergeben ist ...

Fremden Sitten folgen:

Wenn im Haus deines besten Kumpels die Schuhe ausgezogen werden, dann werden sie eben ausgezogen! Wenn dort vor dem Essen gebetet wird, dann wird dort eben gebetet. Und wenn nach dem Essen üblicherweise eine Sexorgie stattfindet, dann findet eben eine Sexorgie statt. Richte dich stets nach deinen Gastgebern – dies gilt in fremden Ländern genauso wie beim nächsten Nachbarn.

Familie verdient Rücksicht:

Klar benimmt sich deine Schwester wie eine dumme Schlampe und dein Bruder wie ein affenartiger Wischmopp. Klar sind deine Eltern mal wieder spießig wie nichts Gutes, und klar ist sogar der Sittich inzwischen spaßbefreit. Noch lange kein Grund, die Türen zu knallen, bescheuerte Schimpfwörter durchs Haus zu schreien und Musik in der Lautstärke einer Raketenabschussbasis zu hören. Benimm dich nicht wie ein kleines Kind, das seinen verdammten Lutscher nicht bekommen hat, sondern wie ein Erwachsener (der seinen Lutscher nicht bekommen hat).

Geschnorrt wird nicht:

Niemand mag Schnorrer. Schnorrer sind Leute, die schnorren, selbst aber nie etwas abgeben. Schnorrer sind gleichbedeutend mit eitrigem Ausschlag im Genitalbereich. Ewige Schnorrer gehören geteert und gefedert. Wenn du also Kettenraucher bist, komischerweise aber nie Kippen dabeihast, wirst du schon bald keine Freunde mehr haben. (Je nach Qualität der Freunde kann dies unter Umständen allerdings sogar positiv sein ...)

Geraucht schon mal gar nicht:

Zumindest nicht bei Leuten, die mit Zigaretten eher weniger am Hut haben. Auch als Gast von Kettenrauchern sollte man nachfragen, ob Dampfen in Ordnung ist. Bekommt man als Antwort »Nein – lieber nicht«, haben die Gastgeber entweder einen ganzen Zirkus inklusive Balancierstange gefrühstückt oder sind in eine Phase subtilen Zynismus geraten.

24 Kleidung anpassen:

Man betritt nicht in Badehose eine Kirche. Genauso wenig in matschigen Gummistiefeln eine Bücherei. Auch besucht man eine Beerdigung weder in roten Turnschuhen noch einem Shirt mit der Aufschrift *Sterben ist voll der Hammer.* Jeder Anlass hat einen Dresscode, man muss ihn nur herausfinden.

25 Guten Morgen! Guten Abend! Gute Nacht!:

Auch für intellektuelle Bildungsanfänger ist es nicht besonders schwierig, ganz einfache Begrüßungsformeln herauszupressen – auch gegenüber Leuten, die man eigentlich mit der Kneifzange nicht anfassen möchte. Höfliches Verhalten, vernünftige Begrüßung mit Handgeben, vielleicht noch ein »Wie geht's«, und eine angemessene Abschlussbemerkung im Sinne von »Auf Wiedersehen«, »Bis bald« oder »Fick dich, du Arschloch« gehören heutzutage zum klassischen Grußrepertoire eines Mannes!

21. KAPITEL

25 Dinge,
DIE DU IM FALLE EINER
ZOMBIE-APOKALYPSE
BEACHTEN SOLLTEST

Auch wenn wir die Wahrheit gerne verdrängen, wissen wir doch nur allzu gut, dass sie irgendwann kommen wird: die große Zombieapokalypse. Unsere Politiker haben nur schlicht und einfach nicht den Mut, es uns zu sagen. Vielleicht auch, weil sie längst geheime Verträge mit den Zombiebotschaftern abgeschlossen haben, welche ihnen selbst ein Leben im

Überfluss garantieren, während die anderen 99,9 Prozent der Bevölkerung (also du und ich und die anderen) ziemlich fix entweder als knabberig-knackiges Nahrungsmittel dienen oder sich in lebende Brötchen verwandeln werden. Die Apokalypse steht also praktisch vor deiner Haustür, mit dem verfaulten Finger am Klingelknopf. Diese Apokalypse wird völlig anders verlaufen, als es in der Bibel steht, und eine Sintflut wird auch nicht kommen, was die Sache aber nicht besser macht. Die Frage ist also nicht, ob das Ende kommen wird, sondern wann, und die einzig korrekte Antwort darauf ist: bald. In einigen Fernsehsendern, gerade im Nachmittagsprogramm, haben die ersten Zombies bereits Einzug gehalten. Sie sind dumm wie Toast, ungewaschen und reden unverständliches Zeugs, sofern sie überhaupt reden können. Früher oder später, da sind sich alle Wissenschaftler einig, werden sie sich gegen das Unterdrückungssystem der Lebenden auflehnen und uns kurzerhand allesamt abschlachten.

Zombies sind eigentlich total nette Leute, leider haben sie aber kein Hirn mehr und können sich ans Nettsein nicht mehr so richtig erinnern. Sie haben keine Seele und werden lediglich von zwei Instinkten angetrieben: der Suche nach Futter und der Suche nach noch mehr Futter. Meistens beginnt so ein Zombieleben mit einem Virus, der sich ratzfatz über die ganze Welt verbreitet und jeden infiziert, der nicht zufälligerweise immun ist. Immunität alleine reicht aber nicht, denn fressen können sie dich trotzdem noch. Also musst du dein gemütliches Bettchen verlassen, das Masturbieren verschieben und dich mit den Bastarden anlegen. Was aber einfacher ist, als es aussieht. Oder umgekehrt. Jedenfalls gilt es einige Grundregeln zu beachten, damit du am Ende einigermaßen überlebend aus der Sache rauskommst und mit dem letzten Mädchen auf der Welt, natürlich auch immun und hoffentlich tageslichttauglich, eine neue Gesellschaftsordnung aufbauen kannst.

INFOS RETTEN LEBEN!

Das Blöde ist nur, dass du an Infos gar nicht mehr so einfach herankommst. Klar kannst du im Internet nach Infos suchen, wie man Zombies killt, aber meistens gibt es nach einer Zombieapokalypse gar kein Internet mehr. Gleiches gilt für Strom. Und auch der beste Akku nützt dir nichts, wenn das weltweite Datennetz nicht mehr existiert. Du bist also allein auf dein Köpfchen angewiesen, was aber natürlich kein Problem ist. Du musst nur in die ganz hinteren Bereiche deines Gehirns vordringen, wo du dein Zombiewissen versteckt hast. Ach ... so weit nach hinten kommst du nicht? Das ist natürlich blöd. Da wäre es sinnvoll gewesen, wenn du schon vor Tag X eine Art Zombiebibliothek angelegt hättest, mit Infos über Kriegsstrategien und darüber, wie du Zombies am besten die Birne wegpustest, notfalls auch ohne Knarre, sondern nur mit Strohhalm. Ohne Strohhalme kannst du gleich nach Hause gehen! Aber natürlich hast du in deiner unermesslichen Dusseligkeit keine solche Bibliothek aufgebaut. Also bleibt dir nur noch eines: dein stets auf Hochtouren arbeitender männlicher Instinkt! Sollte ausreichen. Ach ja, und die folgenden Hinweise natürlich, nur um auf Nummer sicher zu gehen ...

2 HALTE DICH FIT!

Denn vollschlanke Leute bewegen sich zumeist eher suboptimal (langsam oder sehr langsam oder gegebenenfalls auch rollend) fort und können sich, da sie mit wenigstens einer Hand einen Döner, Cheeseburger und eine Schlachtplatte mit Schnitzeln festhalten, nicht richtig wehren. Dicke, fette und total kugelige Menschen sind nur dann im Vorteil, wenn sie auf abschüssiger Strecke von einem Zombierudel verfolgt werden. In diesem Fall können sie sich gepflegt auf die Straße werfen und den Rest des Weges rollend verbringen. (Und dass dicke Menschen schneller rollen als dünne, oder gar Zombies, ist eine Selbstverständlichkeit.)

Gerade in den Tagen vor der Zombieapokalypse ist es für dich also sehr wichtig, auf deine Ernährung zu achten und Sport zu treiben. Da der Termin der Apokalypse mit Sicherheit von deiner Regierung rechtzeitig bekannt gegeben wird, solltest du dich mit etwas Disziplin problemlos auf den Tag X vorbereiten können. Im Sinne dieses vorbereitenden Survivaltrainings solltest du vor allem Dauerlauf und schnelle Sprints üben. Gegen ein gepflegtes Bauchmuskeltraining ist natürlich auch nichts einzuwenden.

3 NUR GUCKEN, NICHT ANFASSEN!

Wenn ein Mädchen sich gerade erst zum Zombie gewandelt hat, ist sie meistens noch ziemlich ansehnlich und sexy. Da sie keinen eigenen Willen mehr hat, denkst du natürlich, wie jeder Mann: Haben wollen! Bedenke aber, dass du mit einer Zombie-Maus keine Gespräche führen kannst. Doch das hattest du wahrscheinlich ohnehin nicht vor. Falls du eine sexuelle Aktion planst, ist es hilfreich, ihren Kopf entweder festzubinden, eine Kiste Bier daraufzustellen oder den Kopf direkt abzuschlagen. Vorsicht: Manchmal leben die Köpfe weiter – auch tote Köpfe haben Zähne und können zubeißen. Küssen geht gar nicht, es sei denn, du entfernst vorher ihre Zähne, was ungemein zeitraubend wäre. Das Sicherste ist: Finger weg, auch wenn es schwerfällt. Mit etwas Glück findest du irgendwo ein Mädel, das noch nicht infiziert wurde und trotzdem auf dich abfährt.

FLÜCHTEN UND FRESSEN!

So ziemlich das Blödeste ist es, einfach zu Hause zu bleiben und abzuwarten. Abwarten mag am Anfang noch ganz nett sein; schon bald aber werden die Lebensmittel im Kühlschrank sich grün verfärben und anfangen, sich miteinander zu unterhalten. Die Klospülung geht auch nicht mehr. Ja, und auch dein Handy wird mangels Elektrizität ziemlich fix den Geist aufgeben. Gleiches gilt für Radio, Fernseher, Computer und Stabmixer, was schade ist, denn einen Stabmixer kann man wunderbar in ein Zombiegesicht drücken. Im Zweifelsfall lässt sich aber auch ein Gerät benutzen, welches man gemeinhin für Klo-Verstopfungen verwendet: der mächtige Pümpel. Und ja, dies ist in der Tat ein sanitärtechnisches Fachwort.

So hart es auch ist, du musst dein Zuhause verlassen, mit oder ohne Pümpel, allein schon, weil du Futter brauchst. Denk aber daran, dass Zombies ebenfalls Futter brauchen, was eventuell beziehungsweise mit hoher Wahrscheinlichkeit zu geringfügig tödlichen Konflikten führen könnte. Du brauchst einen Ort, der nahe dran ist an Nahrungsquellen und vor allem an Wasser. Notfalls geht auch Schnaps. Dieser Ort sollte außerdem über Fluchtmöglichkeiten verfügen. Hier gilt es zu bedenken: Jede Tür, die *dir* als Fluchtmöglichkeit dienen kann, könnte von Zombies, so dämlich sie auch sind, als Eingangsbereich wahrgenommen werden. Weise am besten mit einem Schild »Zombies müssen draußen bleiben« darauf hin, dass du ungestört bleiben möchtest. Da Zombies sehr wohl des Lesens fähig sind und sich durchaus an klar formulierte Regeln halten können, bist du damit auf der sicheren Seite.

EFFEKTIVES TÖTEN LEICHT GEMACHT!

5

Nichts gegen Pümpel, aber auf Dauer sind die Dinger schlicht und einfach nicht effektiv genug. Besser sind Kettensägen – leider gibt es aber keinen Strom, und ohne Strom machen die Dinger nur halb so viel Spaß. Außerdem sind sie schwer in der Hand zu halten. Stattdessen: Messer und Knarren! Mit Messer meinen wir nicht den Kartoffelschäler aus Omas Vorkriegsküche, sondern ein richtiges Buschmesser, mindestens einen halben Meter lang. Und unter Knarren verstehen wir so ziemlich alles, was schießt und wehtut. Wo aber herkriegen? In Amerika wäre das kein Problem, in jedem beliebigen Haushalt finden sich dort ganze Sortimente. In Europa allerdings ist man ziemlich am Arsch und sollte Ausschau halten nach einem Waffengeschäft. Hier wäre es auf jeden Fall wichtig, dass du deinen Ausweis dabeihast, bedauerlicherweise sind Waffen nämlich nicht für jedermann zugänglich. Mit etwas Glück ist der Besitzer oder Verkäufer des Waffenladens allerdings a) tot oder b) zombie-iert. In diesem Fall hat sich die Sache mit dem Ausweis erledigt. Du kannst dich ganz ungeniert bedienen. Tipp für Profis: Nimm auch die entsprechende Munition mit! Knarren ohne Munition sind zwar total schön anzusehen, haben aber einen eher begrenzten Wirkungsradius.

Generell lässt sich so ziemlich alles als Waffe benutzen, allerdings muss man mit den meisten dieser Waffen ziemlich nah ran an den Zombie, was, wie jeder weiß, dieser nur bedingt geil findet (Eindringen in die Privatsphäre und so). Entsprechend ungehalten wird er reagieren ... Deshalb: Nichts gegen Waffen wie Nagelfeilen, Gabeln, Löffel, Toaster, Radiergummis, Blumentöpfe oder Käsereibe, sie alle haben ihren Nutzen und ihre Existenzberechtigung; mit etwas Pech hast du deine eigene Existenzberechtigung allerdings schnell verloren, wenn du dich zu sehr auf solchen Firlefanz verlässt. Sei ein Mann und knall die Teile ab! Thema erledigt.

6 DIE RICHTUNG CHECKEN!

Zombies sind eigentlich hochintelligente Lebewesen, die in ihrer Freizeit am liebsten philosophische Fachbücher lesen und mit Vorliebe über neuartige psychologische Erkenntnisse diskutieren. Bedauerlicherweise haben sie keine Freizeit und kommen daher auch eher weniger zum Lesen. Manchmal sogar überhaupt nicht, was wirklich sehr schade ist. Von morgens bis abends müssen Zombies grenzbescheuert durch die Gegend laufen, dabei die Arme nach vorne ausstrecken und dämlich vor sich hin grunzen. Zwischendurch müssen sie immer wieder irgendjemanden fressen, was einfach nur zeitraubend ist.

Klar, nicht jeder Zombie findet diese Art der Freizeitgestaltung gelungen. Aber biologische Vorgaben müssen eingehalten werden. Pferde fangen schließlich auch nicht plötzlich an zu fliegen. Dann wären es keine Pferde mehr, sondern Flugsaurier. Wie nun aber kannst du hochintelligente Lebewesen wie Zombies bekämpfen? – Ganz einfach! Mit der enormen Kraft deines männlichen Verstandes. Zombies betrachten die Welt als gigantisches Schachspiel mit angrenzender Imbissbude, folglich musst du Schach lernen, um nicht in der Fritteuse zu landen. Dein männlicher Verstand wird gegenüber einem Zombieverstand stets die Oberhand behalten, es sei denn, du bist sturzbetrunken. Im Falle einer Zombie-Apokalypse also Finger weg vom Alkohol, auch wenn es sich beim Saufen um ein sehr schönes Hobby handelt. Aber Hobbys waren gestern: Du wirst im Zombiekrieg keinerlei Freizeit mehr haben; sei froh, wenn die Zeit zum Pissen reicht. Dein wesentlicher Job ist es nämlich, wegzulaufen. Aber wohin denn bloß? Die Frage ist berechtigt, lässt sich aber einfach beantworten. Nehmen wir an, die Zombiehorde greift von Norden her an. Volldeppen mit Waldorfschulabschluss laufen in diesem Moment – genau: Richtung Norden. *Du* hingegen kennst die Himmelsrichtungen ganz genau (alle vier!) und wirst dich nach Süden absetzen. Diese an Genialität grenzende Taktik funktioniert tadellos, zumindest bis die Zombies sie durchschaut haben.

GESUND UND VITAMINREICH NASCHEN!

7

Zwar ist es verständlich, dass du das letzte auf Erden existierende Reh, gerade erst mit viel Liebe und Sorgfalt erschossen, sofort braten und dann mit einem Bierchen als Runterspüler verputzen möchtest, dennoch sei vom Braten abgeraten. Zombies haben ausgezeichnete Riechklumpen und wittern den dezenten Duft von gegrilltem, gebratenem oder geröstetem Bambi über Tausende von Meilen. Aus diesem Grund ist es unerlässlich, lediglich solche Nahrung zu verzehren, bei deren Herstellung kaum Gerüche entstehen. Was bitte ist denn gegen eine schöne Brennnesselsuppe einzuwenden? Eventuell mit einem leckeren Stein, den man gerade am Wegesrand gefunden hat? Oder einfach beliebige Früchte, die auf beliebigen Bäumen wachsen und beliebig giftig sind? Rot, grün, gelb oder orange? Hauptsache, das Zeug bringt etwas Farbe ins Essen! Erfahrene Naturliebhaber wissen außerdem, dass Blätter zwar total beschissen schmecken und auch überhaupt gar nicht satt machen, aber trotzdem elementarer Bestandteil eines schmackhaften Baumrindensalats sein können, eventuell mit einem saftigen Tannenzapfen als Beilage!

Übrigens solltest du niemals, auch nicht im Falle größter Heißhungerattacken, einen gerade niedergesäbelten Zombie auffuttern, gleichgültig, wie fleischig er aussieht. Das Virus ist auch 1.000 Jahre nach seinem Tod noch aktiv. Folglich wirst du vielleicht satt, aber nicht für lange!

SPASSE NICHT MIT ZOMBIES!

8 Es ist verständlich, dass du gerade in Zeiten größter Langeweile beschließt, Zombies zu verarschen oder ihnen sogar bösartige Fallen zu stellen. Einfach nur, um den Fun-Faktor zu erhöhen. Aber was bitte willst du damit erreichen? Was bildest du dir ein, derart grausam zu sein? Handelt es sich nicht auch bei Zombies um Geschöpfe Gottes? Hat er nicht auch Zombies nach seinem Ebenbild geschaffen? Zombies sehen vielleicht nicht aus wie du und ich und sind meistens eher kacke gelaunt, was bei einer derart miserablen Optik wenig überraschend sein dürfte, das ist aber noch lange kein Grund, ihnen das Leben noch mieser zu gestalten. Außerdem sind Zombies – eine Charakterschwäche – absolut spaßfrei und tendieren im Verarschungsfalle dazu, unbeholfen aggressiv zu reagieren. Sie geben dann furztrockene Grunzlaute von sich und laden damit ihre Kumpels zur Party ein. In der Gruppe wiederum neigen Zombies und Zombienen dazu, noch aggressiver und angepisster zu sein als üblich, was sich, konsequent zu Ende gedacht, zu einem baldigen Ableben entwickeln wird – nämlich deinem.

9 SCHIESS IN DIE GLOCKE!

Besorge dir eine Waffe. Pistole oder Gewehr. Lerne schießen. Ziele immer direkt auf den Kopf. Arme und Beine und Finger und Zehen zu erschießen ist großartig, hilft dir aber nicht weiter. Auch ein Schuss in die Brust verdient absoluten Respekt, ist aber ebenso nutzlos. Für Zombies ist sowas nichts anderes als ein Mückenstich. Einzig korrekte Art der Erschießung: mitten in den Schädel. Sicherheitshalber gerne zwei- oder dreimal. Nur unverbesserliche Optimisten sind nach einem Kopfschuss bereits happy und drehen dem vermeintlich toten Opfer den Rücken zu. Ein geübter Zombie wird sich diesen Moment der Dusseligkeit zunutze machen und dir fröhlich im Kreis grinsend von hinten die Kehle zerfleischen.

BALLSPIELEN GEHT IMMER! 10

In der Tat eignen sich Zombieköpfe, zuvor fein säuberlich mit einer rostigen Heckenschere abgetrennt, gar herrlich als Fußbälle, Handbälle, Federbälle etc. Da Zombieköpfe relativ fix ihre Haare verlieren, ist auch der Luftwiderstand recht gering. Der Ball liegt perfekt in der Luft, gleitet regelrecht über den Rasen und ist trotz leichter Ei-Form fast schon als rund zu bezeichnen. Ein enormer Vorteil des Zombieballes gegenüber handelsüblichen Bällen aus Leder ist der sprachliche Input: Nur, weil die Birne vom Körper getrennt ist, heißt das noch lange nicht, dass sie nicht mehr sprechen kann. Ganz im

TRAINIERE DEINEN ZOMBIE!

So eine Apokalypse ist ganz bestimmt kein Kindergeburtstag. Du wirst jede Menge zu tun haben: Weglaufen, Wegrennen, Fliehen, Blätter essen, Pinkeln, Scheißen, Schlafen, Weglaufen, Wegrennen etc. – In dieser Notlage bietet es sich geradezu zwangsläufig an, Personal zu trainieren. Zombies sind dafür durchaus nicht ungeeignet, sind sie doch im Wesentlichen wie Hunde. Wenn auch wie besonders dumme Exemplare der kläffenden Gattung. So lassen sie sich nach einigen Tagen der Anprobe relativ problemlos in Ketten legen. Sie können dir dann in einigem Abstand beim Wegrennen hinterherrennen und dein Gepäck tragen, dir zur Unterhaltung schmutzige Witze erzählen oder einfach nur deine Lieblingslieder singen. (Welche du ihnen vorher allerdings in langwierigen Abendkursen qualvoll und schlagvoll beibringen musst. Auch Zombies können nicht alles!)

Du magst dich fragen, ob du hierbei nicht ein wehrloses, schwaches Gottesgeschöpf ausbeutest und entwürdigst – dies ist, hier sind sich alle Wissenschaftler einig, definitiv nicht der Fall. Zombies finden Sklaventätigkeiten klasse und reißen sich regelrecht darum. Diese konstante Jobsuche wird von Unwissenden häufig mit Hunger und Aggression verwechselt, was dazu führt, dass immer mehr unschuldige Zombies einfach mit einer Knarre umgenietet werden, anstatt entsprechend ihrer Bedürfnisse gefördert zu werden. Daher bedenke: Auch Zombies haben ein Recht auf einen erfüllten Tod im Rahmen ihrer berufsmäßigen Qualifikationen!

11

Gegenteil: Der Kopf hat ohne Körper (und lästige Stimmbänder) nun endlich Gelegenheit, sich kommunikativ mitzuteilen. Beim Fußballspielen ist darauf zu achten, dass Zombies, die in ihrem vorherigen Leben Schiedsrichter waren, mit ihrem ewigen Erläutern der Regeln auf Dauer lästig werden können. In diesem Fall sollte man einfach auf sie draufspringen.

ZOMBIE.KILLER

A) Zombies schlafen nicht. B) Menschen schon. Also brauchst du folgerichtig was? Richtig! A) Einen Schlafplatz. B) Einen Schlafplatz, den Zombies nicht erreichen können. Ideal hierfür: A) Ein höher gelegener Ort, zum Beispiel oben auf oder in einem Vogelhaus. Oder B) Ein noch höher gelegener Ort, zum Beispiel ein Hochhaus. Zombies können nicht klettern und/oder haben keinen Bock darauf. Wenn du auch nicht klettern kannst, und/oder keinen Bock darauf hast, bleibt nur eine Behausung mit abschließbaren Türen und Fenstern und einem Notausgang, den man auch tatsächlich öffnen kann. Eine an die Wand gemalte Tür mit der Beschriftung »Notausgang« ist meistens problematisch. Nicht als Rückzugsort geeignet sind Klokabinen. Sicherlich sind sie luxuriös ausgestattet, meist sogar mit fließend Wasser und ausreichend Papier zum Flugzeugfalten, auch die Klobrille lädt aufgrund ihrer behaglichen Form zum gemütlichen Verweilen ein. Aber wo verdammt willst du hin, wenn ein armer, ausgemergelter Zombie ebenfalls Lust auf genau diese Klokabine hat? Im absoluten Notfall hilft nur noch die Zombie-Genital-Therapie: Kabinentür sehr schnell öffnen, Zombie mit brachialster Gewalt in die Klöten treten und in Höchstgeschwindigkeit das Weite suchen. Bei einer eventuellen zweiten Begegnung mit obigem Zombie kannst du allerdings davon ausgehen, dass sich seine Begeisterung, dich zu sehen, in Grenzen halten wird ...

ZOMBIES DON'T SLEEP

SHOPPING IN DER OBSTABTEILUNG!

Für den Fall, dass du irgendwann des Blätter- und Baumrindenmulchdrecksfraßes überdrüssig wirst und zudem Lust auf solche hygienischen Scherzchen wie Seife oder Deo hast, weil du einfach stinkst wie ein abgelaufener Otter mit Pickeln am Po, geh halt shoppen! Nur weil die Zivilisation zusammengebrochen ist, muss man noch lange nicht riechen wie ein Scheintoter. Praktisch an einer apokalyptischen Weltordnung ist, dass du dafür noch nicht einmal mehr die üblichen Zahlungsmittel brauchst (Geld, deinen Körper etc.). Leider, und dies ist die unpraktische Seite der Medaille, sind die meisten Geschäfte wahrscheinlich längst von anderen Arschlöchern geplündert worden. Es braucht also ein wenig Geduld. Mit etwas Glück findest du einen noch jungfräulichen Laden, der vielleicht sogar mit Strom versorgt wird (= frische Milch, frischer Magerquark, frisches Schweineschmalz mit frischer Sülze). Auch wenn du sofort euphorisch zur Sache willst, solltest du nicht vergessen, dass auch Zombies auf frisches Schweineschmalz mit frischester Sülze abfahren. Dafür gehen sie quasi über Leichen! Betritt also jeden Laden, selbst Schuhgeschäfte oder solche für Wellensittichzubehör, stets mit einer geladenen Kanone, einer rostigen Heckenschere und/oder einem Pümpel! Zum Auskundschaften der Lage kann man sich übrigens wunderbar in einem umgedrehten Einkaufswagen verstecken! Die meisten Zombies lungern naturgemäß an der Fleischtheke herum; in der Obst-und-Gemüse-Abteilung solltest du also keinerlei Probleme haben, wobei es allerdings keinen vernünftigen Grund gibt, diese Abteilung aufzusuchen, sofern du dir auch nur noch einen Rest von Männlichkeit bewahrt hast!

13

MACH DEIN EIGENES DING!

14 Früher oder später wirst du auf andere Überlebende treffen. Besteht diese Gruppe im Wesentlichen aus verängstigten, bildhübschen Mädchen, die es gerade noch so aus ihrer Modelschule herausgeschafft haben, solltest du bei ihnen bleiben und dich zu ihrem neuen Gott und Führer ernennen. Ansonsten gilt: Teamwork ist scheiße! Mach deinen Kram lieber alleine. Das geht schneller, und wenn du stirbst, bist du wenigstens selbst für deinen Tod verantwortlich. Eine Gruppe mag nett und sympathisch sein – aber nur in Friedenszeiten. In Zombiezeiten bedarf es des individuellen Einzelgängers, der unbeirrt, am besten mit einem langen, im Wind wehenden Mantel bekleidet, seinen Weg geht und jedes Hindernis eiskalt aus dem Weg räumt. In einer Gruppe müsste man genau darüber erst lang und breit debattieren. 20 Volldeppen würden tatsächlich diskutieren, ob der Zombie, der in zwei Meter Entfernung mit geöffneten Armen und einem Magengrummeln in Donnerlautstärke bereitsteht, wirklich eine Art Einladung ausspricht, ob man diese Einladung annehmen oder ablehnen sollte, ob man gegebenenfalls gar ein Geschenk mitbringen müsste, und wenn ja, was für eines, und ob die Sache nicht sowieso ein klein bisschen zu spontan ist. Wenn Gruppe, dann allerhöchstens bestehend aus drei Leuten. Weil zwei Leute noch keine Gruppe sind und vier Leute schon wieder eine Ansammlung von Idioten.

HILFE LEISTEN MIT VERSTAND!

15 Es ist eine gute Sitte, Menschen in Notlagen Hilfe zu leisten. Wird also jemand in deiner Nähe von einem Zombie angegriffen, biete in aller Freundlichkeit an, das Vieh beim fröhlichen Löffelabgeben zu unterstützen. Aber Vorsicht: Es ist nicht nötig, jedem zu helfen. Wenn man erst mal damit anfängt, kann man kaum noch aufhören, weil man sich in seine Heldenrolle verliebt. Besser ist es, sich im Vorfeld das potenzielle Ich-bin-gleich-tot-Opfer genau anzusehen, bevor man sich selbstherrlich und ungefragt einmischt. Unter Umständen stellst du fest, dass der Hilfesuchende gar keinen Existenzberechtigungsschein vorweisen kann. Weshalb also helfen? Weil man das eben so macht? Also bitte! So geht es nun wirklich nicht. Sämtliche staatliche, moralische und religiöse Ordnung ist zusammengebrochen, es gibt also null Grund, nach althergebrachten Wertvorstellungen zu leben. So hart es auch klingt: Manchmal ist es – auch um das Überleben der gesamten Spezies Mensch zu retten – sinniger, einfach mit einer gesunden Spur Egoismus an eine Ich-brauche-Hilfe-Situation heranzugehen. Stell dir nur mal vor, du rettest jemanden und besagter Jemand will dann bei dir bleiben, deinen Proviant mit dir teilen, deinen Schlafplatz mit dir teilen und am besten noch deine alten Socken mit dir teilen! Besser ist es also, gar nicht erst in solche Situationen involviert zu werden. Außerdem wäre es menschlich falsch, einem Zombie das Recht auf Nahrung zu verwehren, nur weil seine biologische Gesamtsituation anders als deine eigene, soll heißen: gerade wenig erquicklich, ist. Solange du selbst nicht das Futter bist, ist alles absolut in Ordnung!

VORAUSSCHAUENDES VORAUSPLANEN!

Es nützt nichts, für alles nur einen Plan A zu haben. Stets ist ein Plan B notwendig. Genauso wie Plan C und D und E – gerne auch, falls du viel Zeit haben solltest, bis Z. Wenn du also unterwegs sein solltest, natürlich mit einem geklauten Auto, brauchst du Notfallpläne für den Fall, dass das Benzin ausgeht, ein Reifen platzt, die Straße ins Nichts führt, du nicht den Hauch einer Ahnung hast, auf welcher Straße du dich eigentlich befindest oder wo sie hinführt, du weiterhin überhaupt nicht weißt, wie man Auto fährt, du auf einmal von einer Hundertschaft Zombies aufgehalten wirst oder ganz plötzlich – gar nicht mal so unrealistisch – der Planet von außerirdischen Rattenwesen im Großformat überfallen wird.

Jedes Problem für sich genommen ist für einen normalen Mann keine große Sache. Was aber, wenn alles zusammenkommt und es dabei auch noch aus Kübeln regnet und deine Haare nass werden? Ohne Notfall- und Ersatzpläne und Ersatzpläne für Ersatzpläne der Ersatzpläne bist du komplett hinüber. Jede Schwierigkeit, die dir auf deinem Weg begegnen könnte, muss wohldurchdacht kalkuliert werden! Stets bedarf es dabei der Möglichkeit einer strategischen Neuausrichtung der Vorgehensweise. Und falls sich eine solche wirklich einmal so gar nicht anbietet: Sei ein Mann! Erst schießen, dann fragen!

16

BLINKER SETZEN UND VORBEI!

Falls vor dir auf der Straße Zombies auftauchen und du zu Fuß unterwegs bist, bietet sich ein Überholmanöver an. Hierzu umgehst du die Biester weiträumig (links, rechts oder einfach drüberhüpfen) und tauchst dann spontan vor ihnen wieder auf. Zombies freuen sich über Überraschungen wie kleine Kinder über einen Lutscher mit Spinatgeschmack und werden sofort versuchen, die Verfolgung aufzunehmen, was ihnen aber aufgrund ihres genetisch bedingten Tempos nicht gelingen wird. Bekanntlich ist das typische Zombietempo mit dem einer mehrfach überfahrenen Schnecke gleichzusetzen. Außerdem haben Untote eine Art Hinkebein, unabhängig davon, ob sie verletzt sind oder nicht. Der Körper des laufenden Toten geht also nach dem Ableben in eine Art Ich-find-Laufen-eh-scheiße-Status über und ist somit nicht wirklich gefährlich, zumindest so lange nicht, bis du zwischendurch ein Nickerchen machst. Das rechtzeitige Aufwachen ist somit absolut erforderlich, denn auch überfahrene Schnecken kriechen eiskalt weiter, immer dem Geruch von Happa hinterher.

17

NICHT BEISSEN LASSEN!

18 Aus medizinischen Unterlagen der Erd-Urge-schichte ist überliefert, dass ein Zombiebiss zu-mindest am Anfang nicht schlimmer ist als ein Mückenstich. Es tut vielleicht weh, und vielleicht vermisst du den einen oder anderen Brocken Fleisch an deinem Körper – aber tot bist du deshalb noch lange nicht. Bis sich dein Körper endgültig transformiert hat, vergehen bis zu zwölf Stunden, von denen du zumin-dest die ersten beiden noch bei vollem Bewusstsein erleben kannst. Toll! Alsdann allerdings erhöht sich deine Tempera-tur, du schwitzt und scheißt aus allen Körperöffnungen und fühlst dich, als hättest du Matsch in der Rübe. Spätestens zu diesem Zeitpunkt solltest du deinem Leben ein ziemlich baldiges Ende gönnen, sofern du nicht als latschende Mumie enden möchtest. Dir bleiben nur noch Minuten – Minuten allerdings, die für einen Sprung von einem Wolkenkratzer (am besten mit dem Kopf voran) völlig ausreichen dürften. Stelle aber vorher sicher, dass du dich auch wirklich oben befindest. Bist du nämlich unten, hilft das Springen nicht sonderlich weiter. Falls mutig genug, kannst du dich auch erschießen, erdolchen oder erhängen, oder einfach mit viel Gebrüll gegen eine Wand rennen.

Wir wünschen einen schönen Tod! Um genau zu sein, be-sagter Tod hat sich bereits direkt beim Biss angemeldet. Ab dann gibt es nichts mehr, um den Veränderungsprozess umzudrehen. Gerade aber die ersten beiden Stunden direkt nach einem Biss solltest du noch nutzen, um so viele Zom-biezecken wie möglich zu erledigen! Wenn Männer schon draufgehen, dann nicht ohne erhöhten Body-Count!

19 IMMER SCHÖN MÄNNLICH SEIN!

Zombies sind zu blöde, um menschliche Gefühlsregungen zu erkennen. Oder sie haben einfach keine Lust drauf. Du kannst also grinsen, gackern, kichern, nicht kichern, böse gucken, traurig gucken, dämlich gucken oder gar nicht gucken – für einen geübten Zombie ist es völlig schnuppe. Zombies haben null Empfindungen und daher auch null Angst. Hier zeigt sich, dass ihre DNA offenbar ausschließlich aus männlichen Empfindungen besteht. Wenn also Zombies keine Angst haben, weshalb solltest *du* welche haben? Angst ist ein lächerliches, in jeder Hinsicht irrationales Gefühl, zum ersten Mal gesichtet bei Adam und Eva und später beim Neandertaler. Leider ließ sich die Verbreitung der Angst nicht aufhalten, sodass sie sich über Jahrhunderte hindurch wie ein bösartiger Parasit vor allem in weiblichen Körpern einnisten konnte. Da soziologisch gesehen Männer leider immer femininer werden (erkennbar an Haaren, Kleidung, Schmuck, Hygiene), wird heutzutage auch das Angst-Bakterium immer wieder auf sie übertragen. Schützen kann man sich als Mann vor den erschreckenden Auswirkungen der Krankheit lediglich mit einer ordentlichen Portion Ignoranz und dem Spruch »Was mir Angst macht, wird erschossen!«.

MACH DOCH MAL DIE MUCKE AN!

Vielleicht gehörst du zu denjenigen Jungs, die lieber diskutieren als gleich jemandem die Birne wegzuballern? Bist also eher der schüchterne und passive Typ? Macht gar nichts – auch mit Passivität kann man Zombies Böses tun. Töten gehört zwar nicht dazu, aber Vertreiben ist ja auch schon etwas. Zu diesem Zweck ist es erforderlich, ein Musikinstrument mit sich herumzutragen. Hier bieten sich vor allem kleine Gerätschaften wie Blockflöte, Triangel, Gitarre oder Konzertflügel an. Irgendetwas also, was dich beim Wegrennen oder Klettern nicht behindert. Zombies haben ein sehr feines, empfindliches Gehör, welches extrem gereizt auf falsche Töne reagiert. Hören sie also Musik, die verdächtig überhaupt nicht nach Musik klingt, sondern eher nach Krähengekreische, beginnen sie automatisch, wie besoffene Iltisse im Kreis zu hüpfen und sich dabei die verschrumpelten Hände vor die noch verschrumpelteren Ohren zu halten. Sie zeigen dabei ein schmerzverzerrtes Gesicht, sofern Gesicht für eine derartige Visage noch ein angemessener Ausdruck sein kann. Falls kein Instrument zur Hand ist: Das bewusst beschissene Singen (Männer sind hier klar im Vorteil!) beliebter Countrysongs oder deutscher Schlagermelodien erfüllt ebenfalls seinen Zweck. Das Konjugieren lateinischer Verben, obgleich ein wahnsinnig freudvolles Hobby, funktioniert allerdings zur Zombievertreibung nicht die Bohne!

20

RETTE DIE MENSCHHEIT!

21

Du bist vielleicht der letzte männliche Überlebende der Menschheit. Vielleicht auch nicht – aber von dir wird erwartet, dass du genau nach dieser Voraussetzung vorgehst. Du bist der Letzte. Der Einzige. Demnach ist es deine einzige und primäre und zentrale Aufgabe, das letzte weibliche Überbleibsel der Menschheit zu jagen, zu finden, zu vernaschen und somit den Fortbestand der menschlichen Rasse zu sichern und eine neue Zivilisation aufzubauen. Vielleicht aber fühlst du dich fürs Kinderkriegen noch ein wenig zu jung? – Verständliche Sorge, doch derartige Gedanken müssen der Vergangenheit angehören. Die Zukunft der Menschheit kann nicht an deine Sorgen und Nöte gebunden sein. Vielmehr musst du tun, was nötig ist, also eben Kinder in die Welt setzen. Nicht empfehlenswert sind dabei allerdings sexuelle Aktivitäten mit Zombie-Girls: Zwar können Zombies schwanger werden, leider sind ihre Babys aber auch Zombies und müssen direkt nach der Geburt entsorgt werden. Ein zeitaufwendiger, kraftraubender Vorgang, auf den du dich gar nicht erst einlassen solltest, da er deinem Plan der Existenzsicherung der Menschheit in keiner Weise dienlich ist. Merke: Ab dem Beginn der Zombieapokalypse ist dein Dasein als normaler Junge beendet. Zehnmaliges tägliches Masturbieren gehört ab sofort der Vergangenheit an: Behandle deine Genitalien sorgfältig – sie sind schließlich die Bewahrer der Zukunft!

LERNE NAHKAMPF!

22 Zombies sind hochproblematische Gegner in einer Mann-gegen-Mann-Situation. Zwar sind sie außerirdisch langsam, aber bekanntlich kann schon die kleinste Unachtsamkeit deinerseits zum Übergang in die Anderswelt führen. Wie hinlänglich erwähnt, ist es zwingend erforderlich, den Kopf des Zombies ins Visier zu nehmen, was schwierig ist, denn der menschliche/zombiotische Schädel ist härter als ein verdammter Diamant. Dennoch: Mit einem handelsüblichen Schraubenzieher (Farbe beliebig, gerne aber mit orange-rot-gelb-pinken Streifen zur Stimmungsaufhellung), lässt sich das Hirn problemlos durchstoßen, sofern besagter Schraubenzieher entweder in die Augenhöhlen oder durch die Ohren geknattert wird. Sollte einmal kein Schraubenzieher vorhanden sein (eindeutig ein Zeichen miserabler Vorausplanung), geht natürlich auch eine Bohrmaschine. Weniger sinnvoll sind – auch weil man zu großem Schwung ausholen muss, wofür man wiederum Platz braucht, den man wiederum in einer Close-Combat-Situation nicht hat –, Tennisschläger, Baseballschläger oder Käsereiben. Gleiches gilt für Rasenmäher und Flammenwerfer (auch wenn Rasenmäherliebhaber und Flammenwerferfanatiker natürlich anderes behaupten würden)! Auch die Theorie, derzufolge man einen Zombieschädel am idealsten mit dem Arm des Zombies zersplittern kann, ist arg fragwürdig – und arg anstrengend, da vor dem Schädel-Splitten bekanntlich erst der Arm entwurzelt werden muss. Trotzdem: Für Zuschauer sicherlich ein schöner Kniff in der ansonsten öden Welt der Zombiemetzelei.

BLOSS KEIN KLIMAWANDEL!

23

Falls du auf die ständige Latscherei keine Lust mehr hast und dir irgendwo eine Bleibe suchen möchtest, achte darauf, dass sich diese nicht ausgerechnet inmitten einer Stadt befindet. Dein neues Zuhause muss isoliert liegen, am besten am absoluten Arsch der Welt, möglichst in einer eher kälteren Region. Besonders geeignet, wenngleich etwas schwer zu erreichen, sind in diesem Kontext Nord- oder Südpol. Zombies können Kälte nicht ausstehen; bei Minusgraden geht ihr Blut sofort in Eisform über mit der Konsequenz, dass sie einfach stehen bleiben wie Wachsfiguren, die man dann problemlos zum Beispiel mit dem gezielten Wurf einer Coladose zertrümmern kann. In Zeiten des Klimawandels wird es allerdings immer problematischer, Orte zu finden, die auch wirklich dauerhaft verfrostet sind. Und sobald sich die Bluttemperatur der Zombies auch nur leicht über null bewegt, sind sie leider wieder einsatzbereit und haben aufgrund des langen und anstrengenden Winterschlafes nur noch größeren Hunger als sonst schon. Übrigens sind gerade moderne und gebildete Zombiezottel, um das Erfrieren zu vermeiden, immer häufiger mit auf Batteriebasis betriebenen Heizdecken ausgestattet. In solchen Fällen solltest du entweder die Decke entwenden oder wenigstens die Batterien klauen!

KLAPPE ZU UND DURCH!

Zombies hören alles. Selbst das Ratschen des Reißverschlusses vor und nach dem Pinkeln ist für sie problemlos als Es-gibt-Essen-Sound zu identifizieren. Deshalb gilt: nur sprechen, wenn unbedingt nötig. Bist du alleine unterwegs, quatsche also weder mit dir selbst noch, wie zu Hause üblich, mit deinem Zauberstab. Wenn nicht zu vermeiden – allerhöchstens Flüsterlaute. Trage keine hochhackigen Schuhe auf Asphaltstraßen. Trage keinen Schmuck, der bei jeder Bewegung klimpert. Stell dein Handy auf lautlos. Anrufen tut dich eh keiner mehr. Spiele nicht Gitarre in einem scheinbar leeren Supermarkt. Pass beim Kacken auf, dass es nicht »plumps« macht. Erschieße nicht jeden Zombie, den du siehst. Zwar mag er ins Gras beißen, doch seine Verwandtschaft wird, angelockt durch den Knall, bestimmt gerne zur Beerdigung vorbeikommen. Trainiere daher den Schraubenzieher-direkt-in-die-Rübe-Weitwurf. Das ist deutlich leiser und macht auch noch mehr Spaß!

24

25 SAG TSCHÜSS!

Das Leben, wie du es einmal kanntest, existiert nicht mehr. Luxusartikel des ganz normalen Lebens sind nicht mehr von Bedeutung. Kein Mensch wird dich mehr schief ansehen, weil du die falschen Schuhe trägst oder keine Kohle übrig hast für Markenklamotten. (Letztere sind nach einer Zombieapokalypse übrigens meistens relativ günstig zu haben. Man sollte also die Chance nutzen.) Die Zeiten von Kopfkissen, Fernsehen, Videospielen und Dusche sind vorbei. Das Leben selbst *ist* ab sofort dein ganz persönliches *Resident Evil*. Sich waschen ist nicht mehr erforderlich. Zähneputzen überflüssig. Zahnarztbesuche ebenfalls. Dennoch gibt es keinen Grund, alle männlichen Werte fallen zu lassen und wie ein x-beliebiger Zombie nach Mundschiss zu riechen, auch das Ende der Welt muss nicht ohne Kaugummis auskommen.

Allein schon weil Karies und Parodontose in einer Welt ohne Zahnärzte zum schmerzhaften Ärgernis werden könnten. Ansonsten gilt: Freunde, Familie, Haustiere – sie leben nur noch in deinen Gedanken. Du musst jetzt auf eigenen Beinen stehen, soll heißen: eigene Entscheidungen treffen, selbstständig, klug und geschickt agieren, vorausschauend planen und dabei so viele Zombies wie nur möglich über den Jordan befördern! Wir wünschen frohes Erwürgen, Erschießen, Ersägen, Erhängen, Erpümpeln oder Ermetzeln!

22. KAPITEL

25

TOTAL BEKNACKTE

REKORDE

zum

NACHMACHEN

oder

BRECHEN

1) AM LÄNGSTEN KNUTSCHEN:

Der längste Kuss der Welt – siehe hierzu Kapitel 4, und wir wiederholen uns gerne – fand 2013 statt und dauerte gerade mal 58 Stündchen, 35 Minuten und 58 Sekunden. Sollte also locker zu brechen sein – du brauchst lediglich noch ein Mädel, das gerade nichts Besseres zu tun hat …

2) AM SCHWERSTEN HEBEN:

Mit der Zunge! Hier liegt der aktuelle Rekord bei elf Kilo. Einfach einen Haken in die Zunge rammen, Gewicht dranhängen, am besten gleich ein paar Kilos mehr, und ab geht's! Trainingszeit für den derzeitigen Rekordinhaber Thomas Blackthorne übrigens: lächerliche sechs Jahre, was in etwa der durchschnittlichen Verweildauer in der Oberstufe eines deutschen Gymnasiums entspricht.

3) AM ÄLTESTEN SCHEISSEN:

Ja, wir reden über menschliche Ausscheidungen, in Kurzform: Es geht um Kacke! Tatsächlich ist der am besten erhaltene und gleichzeitig älteste Kackhaufen wohl einem Neandertaler »entsprungen«, ungefähr vor 50.000 Jahren. Viele Wissenschaftler glauben allerdings: Es gibt noch viel ältere Kacke! Vielleicht solltest du also mal deine Sonntagnachmittage anstatt mit

Videospielen mit Im-Garten-nach-mensch-lichen-Köteln-Buddeln verbringen! Könnte sich lohnen! Oder aber du entschließt dich, deinen eigenen Stuhlgang in Mamas Geranien zu vergraben, in der vagen Hoffnung, dass besagter Haufen irgendwann einmal als Götterschiss identifiziert werden wird.

4) AM DÄMLICHSTEN SAMMELN:

Gartenzwerge nämlich. Ein crazy Hobby, für das du von jedem normalen Menschen verprügelt wirst, das aber trotzdem einen Heidenspaß macht – sofern du Drogen nimmst! Langsam anfangen, dann steigern und irgendwann so viele Zwerge besitzen wie eine mit Sicherheit völlig irrsinnige Irre namens Helga Eidenhammer aus Österreich. Sie besitzt eine stattliche Wagenladung mit schlappen 3.400 Zwergen – von winzig klein und hässlich bis zu einem Meter groß und noch hässlicher!

5) AM HÖCHSTEN BAUEN:

Mit Spielkarten. Passendes Anfängermotiv: der Pariser Eiffelturm. Dieses Scherzchen hat sich Bryan Berg gegönnt, der mit 75.000 Spielkarten in lockeren 120 Stunden nichts Besseres zu tun hatte, als einfach mal draufloszubauen. Kann man an regnerischen Nachmittagen auch prima mit Freunden nachmachen – oder es natürlich lassen und stattdessen das Klo putzen.

6) AM COOLSTEN BLEIBEN:

Wenn's draußen mal so richtig schön verschneit ist, liegt kaum etwas näher, als den Weltrekord im Kälte-Ertragen zu brechen. Man setze sich in den Schnee, nackt natürlich, bedecke sich mit dem weißen Kaltzeugs, trinke noch ein kühles Bierchen dazu und warte 47 Minuten – dann jedenfalls hat man den momentanen Rekord von Jin Songhao gebrochen und kann sich, nach Amputation aller erfrorener Gliedmaßen, so richtig schön freuen!

7) AM EI-FRIGSTEN STAPELN:

Und zwar hoch. Mit Eiern. Am besten allerdings nicht mit deinen eigenen. Wo gerade der Rekord im Eierstapeln liegt, ist uns nicht bekannt, was aber keine Rolle spielt, da du über zwei Eier eh nicht hinauskommen wirst. Bekanntlich ist bereits das Stapeln von zwei Eiern, ob nun von Hühnern, Osterhasen oder Riesenkakerlaken, eine nicht zu unterschätzende Aufgabe, die jede Menge Ruhe und Disziplin erfordert. Eier haben nämlich, kaum vorstellbar, die unschöne Angewohnheit, beim Hinstellen umzufallen. Blöde Sache, das Eierstapeln macht aber trotzdem Spaß! Kaputte Eier wiederum lassen sich supergut sammeln und am nächsten Tag ans Schulgebäude klatschen! Wenn übrigens aus unerfindlichen Gründen keine Eier vorhanden sein sollten: Als Ersatzprodukte zum Stapeln bieten sich zum Beispiel Bananen, Grashalme oder – für fortgeschrittene Stapler – Sandkörner an!

8) AM MATSCHIGSTEN KLATSCHEN:

Nur für den Fall, dass der obige Rekord-
versuch nicht funktionierte: Eier lassen
sich ganz hervorragend mit dem Kopf zermat-
schen. Ashrita Furman schaffte 2008 in nur
60 Sekunden immerhin 80 davon! Wahrscheinlichkeit der Knackbarkeit dieses Rekords:
100 Prozent!

9) AM PFANNIGSTEN ROLLEN:

Um quasi nebenbei herauszufinden, wie viel
Kraft du eigentlich hast, brauchst du nichts
weiter als eine ganz normale Bratpfanne.
Und wenn du es dann noch gebacken kriegst,
das Ding innerhalb von 30 Sekunden nur mit
der power of your hands aufzurollen, hast
du Scott Murphys Rekord aus dem Jahr 2007
gebrochen. Tipp: Vorher Mama fragen, ob die
Pfanne noch gebraucht wird!

10) AM WÄRMSTEN TRAGEN:

Ein total witziger Gag für zwischendurch
ist es, möglichst viele T-Shirts übereinander zu tragen. Eventuell brauchst du
aber die Hilfe von Freunden, da nicht davon
auszugehen ist, dass du tatsächlich 227
T-Shirts besitzt – so viele trug 2008 der
Belgier Jef Van Dijck übereinander. Gibt
auf jeden Fall ein tolles Selfie – sofern du
noch fähig bist, deine Arme auszustrecken.

11) AM LÄNGSTEN SEIN:

Nervt dich das dauernde Schneiden deiner Fingernägel auch so? Anstrengend und zeitraubend! Muss aber nicht sein. Gib deinen Nägeln die Chance zur Selbstentfaltung und lass sie einfach wachsen. Der Längenrekord eines Amerikaners, gemessen 2009 an Melvin Boothe, liegt bei 9,85 Meter. Sieht toll aus und kommt auch bei Mädels klasse an, die stehen ja bekanntlich auf lange Dinger! (Mr Boothe übrigens starb, bevor er die 10-Meter-Marke knacken konnte.)

12) AM SCHÖNSTEN FLIEGEN:

Mit Bällen jonglieren kann jeder Mülltütenpenner. Alex Barron allerdings jongliert gleich mit elf Bällen, dem solltest du nacheifern. Falls gerade keine Bälle vorhanden sind – Eier tun's auch. Oder natürlich Teile aus Mamas kostbarem Porzellantassenset.

13) AM PACKENDSTEN SEIN:

Wenn man verreist, muss man seine Sachen pa-
cken. Oder eben sich selbst. Dazu brauchst
du lediglich einen beliebigen Reisekoffer.
Außerdem solltest du ohne Stress imstande
sein, innerhalb von 5,43 Sekunden hinein-
zusteigen und das Ding so gut es geht von
innen zu verschließen. So machte es zumindest Leslie Tipton im September 2009. In
Ermangelung eines Koffers lässt sich selbige Idee auch mit Kühlschrank, Mikrowelle
oder, mit Rücksichtnahme auf deine Körper-
größe, mit einem Wasserkocher nachspielen.

14) AM TIEFSTEN GEHEN:

Schlucken kann man bekanntlich vieles! Muss
ja nicht gleich ein 38 Kilo schwerer Presslufthammer sein, wie ihn 2007 Thomas Blackthorne (ja, der mit dem Gewicht an der Zunge) regelrecht »aß«. Meistens ist eh gerade
keiner zur Hand, wenn man einen braucht.
Es bieten sich auch besonders schwere Blu-
menvasen, Gitarren oder Katzenkratzbäume
an. – Blackthornes Hammer übrigens war eingeschaltet …

15) AM NADELIGSTEN SEIN:

Ideal gegen Stress: Die gepflegte Akupunk-
tur-Kur für Volldeppen wie Wei Shengchu aus
China, der sich eines Tages überlegt hat,
wie voll toll es wohl wäre, sich einfach

mal Stecknadeln in die Rübe zu stecken. Da ihm selbiges unsagbare Freude bereitete, stach er sich auch gleich über 2.000-mal. Falls das notwendige Equipment zu Hause nicht vorhanden sein sollte, kannst du auch auf stumpfe Zahnstocher oder Bleistifte zurückgreifen.

16) AM FARBIGSTEN SEIN:

Du findest deine Haut irgendwie öde? Logisch – es fehlt schließlich ein spannendes und aussagekräftiges Muster. Wieso also nicht auf eine Ganzkörpertätowierung zurückgreifen wie Tom Leppard, dessen Körper zu souveränen 99,9 Prozent mit Tinte überzogen ist? Muss ja auch nicht gleich eine Tätowierung sein: Sich mit Filzstiften und Textmarkern zu bekritzeln kann auch schon sehr witzig sein und bietet gleichzeitig ein imposantes Kostüm zu Karneval oder Halloween!

17) AM WEITESTEN SPRITZEN:

Fülle einfach etwas ganz normale Kuhmilch (eventuell auch Kaffee, Tee, japanisches Heilpflanzenöl oder Sperma) in ein beliebiges Auge, presse dann mit den Fingern das Auge zusammen, sodass die Flüssigkeit wuchtig in einem feinen Strahl herausquillt. Auf diese Weise schaffte Ilker Yilmaz aus der Türkei immerhin eine Distanz von fast 2,8 Meter!

18) AM GESÜNDESTEN LEBEN:

Da Tomaten vitaminreiche Wesen sind und gerade in Ketchup ihre ganze Power entfalten, spricht wenig dagegen, hin und wieder mal eine schöne Flasche Ketchup zu trinken. Der Rekord liegt momentan irgendwo bei 32 Sekunden, aufgestellt vom deutschen Fernsehreporter Benedikt Weber. Solltest du diesen Rekord knacken, was keine große Kunst sein dürfte, ist der Wechsel zur anspruchsvolleren Variante des Salzwasser- oder Senftrinkens eine zwangsläufige Notwendigkeit!

19) AM SCHNELLSTEN TÖTEN:

Als Vorbereitung auf die große Zombie-apokalypse kann es nicht schaden, anhand der Xbox-Version von *Resident Evil* schon mal die Grundlagen des fortschrittlichen Metzelns zu trainieren. *Resident Evil 4* wurde von Robert Brandl (offenbar ein extremer Zombiehasser) innerhalb von gerade einmal 1:31 Stunden komplettiert. Der Body-Count ist unbekannt. Aber hoch.

20) AM FAMILIÄRSTEN SEIN:

Frei nach dem Motto: »Pimp your car!« Or the car of your Eltern! Der Rekord im Wechseln aller vier Reifen eines normalen Autos liegt bei etwa eineinhalb Minuten. Wichtig hierbei: Um die Zusammensetzung deiner Familie nicht zu gefährden, solltest du die Schrauben richtig festdrehen! Sieht immer reichlich blöde aus, wenn Mama oder Papa beim Fahren ihrer Kiste plötzlich von einem der eigenen Reifen überholt werden …

21) AM WACHSTEN SEIN:

Schlaf ist bekanntlich was für Luschen, und der Rekord des Briten Tony Wright, der 2007 für 266 Stunden ohne auskam, ist somit kaum der Rede wert. Sind schließlich gerade mal etwas mehr als elf Tage …

22) AM RUBBELIGSTEN RANGEHEN:

Nicht bei elf Tagen, sondern auch nicht zu verachtenden zehn Stunden liegt der von Masanobu Sato aus Tokio aufgestellte Weltrekord im Dauermasturbieren. Es steht damit außer Frage, dass Herr Sato, Wixxer aus Leidenschaft, ein sehr erfülltes Leben führt. Wissenschaftler haben herausgefunden, dass dauerndes Masturbieren große Gemeinsamkeiten zu Yoga aufweist: Der Geist wird frei, das Hirn kann endlich einmal in Schockstarre erstarren. Nur die Gelenkprobleme in der Gebrauchshand können auf Dauer lästig sein!

23) AM SCHNELLSTEN CHECKEN:

Dir fällt kurz vor der Klassenarbeit auf, dass du die verfickte Lektüre nicht gelesen hast? Kein Problem – zumindest für Sean Adams nicht, der pro Minute 3.850 Wörter in sich aufnehmen kann – und den Text dabei sogar noch versteht. Kann man trainieren, sollte man trainieren! Macht auf jeden Fall tierischen Eindruck!

24) AM BEKLOPPTESTEN SEIN:

Immer abwechselnd den rechten und linken Zeigefinger erst ganz nach unten, dann zur Nasenspitze führen. Der Rekord liegt momentan bei 290 Nasenstupsern pro Minute. Sieht aus, als wäre man dem Rinderwahn verfallen – sollte deshalb also unbedingt in der Öffentlichkeit ausgetragen werden!

25) AM CHILLIGSTEN SEIN:

Fernsehen ist ein schönes Hobby! Gerade deshalb sollte man es intensiver betreiben. Cedric Browatzki überlebte 87 Stunden beim Extreme-Watching. Macht Spaß, ist völlig sinnlos und kann mit dem Längste-Zeit-ohne-zu-pissen-Rekord problemlos kombiniert werden!

Solltest du es schaffen, einen dieser Rekorde zu brechen, was für einen Mann generell kein Problem, sondern Ansporn sein sollte, bittet der Verlag um Zusendung des Videos. Zwar gibt es weder Belobigungen noch Preise noch sonstige sarkastische Danksagungen, doch werden wir eventuell und vielleicht und überhaupt dein Foto in der Personaltoilette aufhängen, gleich neben den Urinierbecken. Dazu schon im Vorfeld: Herzlichen Glückwunsch!

Jeder dieser Rekorde eignet sich übrigens vorzüglich, um vor Mädchen anzugeben! Nicht protzen solltest du allerdings mit sportlichen Höchstleistungskommentaren wie: »Hab mein Seepferdchen gemacht«, »Bin ohne Rettungsring vom Rand ins Wasser gesprungen«, »Kann höher springen als weiter« oder »Hab mir beim Kugelstoßen einen Zeh gebrochen«.

23. KAPITEL

255 TOTAL alkoholische FAKTEN, DIE DU KENNEN SOLLTEST

1%

Alkohol ist eine süchtig machende Droge. Demnach fällt er in eine ganz ähnliche Kategorie wie Kokain, Heroin, Crack oder Katzenstreu. Alkohol ist aber gesellschaftlich durchaus anerkannt, man spricht in diesem Zusammenhang von »Spaßgetränk«. Deshalb verwenden viele Biermarken auch den Namenszusatz »Fun«. Was logisch ist, denn der Zusatz »Schmeckt scheiße« wäre werbestrategisch wohl eher problematisch. Man kann jedoch auch ohne Alkohol Spaß haben. Nur eben nicht so viel …

2%

Von einmaligem Alkoholgenuss wird man nicht süchtig. Auch das Trinken auf Partys führt nicht in die Abgründe einer Sucht. Wenn du allerdings schon morgens auf dem Schulweg unbedingt Bock auf eine schöne Flasche Wodka hast, gerne auch vermischt mit vitaminreichem Orangensaft, ist das der Moment, wo die Dinge anfangen, sich in Mist zu verwandeln, was vor allem an den schrecklichen Kräften liegt, die Orangensaft entfalten kann. Ein normaler männlicher Körper wird sich beim Kontakt mit bösartigen Vitaminen, am besten noch mit vergammeltem Fruchtfleisch, vor Ekel schütteln und möchte sich, verständlicherweise, am liebsten über eine Kloschüssel hängen.

3%

Das Prinzip des Über-der-Kloschüssel-Hängens wird vor allem von solchen Leuten angewendet, die verzweifelt versuchen, den Alkohol wieder aus ihrem Körper herauszubekommen, um im Anschluss weitertrinken zu können. Dieses sogenannte Alkoholkotzen ist somit nichts anderes als eine Befreiungsreaktion des Körpers: Der eigentlich volle Körper schafft Platz für neue Flüssigkeitsaufnahme.

4%

Laut Jugendschutzgesetz darfst du ab 16 Jahren Bier und Wein trinken. Damit ist jedoch nicht gemeint, dass du dich gleich an deinem 16. Geburtstag im Supermarkt unter ein Bier- oder Weinfass legst, die Schluckluke öffnest und irgendeinem Fuzzi im Verkaufskittel zurufst: »Lass laufen, Alter.« Vielmehr wird von dir ein verantwortungsvoller Umgang mit Alkohol erwartet! Eine Definition von »verantwortungsvoller Umgang mit Alkohol« gibt es nicht, sodass du dir deine eigenen Gedanken machen solltest – sicherheitshalber noch im nüchternen Zustand.

5%

Die Theorie, derzufolge Mädel total auf Typen abfahren, die besonders viel saufen können, ist genauso falsch wie die Theorie, derzufolge Mädels nur auf Typen mit besonders langen Schwänzen stehen. Mädchen haben kein Problem damit, dass Jungs trinken, sie wollen aber (zumindest gilt das für normale Mädchen) nicht von einem lallenden, nach Bier oder Whisky stinkenden Besoffski angebaggert werden.

6%

Tatsache ist trotzdem, dass du ab einer gewissen Alkoholmenge, die von Mann zu Mann unterschiedlich sein kann, etwas »freier« bist, was gerade beim Flirten (hoher Stressfaktor!) nicht unpraktisch ist. Alkohol verleiht dir keinen Mut, kann dir aber Hemmungen nehmen. Das heißt allerdings nicht, dass du in jedem Lebensmoment mit Stressfaktor (zum Beispiel Lateinvokabeltest), um einen stimulierenden und angstlösenden Effekt zu bewirken, erst einmal einige Bierchen wegkippen solltest!

7%

Alkohol kann und wird deine Leistungsfähigkeit einschränken. Ab einem gewissen Zeitpunkt (also nach zwei Flaschen Weinbrand) verlierst du bereits breite Teile deines Sprachvermögens: Du glaubst zu sprechen, in Wirklichkeit kommen allerdings nur noch Geräusche ohne Sinn heraus. Außerdem wirst du Schwierigkeiten haben, die Balance zu halten, und bist nur noch mit Mühe imstande, den Satz des Pythagoras oder die binomischen Formeln aufzusagen. Letzteres konntest du im nüchternen Zustand allerdings auch nicht.

ALKOHOL KANN UND WIRD DEINE LEISTUNGSFÄHIGKEIT EINSCHRÄNKEN!

8%

Mit einer ordentlichen Alkoholladung im Körper solltest du aufgrund von Gleichgewichtsproblemen von folgenden Aktivitäten Abstand nehmen: Autofahren, Fahrradfahren, Mopedfahren, Baggerfahren, Einradfahren, Handstandmachen, mit Mädchen tanzen, Barrenturnen, Reckturnen, jegliches Turnen, auf Bäume, Berge und Laternenpfähle klettern, Herzchirurgie betreiben, Bockwürstebraten, -grillen, -andünsten, -kochen oder einfach nur -angucken und – selbstverständlich – Badreinigen.

9%

Alkohol gibt es mit viel und wenig Promille. Zu den Getränken mit viel Promille gehören zum Beispiel Wodka oder Whisky, zu den anderen Bier, Wein, Fruchtlikör oder Wasser. Wissenschaftler der Johnnie-Walker-Universität (allesamt geschulte Alkoholiker) haben herausgefunden, dass Wasser tatsächlich exakt 0,00 Prozent Alkohol enthält und somit anders als erhofft als Stimulanzmittel mit Fun-Faktor ein kompletter Totalausfall ist.

10%

Harter Alkohol lässt sich hervorragend mit anderen Getränken wie zum Beispiel Cola mischen, wir sprechen dann von Mischgetränken. Diese haben den Vorteil, dass harter Alk versüßt wird, was dem Geschmackserlebnis förderlich ist. Nachteilig ist, dass du anfangs gar nicht merkst, wie hammermäßig das Zeug eigentlich reinhaut ...

11%

Alkohol führt zum Verlust von Gehirnzellen. Zumindest glaubte man das über Jahrhunderte hinweg, bis schwedische Wissenschaftler erst kürzlich bei Versuchen an Mäusen herausfanden, dass man mit Alkohol sogar neue Zellen heranzüchten kann. Falls du nun aber glaubst, dass Saufen dich klüger macht, liegst du genial daneben.

12%

Extremer Suff kann zu extremen Kopfschmerzen führen, spürbar vor allem am nächsten Morgen. Da Alkohol dem Körper Wasser entzieht, dreht Letzterer am Rad. Die Birne knallt, alles fühlt sich groggy an, du hast Hunger und könntest beim Anblick fester Nahrung rückwärts frühstücken. Sogar dein Urin sieht anders aus, riecht anders und schmeckt anders. Falls du einen solchen »Kater« haben solltest, hilft nur trinken, trinken, trinken! Und falls zu diesem Zweck – in schlecht geführten Haushalten kommt so etwas leider immer wieder vor – kein Alkohol im Haus ist, kannst du gegebenenfalls auch auf Wasser umsteigen. Null Prozent ist schließlich auch ein Prozentsatz!

13%

Wer dauernd säuft und dabei auch noch viel säuft, tut seiner Leber keinen Gefallen. Selbige ist dafür verantwortlich, den Körper zu entgiften, und macht dies auch total prima – nur leider kommt sie mit enormen Alkoholmengen nicht zurecht. Offenbar fehlt es also diesem häufig so hoch gepriesenen Organ ebenso an Training wie auch an Willen, Probleme mit echtem Arbeitseinsatz zu lösen. Besonders schwächliche Lebern können sogar absterben, was deine Lebensqualität nicht sonderlich steigern wird …

14%

Im Durchschnitt nimmt jeder Deutsche pro Jahr etwa 140 Liter alkoholhaltige Getränke zu sich, was umgerechnet dem Fassungsvermögen einer normalen Badewanne entspricht. Um Planungssicherheit beim eigenen Alkoholkonsum zu gewährleisten, empfiehlt es sich also, zu Jahresbeginn eine Wanne mit allen möglichen alkoholischen Getränken (vor allem Sahneliköre liefern bei direkter Sonneneinstrahlung ins Badezimmer irgendwann wunderschöne Grüntöne!) zu füllen, um dann daran zu arbeiten, das Wännchen bis zur nächsten Silvestersause (normalerweise ungefähr 365 Tage später) ordnungsgemäß zu leeren. Mehr sollte es dann aber wirklich nicht sein.

15%

Statistisch gesehen trinken Jungs mehr Alkohol als Mädchen. Ohnehin ist es eine bewiesene Tatsache, dass Männer mehr »vertragen« können. Dass sie sich mit mehr intus aber auch besser benehmen, ist ein ziemlich dämliches Gerücht ohne Wahrheitsgehalt.

16%

Man(n) kann sich hässliche Mädchen schönsaufen – nette Idee, ist aber leider Mumpitz. Mädchen werden definitiv vieles, nicht aber hübscher, nur weil du Alkohol zu dir nimmst. Einzig wahr ist, dass deine Sehfähigkeit eingeschränkt ist und du daher nicht mehr imstande bist, die Dinge um dich herum so wahrzunehmen, wie sie wirklich sind. Nicht wenige Jungs haben auf Partys, in der fehlgeleiteten Annahme, dass es sich dabei um Mädchen handelte, Zimmerpalmen angegraben und sie sogar zum Discofox aufgefordert. Zugegeben, gar nicht mal so uncool eigentlich.

17%

Alkohol ist besonders auf Klassenfahrten älterer Jahrgänge ein fester Bestandteil vor allem des Abendprogramms. Gerne aber auch nachmittags: Durchaus kann man sich nämlich ein Museum für zum Beispiel antikes Porzellan interessantsaufen. Spätestens, wenn du vor einer Kaffeetasse mit Blümchenmotiv aus dem 18. Jahrhundert stehst und dabei blöde kichernd die Blümchenblätter zählst, kannst du davon ausgehen, auf Pegel zu sein.

18%

Extremer Alkoholgenuss kann zum sogenannten Bier- oder Alkoholschiss führen (lat. alcoholus cacus): Dein Entsorgungswürstchen, im Normalfall angenehm fest und herrlich stabil, ist nunmehr häufig flüssig und noch übelriechender als sonst, was daran liegt, dass die Leber verzweifelt versucht, die alkoholischen Gifte schnellstmöglich abzustoßen, und sich dabei um optische Gestaltung und Farbgebung keine Gedanken mehr machen kann.

19%

Im frühen Mittelalter war es unter Schülern von Klosterschulen absolut üblich, sich vor und nach dem Unterricht ein Bierchen zu genehmigen. Traurig, dass dies heute nicht mehr erlaubt ist. Allerdings hatte Bier damals noch nicht den heutigen Alkoholgehalt. Hildegard von Bingen, eine aus irgendeinem Grunde berühmte Frau aus dem 12. Jahrhundert, meinte hierzu: »Das Bier aber macht das Fleisch des Menschen fett und gibt seinem Antlitz eine schöne Farbe durch die Kraft und den guten Saft des Getreides ...« – Hierzu muss man ganz klar feststellen: Für eine Frau eine erstaunlich tiefsinnige Aussage!

20%

Alkohol muss man nicht kaufen. Man kann ihn auch klauen. Oder einfach selber brauen oder brennen. So haben es auch die Mönche an den mittelalterlichen Klostern gemacht. Schnapsbrennen ist in vielen Staaten der Welt bereits Unterrichtsfach; du solltest deinen Chemielehrer also auf die enorm motivierenden Möglichkeiten eines solchen Projekts ansprechen. Gemeinsam können deine Kumpels und dein Lehrer dann eine spannende und faszinierende Unterrichtseinheit planen, während die Mädchen das Periodensystem der Elemente abmalen oder so.

21%

Bei vielen Jungs führt Alkoholkonsum zu aggressivem Verhalten. Da nämlich der Alkohol das Hirn »freier« macht, kommen urzeitliche Reflexe wieder durch, die eigentlich mit dem Aussterben des Höhlenmenschen ausgemerzt schienen. Falls du also merkst, dass sich deine Laune verfinstert und du unbedingt jemanden verprügeln möchtest, solltest du dir erst einmal ein schönes Gläschen Sahnelikör mit doppelter Fettstufe auf Rahmbasis mit Frischkäsefüllung genehmigen. Spätestens dann musst du eh aufs Klo und hast für Aggressionen keine Zeit mehr.

22%

Viele berühmte und kreative Leute haben gesoffen, bis der Arzt kam. So meinte der griechische Schreiberling Horaz einst, dass Gedichte, die von Wassertrinkern geschrieben werden, nicht lange Gefallen erregen können. Einer der berühmtesten Schriftsteller/Säufer/Wasserhasser war der Amerikaner Ernest Hemingway, dem man 1954 sogar den Literaturnobelpreis in die zitternden Hände legte. Hemingway übrigens starb, indem er sich selbst die Rübe wegschoss. Ein kreativer Typ war er – auch im Tod – aber nicht wegen, sondern *trotz* der Sauferei!

23%

Sich betrinken ist kein Hobby. Auch handelt es sich dabei nicht um eine sportliche Tätigkeit. Alkohol baut null Kalorien ab, sondern macht im Gegenteil bei häufiger Verwendung so richtig schön fett. Vielleicht ist dies ein Grund dafür, dass Leistungssportler sich eher selten die Birne dicht schütten. Merke: Fettleibigkeit *muss* nicht, *kann* aber mit Alkoholkonsum zu tun haben. Manchmal hat ein breiter Bauch auch einfach nur mit zu viel Fressen zu tun.

24%

Etwa 1,3 Millionen Menschen (ausnahmsweise zählen wir Frauen mit dazu) gelten in Deutschland als alkoholkrank. Um festzustellen, ob auch du zu dieser Gruppe gehörst, brauchst du lediglich eine Flasche Schnaps, welche du stumpf vor dir hinstellst. Ist sie nach einer halben Stunde leer, ohne dass du meinst, etwas getrunken zu haben, solltest du dir vielleicht überlegen, einen Arzt aufzusuchen. Eventuell bist du aber auch nur eingeschlafen und irgendwelche unter dem Haus lebende Gnome haben das Zeug weggeschlürft. Solltest du besagte Gnome tatsächlich mit eigenen Augen sehen, ist ein Arztbesuch überflüssig. Suche sofort die Nummer vom nächstgelegenen Irrenhaus heraus!

25%

Wenn ein halb verhungerter Affe an einem Bananenbaum eine Banane sieht, so ist nach kurzer Zeit nicht nur die Banane weg, sondern auch der ganze Baum. Mit dem Resultat, dass der Affe ins Affenhospital kommt, wo ihm andere Affen den Magen auspumpen. Affen können sich, so zeigt diese kleine Geschichte, welche auf wahren Begebenheiten beruht, nicht beherrschen, können nicht Maß halten. Demnach gilt es für dich herauszufinden, ob du ein bananengeiler Affe oder ein Mann mit Anstand bist. Männer mit Anstand, so viel ist sicher, wissen nämlich – anders als die haarigen Menschersatzwesen –, wann sie aufhören müssen.

24. KAPITEL

25 LÄSSIGE SPRÜCHE für alle LEBENSLAGEN

1) »WENN KEINE AHNUNG – EINFACH SCHNAUZE HALTEN.«

Idealer Spruch gegenüber Lehrern, Eltern und Kumpels, die sich über dein Beziehungsleben aufregen.

Kommt bestimmt supergut bei Mama oder Papa an, wenn Hausarbeiten zu erledigen sind. Sollte locker eine Taschengelderhöhung mit sich bringen!

2) »LASS MAL TEAMWORK MACHEN. ICH TEAM – DU WORK.«

3) »GLÜCK IST DANN, WENN ANDERE PECH HABEN.«

Herrlich zynischer Spruch, den man eigentlich immer gebrauchen kann.

Hiermit gibst du deinen kritischen Mitschülern zu verstehen, dass du Lehrer, was völlig nachvollziehbar ist, für Götter hältst. Richte dich darauf ein, nach Schulschluss verprügelt zu werden!

4) »§1: LEHRER HABEN IMMER RECHT. §2: HABEN SIE UNRECHT, TRITT §1 IN KRAFT.«

5) »ICH BIN KEIN KLUGSCHEISSER – ICH WEISS ES WIRKLICH BESSER.«

Hierfür wirst du sogar von deinen eigenen Eltern verprügelt!

6) »LASS UNS ›FRESSE HALTEN‹ SPIELEN — DU FÄNGST AN.«

Eine wunderschöne sprachliche Metapher mit Aufforderungscharakter, die man durchaus auch beim familiären Abendessen ablassen kann; sinniger ist seine Verwendung aber zum Beispiel beim Fußballspiel im intellektuellen Dialog mit dem Schiedsrichter.

7) »ICH HABE GANZ BESTIMMT NICHT DIE SPITZE DER NAHRUNGSKETTE ERKLOMMEN, UM JETZT GEMÜSE UND OBST ZU ESSEN.«

Richtig so: Setz dich zur Wehr gegen das Vogelfutter und den Vitaminunrat, den dir deine Eltern als Nahrung vorsetzen!

Wenn keine Ahnung – einfach Schnauze halten

8) »ICH BIN SO COOL – ICH PISSE EISWÜRFEL UND HINTER MIR SCHNEIT ES!«

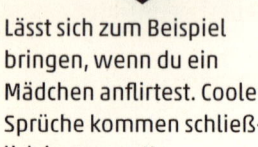

Lässt sich zum Beispiel bringen, wenn du ein Mädchen anflirtest. Coole Sprüche kommen schließlich immer gut!

Natürlich verstehen Intelligenzallergiker die innere Logik dieser Aussage nicht. Daher doch besser zurückgreifen auf simplere Statements wie »Geh kacken, Arschloch!«.

9) »WENN DUMMHEIT IN SEKUNDEN GEMESSEN WÜRDE, WÄRST DU DIE EWIGKEIT.«

Passt zum Beispiel im Umgang mit nutzlosem Pädagogengetier. Allerdings sollte man hier aus Respektsgründen das »dein« durch ein »Ihr« austauschen …

10) »DEIN GESICHT IST WIE EIN TURNSCHUH – REINTRETEN UND SICH WOHLFÜHLEN.«

11) »SCHON MAL VERSUCHT, MIT GEBROCHENEN FINGERN DEINE ZÄHNE AUFZUSAMMELN?«

Großartig durchdachte Frage mit Medizinbezug für den Fall, dass dich jemand provoziert. Merke: Erst treten, dann reden!

Im Umgang mit Leuten, die du ganz bestimmt nicht wiedersehen willst. Für beide Geschlechter anwendbar.

12) »KANNST MICH GERNE WIEDER BE- SUCHEN, WENN DU MAL WENIGER ZEIT HAST.«

13) »KOMM MIR NICHT MIT FAKTEN.«

Falls du im Unterricht genervt sein solltest von all dem Datenschrott. Bei Lehrern gerne noch ein »Alter« hinterherschieben.

14) »NIVEAU IST KEINE HAUTCREME.«

Muss man dreimal lesen, um ihn zu verstehen. Benutzung spricht also von einer ordentlichen Portion Bildung!

15) »LEUTE, DIE MICH KENNEN, MÖGEN MICH. LEUTE, DIE MICH NICHT MÖGEN, KÖNNEN MICH.«

Geeignet auch im Umgang mit einem Mädchen, das deiner gekonnten Flirtattacke eher ablehnend gegenübersteht! Mit einem klugen Spruch wie diesem ersparst du dir auf jeden Fall einen peinlichen Abgang!

16) »ICH BIN NICHT PERVERS, LEDIGLICH MORALISCH FLEXIBEL.«

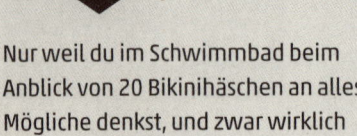

Nur weil du im Schwimmbad beim Anblick von 20 Bikinihäschen an alles Mögliche denkst, und zwar wirklich an *alles* Mögliche, ist das noch lange nicht versaut!

Für zu Hause oder die Schule, und dabei immer absolut angebracht!

17) »WER MIT DER HERDE GEHT, KANN NUR DEN ÄRSCHEN FOLGEN.«

Ein klares Bekenntnis zur eigenen Individualität gegenüber dem Massengeschmack!

18) »DIE WELT IST EIN IRRENHAUS — UND DAS HIER IST DIE ZENTRALE.«

20) »ICH UND VORURTEILE? SO EIN QUATSCH — ICH HASSE JEDEN GLEICH.«

Völlig korrekte Ablehnung stereotyper Denkweisen mit einem gesunden Schuss Pessimismus!

19) »BELIEBT SEIN AUF FACEBOOK IST WIE DAS SITZEN AM COOLE-LEUTE-TISCH IN DER KLAPS-MÜHLE.«

Mal im Ernst: Was bitte kannst du wirklich damit anfangen, von tausend Leuten »geliked« zu werden, von denen du die Hälfte eh zum Kotzen findest?

21) »WAS SAGEN SIE ALS UNBETEILIGTER EIGENTLICH ZUM THEMA INTELLIGENZ?«

Universell einsetzbar, vor allem aber natürlich bei Lehrern, die dir mit gezielter Zuverlässigkeit konsequent auf die Eier gehen!

Um wieder einmal klarzustellen, dass Gruppenarbeit Zeitverschwendung ist.

22) »ICH SCHICKE DEN BESTEN MANN AUS MEINEM TEAM. SOLL HEISSEN, ICH MACH'S SELBST!«

23) »WARUM SOLL ICH MEIN ZIMMER AUFRÄUMEN, WENN DIE WELT UM MICH HERUM IM CHAOS VERSINKT?«

24) »WENN ICH MICH NORMAL BENEHME, IST'S LANGWEILIG. ALSO HÖRE ICH AUF, MICH NORMAL ZU BENEHMEN, UND BENEHME MICH WIE IMMER.«

Hier zeigen sich aufrichtige Sorge und ein Verständnis für die eigene Bedeutungslosigkeit im großen Ganzen.

Und das ist auch völlig in Ordnung so: Menschen mögen Normalos ebenso wenig wie Käsebrot mit Kirschmarmelade und Senf. Etwas Exzentrik ist stets eine feine Sache!

25) »SCHWACHE MENSCHEN ÜBEN RACHE. STARKE VERGEBEN. UND SCHLAUE MENSCHEN IGNORIEREN EINFACH.«

Wobei Ignorieren vor allem von Dummheit sagenhaft schwierig ist und enorme Selbstdisziplin erfordert und daher ausschließlich von männlichen Menschen beherrscht werden kann.

25

in jeder Hinsicht kluge

UND MIT MORAL

AUFGEBLASENE HINWEISE

FÜR DEINE BALDIGE ODER DOCH ERST SPÄTERE

ZUKUNFT

1 Beschließe niemals, wirklich niemals, mit Freunden ein Picknick auf einer Autobahn oder der Teststrecke für Formel-1-Karossen zu machen. Das dauernde Hupkonzert ist dabei fast ebenso nervig wie das enorm schmerzvolle Aufprallen auf Schweinetransporter. Auch der neue Trend aus Amerika – Bungee-Jumping ohne Seil – ist genauso wie das From-a-Hochhaus-on-a-street-Crashing zwar ein absoluter Adrenalin-Kick, aber eben auch ein einmaliges und sehr *gesuchtes* Erlebnis. Zumindest für die Rettungsleute, die nach Auto- oder Asphaltkontakt deine Körperteile zusammensammeln dürfen.

2 Auch wenn du häufig das dringende und bestimmt absolut nachvollziehbare Bedürfnis hast, jemanden zu töten, solltest du mit Bedacht vorgehen und vorher genau über die Konsequenzen nachdenken. Männer müssen Sackgesichter nicht töten. Männer ignorieren Sackgesichter und strafen sie mit völliger Missachtung! Männer sind deshalb Männer, weil sie über niedere Gefühle wie Rachlust und Hass nicht verfügen. Alles, was sie können und wollen, ist fressen, kacken und lieben. Und zwischendrin vielleicht mal ganz gechillt an verschiedenen Körperteilen herumspielen. Was ja wohl noch erlaubt sein dürfte!

3 Falls du irgendwann die Liebe deines Lebens gefunden hast, solltest du nicht auf die Suche nach einer zweiten Lebensliebe gehen, wenn du noch mit der Erstliebe zusammen bist. Derartige Parallelbeziehungen führen sehr schnell zu Komplikationen und ewiger Einsamkeit. Die erste Liebe gilt es so lange festzuhalten, wie es irgendwie geht. Notfalls mit Einsperren, Wegsperren, Festbinden, Festtackern oder einer altägyptischen Mumifizierung inklusive Organentnahme.

4 Da Lesen definitiv die Dummheit gefährdet, du Dummheit aber zum Kotzen findest, schadet es überhaupt mal gar nicht, hin und wieder, das heißt in den Ferien und durchaus auch nach Beendigung der Schulzeit, zu einem Buch zu greifen. Nicht allerdings, um damit Schmeißfliegen zu zermanschen oder es unter den wackligen Küchentisch zu legen. Vielmehr - und das ist wirklich eine krasse Sache, eine in jeder Hinsicht voll revolutionäre Idee - solltest du das Ding lesen. Ja, du hast richtig verstanden! Lesen! Im Ernst! Kein Scherz jetzt! Niemand erwartet, dass du dir französische Liebesliteratur des 17. Jahrhunderts reinziehst - irgendwelche Splatter-Werke über Morde und Serienkiller und Zombies und serienmordende Zombies sind völlig ausreichend.

SCHULPFLICHTLEKTÜRE

5 Das Fernsehen bietet eine ungeahnte Fülle von Sendungen, und einige davon neigen sogar dazu, dich mit voller Absicht über die Welt zu informieren. In diesem Fall sprechen gebildete Menschen - allesamt Spießer - von »Nachrichten«. Wende dich also wenigstens eine Viertelstunde pro Tag einer solchen Sendung zu und erfreue dich an den Berichten über Morde, noch mehr Morde, sonstige Tote und andere Katastrophen. Am Ende gibt's sogar noch Sport und Wetter! Morgen wolkig mit Aussicht auf Fleischbällchen. Ohne Ketchup.

6 Früher oder später wirst du dir überlegen müssen, was du nach der Schule machen willst: Ausbildung zu irgendwas oder Studium von irgendwas. Beides hat mit Arbeiten zu tun und könnte unter Umständen die nächsten 40 Jahre deines Lebens bestimmen. Professionelles Eierschaukeln ist zwar ein wundervoll stimulierendes Hobby, aber leider kein Beruf, schon gar keiner mit Aufstiegschancen. Mach auf jeden Fall etwas, was *du* willst. Nur weil deine Eltern zum Beispiel Architekten und Ärzte sind, heißt das noch lange nicht, dass du auch Architekt und Arzt wirst. Wenn du also Busfahren, Bananenkrümmen oder Gelegenheitsprostitution bevorzugst, ist das absolut okay. Lebe deinen Traum!

7 Vielleicht begegnest du irgendwann einem Mädchen, in das du dich ohne mit der Wimper zu zucken sofort hemmungslos verknallst. In solchen Fällen ist es unglaublich hilfreich, ihr diese Emotionslage auch mitzuteilen. Klar ist es nicht einfach, solche Dinge wirklich auszusprechen, aber was bitte soll schon groß passieren? Außer natürlich, dass du dich komplett lächerlich machst ... Doch wenn du auf das große Geständnis verzichtest, wirst du es sogar im Sarg noch bereuen. Und irgendwie ist es dann geringfügig zu spät – was auch mit dem Verrotten von Hoden und Hirn zu tun hat.

8 Nichts gegen ein großes Auto, großes Haus, großes Geld, großes Pferd und großen Hamster, aber all der materielle Kack wird dich im Endeffekt nicht glücklich machen. Wenn irgendwann der Typ mit der schwarzen Kutte und der rostigen Sense kommt, wird er dir wohl kaum erlauben, Auto, Haus, Geld, Pferd und Hamster mitzunehmen. Wirkliches Glück (Schmalz!) kommt nur durch den Umgang mit bedeutungsvollen Menschen und die Erinnerungen an sie, welche du bis in alle Ewigkeit mit dir herumtragen kannst. (Wer solche Sätze schreibt, gehört eigentlich erschossen!)

9 Um dich herum gibt es herrliche Orte voller Exotik. Die örtliche Hähnchenmastanlage oder einer der wunderbar gelegenen Friedhöfe sind sicherlich bemerkenswerte touristische Attraktionen mit Fun-Faktor. Vielleicht aber gibt es noch mehr zu entdecken? Andere Länder zum Beispiel. Andere Kulturen. Mädchen anderer Kulturen. Nutze jede Gelegenheit und schaue dir den Laden, auf dem du lebst, genauer an, und zwar nicht nur in der Glotze oder im Netz. Außerdem ist so ein privater Flug in die Erdumlaufbahn inzwischen bereits für läppische eine Million Dollar zu haben. Gönn dir mal was!

10 Die Welt, die um dich herum vielleicht noch strahlt, ist eigentlich nur noch ein Abklatsch ihrer selbst – zurückzuführen auf eine Kleinigkeit namens Klimawandel. Wenn du aber möchtest, dass auch die Kinder deiner Kinder deiner Kinder deiner Kinder noch so etwas wie Bäume (im Bürokratendeutsch: raumgreifendes Großgrün) und in Freiheit lebende Tiere (außer Kakerlaken) live erleben können, solltest du vielleicht aus deiner Passivität heraustreten und endlich mal die Kunst des Aktiven erlernen: Zufällig ein Kohlekraftwerk in der Nähe? Prima! Perfekt zum Abfackeln. Oder irgendeine Umwelt- oder Tierschutzorganisation? Noch besser sogar! Perfekt zum Beitreten!

11 Anders als deine Vergangenheit und deine Gegenwart und dein Plusquamperfekt ist deine Zukunft noch absolut leer und unbeschrieben. Sie ist ein verdammt groß geratenes weißes Blatt, das darauf wartet, bekritzelt zu werden. Dafür gibt es kein Schicksal – nur dich selbst. Das Schicksal ist ohnehin eine nutzlose Pimperperle, der du nicht allzu viel zutrauen solltest. Trauen solltest du in erster Linie dem einzigen Menschen, den du wirklich kennst – dir selbst. In zweiter Linie den Menschen, die du liebst. Also in erster Linie ebenfalls dir selbst.

12 Wenn jemand von dir ein Versprechen verlangt, dann gib es nur dann, wenn du es auch wirklich halten kannst und willst. Wenn jemand von dir kein Versprechen verlangt, brauchst du es auch nicht zu halten oder zu wollen. Ganz simple Sache. Wenn du aber tatsächlich jemandem etwas zusagst, kümmere dich darum, mit aller Kraft und Ausdauer, die du hast, es auch einzuhalten. Scheitern ist in Ordnung. Es gar nicht erst zu versuchen, ist Bockmist.

13 Jeder Depp kann mit dem zufrieden sein, was er hat. Zufriedenheit ist eine feine Sache, aber noch lange kein Grund, nicht nach mehr zu suchen. Der Quatsch, dass Motten sich am hellen Licht verbrennen, ist vollkommen unbewiesen – wahrscheinlich freuen sie sich einfach, den höchsten und schönsten Laternenpfahl gefunden zu haben, anders als der Rest der Mottensippe, der noch immer um irgendein winziges Solarlämpchen kreist. Versuchen kann und sollte man vieles, und wenn man sich daran verbrennt – so what? Spucke drauf und weitermachen!

14 Wann immer du die Möglichkeit hast, jemandem zu helfen – tu es! Tut es dir wirklich weh, zum Beispiel irgendeinem Obdachlosen einige Münzen hinzuwerfen? Wohl kaum. Vielleicht ist der Mann dein zukünftiger Chef, der sich lediglich nach Feierabend mit Betteln oder dem Sammeln von Pfandflaschen noch etwas dazuverdient. Oder dein zukünftiger Professor für Wirtschaftswissenschaften, der die Extraeinnahmen für einen dritten Porsche benötigt und außerdem eine spannende ökonomische Abhandlung über »Kapitalistische Profitgier im Asphaltgewerbe« schreibt. Oder aber es handelt sich um jemanden, der einfach nur ein klein wenig Nettigkeit braucht. Egal aber, um wen es geht – biete Hilfe an, wo es nur geht, auch dann, wenn die uralte Katze einer noch uralteren Dame nicht mehr von einem Baum herunterkommt. Krabbel halt hinterher, rette die miauende Bestie und ergattere mit etwas Glück als Dank ein Sahnebonbon!

15 Lebe lieber ungewöhnlich! Oder willst du wirklich dauerhaft den Lemmingen folgen und blöde bleckend (ja, »blecken« ist wirklich ein Wort, nicht zu verwechseln mit »lecken«) über die Klippen hopsen? Finde deinen eigenen Stil und zieh ihn durch. Lust auf einen Kinofilm, aber keiner deiner Freunde will den Mist sehen? Dann geh eben alleine! Wo bitte ist das Problem? Angst davor, dich ganz allein in ein Café zu setzen? Wieso denn bloß? Nimm ein gutes Buch mit. Mädels stehen auf einsame Typen mit Buch im Café … hat einen mysteriösen Touch, der immer gut ankommt!

16 Opern und Theater sterben aus, was daran liegt, dass junge Leute wie du nicht mehr hingehen. Vielleicht hast du zu viel Respekt? Viel zu teuer, der Scheiß? Vielleicht denkst du, dort sind eh nur alte Säcke in ihren letzten Lebenssekunden? Vielleicht glaubst du, dass du da eh nichts verstehst? – Kann alles richtig sein, sollte dich aber nicht daran hindern, Oper oder Theater mal am eigenen Leib zu erfahren. Kann sogar zum Orgasmus führen! Nur komplette Seifenlutscher mit Hirnhohlraum verzichten auf kulturelle Erlebnisse – aber bitte! Wenn du ein hirn-hohlraummäßiger Seifenspender sein möchtest … Kein Problem! Spiel halt weiter *Resident Evil*.

17 Dein Körper ist das Schönste und Tollste und Herrlichs-te, was es überhaupt gibt auf der Welt, gleich nach dem weiblichen Körper. Gerade deshalb solltest du auf ihn achtgeben. Sport macht zwar keinen Spaß, ist aber trotz-dem nicht schlecht für Herz und Lunge. Gemüse schmeckt zwar nach eingewachsenen Fußnägeln, ist aber genauso gesund wie das Zeug, das an Bäumen wächst. Nein, nicht Blätter. Die anderen Dinger. Die mit der Schale. Pack dir außerdem nie Metallgegenstände in den Körper und komm ebenfalls nicht auf die selten behämmerte Idee, dir deine Zunge splitten zu lassen. Sieht genauso abartig pervers aus, wie es sich anhört. Sei freundlich zu deinem Körper und fass ihn an, wann immer es geht! Bekanntlich hast du nur diesen einen, und die Möglichkeit der Kopf-transplantation auf eine andere Bodenstation ist leider in diesem Jahrhundert (und auch im nächsten und über-nächsten) wohl noch nicht so wirklich gegeben.

18 Kaufe niemals irgendwelche Mittelchen, die deinen Penis verlängern wollen. Oder sollen. Du kannst das Ding strecken und recken, wie du lustig bist, es an Nikotin und Koffein schnüffeln lassen und dir sogar besondere »Extender« zulegen. Größer wird das Teil dadurch auch nicht, höchstens angepisster. Wissenschaftler gehen davon aus, dass Männer bei gleich bleibender Evolution in etwa einer Milliarde Jahre über Elefantenpenisse verfügen. Könnte allerdings etwas zu spät für dich sein.

19 Öfter mal was Neues ausprobieren hilft dir, die Langeweile deines ach so faden Lebens zu überwinden. Vielleicht Rekorde brechen? Philosophische Grundsatzfragen geistig debattieren? Bücher lesen? Serbokroatisches Einhorn kochen? Einfach mal im Mondschein spazieren gehen? Vor allem Letzteres klingt vielleicht geringfügig schwul, wobei »schwul« schon lange kein Schimpfwort mehr ist. Und wenn dir der Mond halt doch eine Spur zu kitschig rüberkommt, dann probiere es eben - natürlich splitternackt mit erhobenem Dödel - im Morgennebel bei Sonnenaufgang. Ja, schon klar, klingt auch nicht besonders prickelnd, gibt dir aber trotzdem eine ganz neue Sicht auf die Welt. Schon mal den Morgentau angesehen? Wie er glitzert und glänzt und voll fundiert funkelt, wenn die ersten Sonnenstrahlen darauf fallen? Kein Interesse? Willst du gar nicht sehen? Irgendwie verständlich. Aber, wie gesagt: Öfter mal was Neues!

20 Du sollst nicht lügen! Mit diesem wunderbaren Gebot aus einem viel zu dicken Buch über viel zu tote Leute, meistens mit Bart, soll an dieser Stelle lediglich darauf aufmerksam gemacht werden, dass Ehrlichsein zwar nicht immer die einfachste und lässigste Methode ist, trotzdem aber immer die beste. Auch wenn Ehrlichkeit Konsequenzen für dich mit sich bringt (zum Beispiel Tod durch Erschießen oder ähnlich Irrelevantes), solltest du trotzdem so gut wie möglich bei der Wahrheit bleiben. Hin und wieder eine kleine Notlüge aber wird wahrscheinlich sogar das dicke, tote Buch tolerieren. Die Engländer sprechen hier von einer »white lie« - wobei »weiß« wiederum für »unschuldig« steht. Oder für Vanilleeis ohne Erdbeeren. Weiß man aber nicht genau. Bei den großen und wichtigen Dingen (zum Beispiel Alieninvasion) lohnt es aber kaum, stundenlang senil plappernd herumzudrucksen. Raus mit der Wahrheit, Widerstand organisieren und das fremde Raumschiff mit Klumpen aus dem Katzenklo bewerfen!

21 Früher oder später wirst du Menschen begegnen, die nicht ganz so aussehen wie du. Menschen mit schwarzer Haut, gelber Haut, schwarzbrauner Haut, brauner Haut oder grüner Haut - Letzteres ein Resultat dauerhaften Waldmeisterlikör-Schlürfens. Bei Menschen mit anderen Hautfarben handelt es sich eventuell um Leute, die, unglaublich, aber wahr, einem anderen Kulturkreis angehören. Das ist natürlich eine krasse Info, die du erst einmal verarbeiten musst. Bislang dachtest du ja immer, dass schwarze Haut mit extremer Sonneneinstrahlung zu tun hatte und dass du sowieso alleine im Universum wärest. Bist du aber nicht. Lass dir Zeit beim Verständnisprozess und führe dir mit den Worten von Martin Luther King (siehe Kapitel 18) vor Augen: All men are created equal. Alle Menschen sind also gleich. Trotz ihrer Unterschiede. Außer natürlich Lehrer - aber das würde ja voraussetzen, dass es sich bei ihnen um Menschen handelt.

22 Ob in Schule, Ausbildung oder Beruf: Man wird dich ärgerlicherweise zwingen, mit anderen zusammenzuarbeiten, wobei du dir diese »anderen« noch nicht einmal selbst aussuchen darfst. Gruppenarbeit kennst du bereits, es handelt sich hierbei um das Prinzip, demzufolge einer arbeitet und drei andere faul herumsitzen. (Everybody teams, one person works.) Bei Gruppenarbeit sollst du »teamfähig« werden, obwohl dich kein Schwein je gefragt hat, ob »Teamfähigkeit« wirklich dein Lebensziel ist. Wenn schon Team, dann mach dich selbst zum Chef vons Ganze und leite den Laden; das ist bekanntlich der einzige Weg, um zu Ergebnissen zu kommen.

23 Schon jetzt ist es unabdingbar und zwingend erforderlich, dich auf die Zeit nach der großen Zombieapokalypse vorzubereiten. Deshalb gilt: Wirf dir jeden Film rein, der jemals über und von Zombies gedreht wurde. Lies jedes noch so dämliche Buch zum Thema, inklusive *Zombies: Aufzucht, Pflege und artgerechte Haltung*. Gibt es zwar nicht, sollte es aber geben! Schreib es notfalls selbst! Lege Proviant an, lerne kochen, lerne schießen, lerne, den Pümpel als todbringende Waffe einzusetzen, sichere das Haus und sicherheitshalber auch gleich die ganze Nachbarschaft mit Selbstschussanlagen, baue Fallgruben mit spitzen Speeren, suche jeden Morgen nach Bissspuren auf deinem Penis, und, zu guter Letzt, führe Augenzeugengespräche!

24 Deine Zukunft ist gerade mal wieder ein klein bisschen zu verdammt riesig geraten? Hast eine Heidenangst davor und nicht den Hauch einer Ahnung, was du mit deinem Leben anstellen sollst? – Heul weiter! Geht fast jedem so. Und hey, immerhin bist du gesund und siehst aus wie ein Sexgott. Oder zumindest wie dessen dicker, eher dämlich geratener Halbbruder. Zukunftsängste gehören irgendwie zum Mannwerden dazu und sind genauso normal wie Schnitzel mit Pommes. Kein Grund also für Depressionen oder Picknick auf der Autobahn.

25 Gerade in näherer Zukunft solltest du all dein Taschengeld (beziehungsweise die Kohle, die du dir aus Papas Geldbörse »borgst«) für Bücher ausgeben. Allerdings solltest du darauf achten, stets auf Qualitätsware zu bestehen. Was also liegt näher, als dieses Buch, ja, genau dieses hier, dieses Hammerwerk der Weisheiten, das sich nun leider, leider, Gott sei Dank, dem Ende nähert, einfach noch einige Male zu kaufen? So im praktischen Hunderterkarton vielleicht? Ein sinnstiftendes, emotional-intellektuelles Freudenpräsent für Eltern, Großeltern, Landstreicher, Stadtstreicher, Kindergartenkinder, Kluge, Doofe, Dicke, Dünne und alle Leute, die du nicht ausstehen kannst. Kurzum: Für jeden, der wenigstens einigermaßen lesen kann und gerade nichts Besseres zu tun hat.

Respekt! Du bist ein Junge. Und hast es trotzdem geschafft, dieses Buch von Anfang bis Ende zu lesen. Oder zumindest durchzublättern. Oder die langweiligen Seiten rauszureißen. Also so ziemlich alle. Wenigstens hast du dann noch das Cover, was im Bücherregal durchaus imposant wirken kann, sofern du denn ein Bücherregal hast. Dieses Buch hat wahrlich nicht den Anspruch, dir die Welt erklären zu wollen. Ist eh alles viel zu kompliziert. Und witzig ist dieses Machwerk natürlich schon mal gar nicht. Hat ja aber auch keiner behauptet. Trotzdem ist davon auszugehen, dass du (als angehender Mann) dich nunmehr mit den Grundlagen männlichen Lebens ein klein wenig besser auskennst als vorher. Immerhin haben wir dir brutale, ehrliche, knallhart recherchierte Fakten um die Ohren gehauen. Die meisten davon wirst du wahrscheinlich bereits wieder vergessen haben. Macht nichts! Du bist in einem Alter, wo dein Penis den Großteil der Gehirnaktivität übernommen hat. Macht ebenfalls nichts. Falls du etwas verpeilt hast, darfst du auch gerne morgen, übermorgen oder nächstes Jahr noch einmal vorbeikommen und im gewünschten Kapitel blättern. Sofern du es nicht schon als Klopapier benutzt hast.

Der Autor wünscht dir jede Menge Erfolg, jede Menge süßer Girlies, jede Menge Spaß mit dir selbst – kurzum: ein absolut geiles und männliches Leben! So ein Leben als Lichtgestalt, Sexsymbol und Hohepriester des Intellekts wird nicht einfach sein, mach dich also auf einiges gefasst. Vor allem auf Neider und sonstige Hodenkobolde aus dem Reich der Finsternis. Am Ende aber wirst du als Sieger vom Platz gehen. Oder als Verlierer. Oder du hast unentschieden gespielt und der Schiri war ein Waschlappen. Ist irgendwie auch gerade nicht so wichtig. Viel wichtiger ist, dir ein allerletztes Mal zu gratulieren, auch wenn es dir langsam wie Schuppenflechte aus den Ohren quillt:

Herzlichen Glückwunsch!

Du bist ein Junge.

Korrektur:

STEPHAN BORCHERS, geboren 1977 im tiefsten Ostfriesland, ist Lehrer für Englisch, Geschichte und Darstellendes Spiel. Er lebt in Emden und gibt sein Bestes, sich in seinen Büchern in die Lebenswelt von Teenagern hineinzuversetzen. Letzteres bringt ihn regelmäßig an den Rand des Wahnsinns. Nach zwei Jugendromanen ist dies sein erstes Sachbuch.

Stephan Borchers
625 DINGE, DIE EIN JUNGE WISSEN MUSS UND
GETAN HABEN SOLLTE, BEVOR ER ZUM MANN WIRD
Mit Illustrationen von Jana Moskito

ISBN 978-3-86265-436-9
© Schwarzkopf & Schwarzkopf Verlag GmbH, Berlin 2015
Sechste Auflage November 2018

DER VERLAG
Schwarzkopf & Schwarzkopf Verlag GmbH
Kastanienallee 32, 10435 Berlin
Telefon: 030 – 44 33 63 00
Fax: 030 – 44 33 63 044

INTERNET | E-MAIL
www.schwarzkopf-schwarzkopf.de
www.facebook.com/schwarzkopfverlag
info@schwarzkopf-schwarzkopf.de